藩法研究会編
代表／高塩博

幕藩法の諸相

―規範・訴訟・家族―

汲古書院

目　次

序

藩法研究会は近年、科学研究費補助金の交付を受けて研究会活動を継続してきた。平成二十五年度から同二十八年度にかけては、「データベースを通じた判例集と行政記録との相互補完による近世法史研究の新展開」、平成二十九年度より令和二年度にかけては「近世藩法史料の編纂過程についての実証的研究」という研究課題名である（ともに基盤研究（B）（一般）研究代表者は守屋浩光関西学院大学教授）。近世法史を専攻する全国各地の大学教員を中心として、会員は二十数名が所属している。かつては二泊三日の夏合宿をおこなって、藩法史料の調査と研究発表とをあわせて実施した。最近では平成三十年九月に熊本大学永青文庫に赴き史料調査をおこなった。しかしながら、会員諸氏の多事により、一同に会する合宿が実現できずに研究会の開催にとどまることが多くなった。それでも会員諸氏はそれぞれに調査研究を進めているので、右の研究課題の成果として論文集の刊行を企画した。今回は統一テーマを設けることなく、「幕藩法」という大きな括りで原稿を募ったところ、様々な視角から考察を加えた八本の論文が提出された。『幕藩法の諸相――規範・訴訟・家族――』と題して刊行する所以である。

本書は、藩法研究会としては第二論文集である。第一論文集は林紀昭代表のとき、十三人の執筆者を得て、『大名権力の法と裁判』と題して刊行した（平成十九年、創文社）。したがって、本書は十二年ぶりの刊行である。前著の執筆者のうち、引き続いての執筆は四人である。時間の推移を感じさせられる。研究会発足以来の会員である髙木侃氏におかれては、本書所収の論文を提出して二箇月後、忽然と旅立たれた。平成三十年十一月二十二日のことである。

謹んでご冥福をお祈り申し上げる次第である。

藩法研究会はこの間、谷口昭代表の折に第二史料集として『近世刑事史料集』２ 対馬藩（平成二十六年、創文社）を刊行した。本研究会が採訪して写真撮影した未刊の藩法史料は少なからず蓄積した。今後もこれらを史料集として刊行し、近世法研究の発展に寄与するよう努力する所存である。

学術書はその出版が年々厳しくなっているという。そのような中にあって、快く出版をお引受けいただいた汲古書院ならびに社長三井久人氏には、深甚の謝意を表するものである。また、編集の労をとって下さった小林詔子氏にも厚く御礼申し上げます。

令和元年十月

藩法研究会代表
高塩　博

幕藩法の諸相

――規範・訴訟・家族――

第一章　評定所留役小考

神保文夫

はじめに

江戸幕府の裁判、法実務を担った主要な役人の一つに、評定所留役がある。[1]その職制や職務の大要は既に明らかにされているところであるが、[2]なお解明されていない部分もあり、日常的な法実務・裁判実務の実態や、それらが近世法の発達に果たした役割・意義など、論ぜられるべき問題は少なからず残されているように思われる。[3]

評定所留役に関してまとまって残っている史料は多くないが、[4]本稿ではこれまで利用されていない若干の史料等も提示しつつ、留役の具体的活動について考察を深めるためのいわば前提作業として、主として官制史的側面について整理しておくこととしたい。[5]

一　創置前後

評定所留役の沿革について、安永五年（一七七六）夏の序文を有する「憲府記原」[6]は次のように述べている。

「一留役無之節者、御勘定所より支配勘定出役いたし、式日立合当日之御用計相勤、吟味もの者、奉行之家来ニ而

いたし候処、貞享二丑年六月十四日、留役三人被　仰付、其後四人、又五人ニ相成、支配勘定ニ而相勤候処、
宝永二酉年四月五日、留役五人　御目見被仰付、向後留役被　仰付候ハヽ、別段ニ御勘定不被　仰付、留役被
仰付候旨、御書付を以被　仰渡、享保十六亥年迄ハ、御役扶持五人扶持之処、同三月、拾人扶持ニ被成下、
元文三午年三月、弐拾人扶持ニ相成、同五月十九日新規三人被　仰付、八人ニ相成候、
此砌者、評定所公事を相糺、内寄合手限之吟味物ハ不致処、奉行衆より之頼ニ而、宅々江参、吟味ものいたし候事ニ相成候、然共御定書懸り留役二人ハ、宅々江不参、評定所江公事人呼出糺し候計之処、延享之末、御定書御用少く相成候故、其旨申達、御定書懸りも、宅々江参、吟味ものいたし候、
　但、享保十四五年之頃迄ハ、留役宅江公事人呼出、相糺候事、」

「憲府記原」は評定所留役勘定組頭江坂孫三郎が著したもので、司法省旧蔵本は他の評定所記録等とともに関東大震災で焼失したが[7]、三浦周行博士が震災前に作成した写本（以下「京大本」と呼ぶ）が現存している[8]。江坂孫三郎は「科条類典」の編纂等にも従事し、評定所関係記録等をもっともよく知り得る立場にいた人であって[9]、その考証にかかる本書の記述は信頼するに足るものといえよう。もっとも、京大本「憲府記原」には明らかに誤記ないし誤写と思われる箇所もあり[10]、可能な限り他の史料等によって検証する必要があることはいうまでもない。右の引用部分は、「評定所雑記[11]」にも「評定所留役起立之事　憲府記原」と題して収載されているが、字句に小異があり[12]、また後に次の記事が加えられている。

「朱書
此紀原ハ評定所之記録ニ而、先年組頭江坂孫三郎自筆ニ記置候書記なり、式日立合之訳、以前ハ御老中壱ヶ月三度も出座、直吟味有之、其日を式日と唱へ、三奉行而已出座之吟味を立合と唱へ来候由、今ハ御老中方出座無之

日ニ而も、式日立合之定日有之、〔一三字分空白〕月付之由、扨又享保度頃迄者、留役宅江公事人呼出吟味いたし候由も、無証事も無之、既ニ町奉行之方ニ而者、当時ニても一ト通り差掛りもの之類ハ町奉行御役宅而已ニ無之、吟味与力自分之宅江呼出糺候事抔も有之候由、右者全く前文古き引付于今残り居候哉ニ相聞候事、

天保十二丑年六月記置候事」

これら（以下「評定所雑記」による場合は［　］で示す）によると、留役が置かれる以前には、勘定所より支配勘定が（評定所に）出役して式日・立合すなわち評定所開廷日に当日[13]［当座］の御用だけを勤め[14]、吟味ものは奉行の家来が行っていた。奉行の家来が行う「吟味もの」とは、ここでは（出入物に対する吟味物の意味ではなく）糺問・実質審理の意味であろう。

貞享二年（一六八五）六月十四日に三人が留役を仰せ付けられ[15]、その後四人、また五人と増員され[16]、支配勘定がこれを勤めていたが[17]、宝永二年（一七〇五）四月五日留役五人が御目見を仰せ付けられるとともに[18]、以後評定所留役が任命されるときは、別途勘定が増員されることなく留役が任ぜられることとされた[19]。また、享保十六年（一七三一）迄は役扶持が五人扶持であったが[20]、同年三月に十人扶持、更に元文三年（一七三八）三月には二十人扶持となった[21]。そして「同五月十九日」新規に三人が任命されて留役は八人となったとしているが、これは「同五年五月十九日」の誤りである[22]。この間の増員・増俸の状況からも、次第に留役の必要性・重要性が認められてきたことが明確に窺われるが、あたかも元文年間は公事方御定書の編纂が本格的に進められた時期であった[23]。

この頃（定員八名となった元文五年頃）［まで］は、留役は評定所公事の審理を担当し[24]、内寄合（三奉行の各同役による合議裁判）や手限（三奉行の単独裁判）の吟味物にはかかわらなかったが、（この頃から）奉行衆の依頼で各奉行宅へ赴いて審理（「吟味もの」）を担当するようになった。しかし、御定書懸留役二人[25]は奉行宅へ赴くことはなく、評定所へ

公事人を呼出して審理するだけであったが、延享末には御定書御用が少なくなったため、御定書懸も奉行宅へ赴いて審理を行うようになった。御定書御用が少なくなったというのは、公事方御定書の改訂作業が一段落したことを指しているのであろう。(26)

なお、享保十四、五年(一七二九—三〇)頃までは、留役宅へ公事人を呼び出して糺していた。この点につき上記「評定所雑記」の追加記事は述べて、享保度頃までは留役宅へ公事人を呼出して吟味した由であるが、その証しがないこともなく、町奉行所では現在(天保十二年六月)も「一通り差掛りもの」(尋常の繫属中の事件という意味であろう)の類は、町奉行役宅だけでなく、吟味与力が自宅へ呼び出して糺すことなどもある由で、これは上記の古い「引付」(審理方法の意か)が今に残っているものかと思われると記している。(27)

二　職階制の成立

宝暦以降、「公事方御定書」が裁判の主要な準拠として用いられるようになると、御定書の条文の解釈・適用をめぐって判例法が大いに発達するが、(28)その主要な担い手というべき評定所留役の職制も整備が進み、留役組頭、留役本役、同助という職階制が成立して、新設の改方、既設の書物方とともに、評定所の法実務・裁判実務を中心的に担う役人集団を形成した。「憲府記原」(京大本)には、前記引用部に続き、次のように記述している。

「一宝暦三酉年七月十六日、留役壱人之明江、助四人被　仰付、御役金拾五両宛被下、

是者、一色安芸守殿御申立候由、但助之内壱人、支配勘定也、

一此頃迄ハ、留役、月番宅ニ而、一ヶ月上中下宅日有之内、中者略し、上旬下旬ニ寄合、留帳調、手帳々外突

合、公事数等改候、改方壱人、書物方一両人罷越、改方者、御用無之候得共、前々より目付之心ニ而立合候趣意ニ候由、然処、留役人数多ニ成候故、土山藤右衛門、佐久間忠兵衛留役之節、曲淵豊後守殿江申達、評定所ニ而之寄合ニ相成、

一同五亥年三月十五日、助より本役江三人被仰付候後、本役八人、助三人ニ相成候、

一宝暦八寅年十二月十六日、留役幷助共相増被仰付、本役拾人、助五人ニ成、助者御用扶持拾人扶持被下候、是者菅沼下野守殿御申立、新規組頭幷留役助共相増、且新規書役弐拾人被　仰付候事、但助之内三人者、支配勘定也、

一明和五子年より留役壱人欠役有之、九人と助五人ニ相成ル、」

また「甲辰雑記」一に収録された書付は、留役人数の変遷について次のようにまとめている。(29)

「明和六丑年十月朔日

留役人数之儀ニ付申上候書付

評定所留役人数之儀者、元文五申年迄五人ニ而相勤候処、同五月十九日三人相増八人ニ相成、宝暦三酉年七月廿六日助四人被　仰付、其節留役壱人明キ有之候得共、其跡者不被　仰付、留役七人助四人都合拾壱人ニ相成、同五亥年三月十五日右留役明キ共ニ三人之明江助ゟ三人留役ニ被　仰付、留役八人助三人、都合ニ而者、其儘拾壱人ニ而相勤申候処、同八寅年十二月二日留役組頭壱人新規ニ被　仰付候後、同月十六日より留役幷助も相増、留役拾人助五人、都合拾五人ニ相成申候、以上

丑
十二月」

これらによれば、宝暦三年（一七五三）七月十六日又は二十六日、[30]留役一人の欠員ができた跡に助四人を任じ（うち一人は支配勘定）、役金十五両ずつが支給されることとなった。これは一色安芸守（政沆、勘定奉行）の申請に基づき認められたものである。留役一人の欠員補充はなく、これで留役七人、助四人の都合十一人となった。

この頃までは、留役は月番奉行宅で、月三回（上中下）の「宅日」（評定所に出ず奉行宅で執務する日の意か）のうち上旬と下旬に寄合い、留帳を調べ、手帳帳外突合わせて、公事数等を確認するのであったが、改方[31]一人、書物方[32]一両人が来宅し、改方は業務（「御用」）はないが、前々より「目付の心にて」すなわち監察官的な立場で立ち会うという趣旨であった由である。しかるところ、留役の人数が多くなったので、土山藤右衛門と佐久間忠兵衛が留役のとき曲淵豊後守（英允、勘定奉行）へ申達し、評定所で寄合を行うことになった。[33]

宝暦五年（一七五五）三月十五日、[34]留役本役の欠員が（宝暦三年七月時点の欠員一人と併せて）三人となったところに助より三人が昇格して、本役八人、助三人（助二人が補充されたのであろう）となり、都合十一人で勤めていたが、同八年（一七五八）十二月二日に留役組頭一人が新規に任命され、同十二月十六日本役と助も増員されて本役十人、助五人の都合十五人となり、助は御役扶持十人扶持が下された。[35]但し助のうち三人は支配勘定である。[36]この組頭の新設と留役・助の増員は菅沼下野守（定秀、勘定奉行）の申請によるものであり、また新規に書役二十人が任命された。[37]なお、明和五年（一七六八）より留役に一人欠員ができ、本役九人と助五人になっている。

宝暦八年十二月に初めて留役組頭に任ぜられたのが、勘定評定所留役であった佐久間忠兵衛（清慎）であることは既に知られているが、[38]留役以下の評定所役人の配属（「組分」）について、「甲辰雑記」五に次の史料が見える。[39]

「宝暦八寅年十二月二日

御勘定組頭

右忠兵衛儀者、評定所留役組頭相勤候様可被申渡候、

卯正月十八日

佐久間忠兵衛

佐久間忠兵衛

評定所留役同助

同改方同書物方同助

右者只今迄　御殿詰組頭組合ニ候処、向後其方組合ニ可被致候、

一評定所書役被　仰付候ハヽ、是又其方取扱可被致候、

一評定所同心者、只今迄之通、評定所番可為支配候、

右之通可被得其意候、

卯正月」

すなわち、評定所留役、同助、評定所改方、同書物方及び同助は、従来は御殿詰組頭の組に配属されていたが、宝暦九年（一七五九）正月十八日以後、前年十二月に新設された評定所留役組頭（佐久間忠兵衛）の配下とされたのであり、また評定所書役が任命されたらこれもその配下とする。なお評定所同心は、従来通り評定所番の支配とする。[40]留役組頭、留役本役、同助から成る評定所留役の職階制はこのようにして成立し、[41]評定所改方（諸書物改方）、同書物方、同書役等の事務体制も整備された。宝暦十一年（一七六一）三月の「御勘定方人数幷懸り分書付」[42]には、次のようにある。

「評定所留役

組頭　　　　　壱人
御勘定　　　　拾人
同断助　　　　弐人
支配勘定助　　三人
同所諸書物改方
支配勘定　　　五人
同所書物方
支配勘定　　　七人
同見習　　　　弐人
〆三拾人

右者、式日立合評定所江出候寺社奉行町奉行御勘定奉行掛之公事出入吟味幷書留等、其外公事方御勘定奉行内寄合幷吟味御勝手方懸々宅吟味物等、日々罷出、昼夜相勤申候、」

これは老中松平右近将監に報告されたもので、[43] 勘定奉行配下の上記の吏員が、式日・立合に評定所に出す三奉行掛の公事出入の審理や記録作成等、そのほか公事方勘定奉行内寄合ならびに吟味、勝手方懸々宅吟味物等を担当し、日々出勤して昼夜勤めているというのである。[44]

なお、宝暦九年二月二十六日以降、評定所において留役が審理を担当する際には徒目付が臨席することとなった。「蠹余一得」三集巻十[45]に、

「宝暦九年己卯二月廿六日、於評定所留役尋之節幷牢屋敷にて拷問之節、御徒目付立合始る、」

とあり、また「憲教類典」四之六評定[46]に、

「宝暦九己卯年二月

三奉行江

評定所江奉行出席無之、留役計ニ而尋等致し候節、向後御徒目付立合候様可被致候、

一牢屋敷ニ而牢問致し候セつも、是又向後御徒目付立合候様可被致候、

右之通御目付江申渡候間、可被得其意候、」

と見える。奉行不在であっても留役だけで審理を進めることが公的に認められていたことは、この史料からも明らかである。

三　寺社奉行所への留役派遣

宝暦九年（一七五九）二月に、次の書付が出されている[47]。

「宝暦九卯年二月十四日

御勘定奉行江

公事訴訟吟味事ニ付、唯今まて寺社奉行宅江ハ評定所留役之もの不相越候得とも、今度吟味仕方相改候ニ付、以来者評定所江差出候公事訴訟吟味事之節ハ留役之もの寺社奉行宅江も罷越候様可被致候、尤御勘定奉行申談、壱人ツヽ、罷越候様可被致候、

二月

右之通寺社奉行江申渡候間、得其意、可被談候、」

従来寺社奉行宅へは評定所留役が赴くことはなかったが、このたび審理方法を改めたので、以後評定所差出の公事訴訟吟味事については、留役を寺社奉行宅へも一人ずつ派遣すべく勘定奉行に命じたものである。(48)「今度吟味仕方相改候ニ付」とあるのが何を指すのか右の史料には具体的には書かれていないが、「憲教類典」四之六評定之部(49)に、

「宝暦九己卯年二月

一一座掛り公事訴訟幷吟味事、最初評定所ニ而相尋、其後落着申付候迄者面々掛り切に相糺候、自今者最初評定所ニ而相尋、重而之寄合迄ニ掛り之者手ニ而糺明不相済候ハヽ、二度目之寄合ニ而右糺之趣一座江申談及評議、猶又相糺、夫ニ而も難決候ハヽ、三度目之寄合に一件差出相糺候様可被致候、

但、公事訴訟吟味事手間取、夜ニ入候ハヽ、先其日ハ相残し、追而可被致吟味候、若又面々掛り之公事訴訟等数多溜り有之節ハ申談、無益ニ呼出置候儀無之様、可成丈可被心掛候、手間取候儀ハ時宜ニ寄候事ニ候得者、若其日相残候而も尤不苦候、

〔中略〕

右之通可被得其意候、

二月」

とある。すなわち、一座掛の公事訴訟・吟味事について、従来は最初に評定所で審問してから落着申し付けるまで掛(担当)奉行がかかり切りで審理していたが、自今は最初評定所で審問し、(掛奉行宅で)次の寄合までに掛奉行の手で糺明が済まなければ二度目の寄合で審理の趣旨を一座に報告し、評議した上で再度(掛奉行宅で)審問し、それでも決し難いときは三度目の寄合に一件を(評定所に)差し出して審理することとする、というものである。但書では、

もし審理に手間取って夜に入ってしまったらその日は残して継続審理とすること、また各担当の公事訴訟等が多数たまっている場合はその旨報告して、無益に（当事者を）呼び出しておくことがないよう心がけられたいなどと注意を与えている。

評定所における式日・立合の審理だけでは日数がかかり、百姓町人が長逗留することになって難儀するため、掛奉行宅で審理を進め、評定所で裁許を申し付けるようにすることは、実は既に享保六年（一七二一）十月二十六日に認められていたのであり[50]、そのような審理方法が「公事方御定書」下巻七「公事吟味物銘々宅ニ而仕候事」にも規定されていたのであるが[51]、寺社奉行は大名であるから、その家臣である寺社役が幕府法に則った審理を行うのは実際上困難であり、奉行宅での審理を認める制度は十分に機能していなかったものと思われる[52]。上記二月十四日の書付で、評定所差出の公事訴訟吟味事について留役を寺社奉行宅へ一人ずつ派遣することとしたのは、奉行宅での審理を促進させるとともに、評定所での審理と一貫性を持たせる必要があるためであったと考えられよう。

もっとも実際には、評定所留役が寺社奉行所の審理に関与することは、既にこれ以前より「御用頼」を受ける形で行われていた。江坂孫三郎の書留[53]に、次のように見える。

「寺社奉行衆御用頼之留役、前々より有之候得共、内寄合公事手限等吟味ハ不致、寺社役ニ而出来之口書を直し、或は吟味書、落着書物抔を致相談来候処、宝暦四五年之頃青山因幡守殿、手限吟味物を御老中堀田相模守殿江御内々因幡守殿より申上、御勘定奉行曲淵豊後守殿を以、留役佐久間忠兵衛江頼有之相紮候より以来、連々ニ御用頼之留役紮し候様ニ相成候、宝暦九年留役人数相増候後、寺社奉行宅江毎日留役壱人ツ、参り、評定所公事可相紮旨相模守殿被仰渡候得共、内寄合公事を可紮との被仰渡ハ無之、全内分之頼故、其度々御勘定奉行衆江申達、掛り寺社奉行衆よりも御通達被成候様申述、相紮可申筋之事、一内寄合手限物落着いたし候得ハ、伺書と御下知書之写を、掛り寺社奉行衆より留役江被差越候事ニ候処、近来不参も有之候故、其旨申請、留帳ニ記し置候処、明和九年二月廿九日評定所類焼之節、致焼失間、拙者方江残り有之分を左ニ記し、趣意不違様如是認候間、可成丈ケ伺事落着之書物控を申請、此留帳江記し置候様、御用頼一同申合候事、

一評定所公事も、前々寺社奉行衆、町奉行衆懸、金公事ハ直ニ御評定所江呼出、留役相糺処、宝暦九年評定所金森一件ニ而差合候節より、町奉行衆ハ宅ニ而吟味有之候、本公事ハ訴状返答書等を袋江入奉り、留役名前を認、掛り奉行衆江致進達候、寺社奉行衆掛寺法等之出入ハ、掛り宅江留役参り相糺し、地所論ハ評定所ニおゐて糺し候内、掛ニ而糺之上、窺書或ハ相談書等被差越、存寄を申達し、又ハ相糺呉様申来候得ハ、評定所江呼出、糺之上口上書取之、掛り奉行衆江致進達たる事ニ而候、是等之趣も当時振合替候間、先例を認候也、

安永五年五月

江坂孫三郎」

寺社奉行からの御用頼を受ける留役は前々からあるが、内寄合公事や手限物等は審理せず、寺社役が作成した口書を修正したり、吟味書や落着書物等の相談に応じてきていたところ、宝暦四、五年頃に青山因幡守（寺社奉行）が手限吟味物を老中堀田相模守に内々申上げ、勘定奉行曲淵豊後守を通じて留役佐久間忠兵衛に依頼があって審理をして以来、引き続き御用頼を受けた留役が審理を行うようになった。宝暦九年に留役が増員された後は、寺社奉行宅に毎日留役が一人ずつ赴き、評定所公事の審理をすべき旨相模守より命ぜられたが、内寄合公事を審理すべしとの指示はなかったことから、（内寄合公事や手限物の審理に関与することは）全く内分の頼みであるので、その都度勘定奉行に申達し、担当寺社奉行からも通達するよう申し述べて、審理すべき筋である。

内寄合や手限物が落着したら、伺書と御下知書の写を掛寺社奉行より留役に届けられることになっているが、近来

は届けられないこともあるので、その旨申し請け（請求し）て留帳に記すようにしていたところ、明和九年（一七七二）二月二十九日に評定所が類焼したときに焼失したので、自分方に残っている分を左に記し、趣意が違わぬようこのように認めたので、できるだけ伺事落着の書物控を申し請けて、この留帳に記しておくよう、御用頼（を受けている留役）一同が申し合わせた。

評定所公事も、前々寺社奉行掛・町奉行掛の金公事は直に評定所に呼び出して留役が審理していたが、宝暦九年の金森一件で(54)「差合」（差しさわり・差し支え）があったとき以後町奉行は奉行宅で審理をしており、本公事は訴状・返答書等を袋に入れて留役の名前を記載し、掛奉行に進達している。寺社奉行掛の寺法等の出入は掛奉行宅に留役が赴いて審理し、地所論は評定所で審理するうち、掛で審理の上、窺書あるいは相談書等がこちらに送られてきて意見を述べるか、又は審理してくれと依頼されたならば、評定所に（当事者を）呼び出して、審理の上口上書を取り、掛奉行に進達する。これらも現在（安永五年五月）では振合が変わっているので、先例を記しておくというのである。

なお、右の記述に対し天保十一年（一八四〇）十月「追加」(55)として、「寺社奉行衆御用頼、古来ハ吟味役ニ頼有之、其後中絶いたし、留役川口久三郎、土山藤右衛門頃より、留役ニ御用頼出来候様及承候事」とある。寺社奉行の御用頼は、古くは吟味役に依頼していたが、その後中絶し、留役川口久三郎、土山藤右衛門の頃より留役に御用頼をするようになったというのである。両名が共に留役であったのは延享元年（一七四四）八月十一日以降宝暦五年（一七五五）二月二十日以前で(56)、その頃から留役が御用頼を受けて、寺社奉行所の審理に事実上関与するようになっていたのであり、前記宝暦九年二月の勘定奉行宛書付は、これを恒常的な制度として留役を派遣することにより、評定所が積極的に寺社奉行所の審理に関与・介入する方針を明確に示したものであったといえよう。当面は評定所差出の公事訴訟吟味物等に限定することとしたものの、まもなく内寄合公事や手限物についても事実上評定所留役が審理に関与するようになっていったことは、上記史料に窺われる通りである。

むすびにかえて

評定所留役の寺社奉行宅への派遣制度が宝暦期から始まったのは、前記のごとく評定所における審理時間を短縮し、公事訴訟吟味事の渋滞を改善するためという目的からであったが、それにより、「公事方御定書」による幕府法の統一的運用[57]が推進されることになったという側面も無視することはできないであろう。むしろそのような目的に資するために、留役組頭の新設、留役本役及び助の増員等が行われたのではなかったかとも推測され、少なくとも結果的にはそのような効果を少なからずもたらしたといえるであろう。

この後、天明八年（一七八八）八月二十一日に評定所留役四人が「寺社奉行手附」を命ぜられ[58]、寛政三年（一七九一）二月八日には改めて評定所留役四人（うち一人は勘定組頭格）を「寺社奉行支配留役」に任命し[59]、次いで寛政八年（一七九六）三月十七日は「町奉行支配留役」を設けて四人をこれに任じ[60]、同年四月二十九日には、寺社奉行支配留役および町奉行支配留役の名称をそれぞれ「寺社奉行吟味物調役」、「町奉行吟味物調役」と改める[61]。町奉行吟味物調役は文化八年（一八一一）八月に廃止されるが[62]、寺社奉行吟味物調役はその後も存続して幕末に及んだとされている。この間の経緯等について再検討するとともに、評定所留役が評定所ないし三奉行所の裁判実務・法実務に具体的にどのようにかかわり、幕府法をいかに発達させ維持していったかを考察することが次の課題となる。

註

（1）平松義郎「近世法」（『江戸の罪と罰』〈平凡社選書〉所収、平凡社、一九八八年）二〇―二二頁参照。ほかに町奉行所の吟味方与力や御用部屋の奥右筆なども また、幕府中央の法曹的吏員として重要である。なお、本稿における文献・史料等の引用に際しては、固有名詞など一部を除いて現行通用の字体を用いるとともに、適宜読点を施したが、振仮名、返点、圏点等は原則として省略した。字の大小等はおおむね無視し、割註や書名の角書は〈 〉内に一行で書いた。闕字・平出はともに一字分を空白にした。筆者による註記は〔 〕で囲んで示した。

（2）評定所留役に関して全般的に記述した論考として、古くは荻野由之・増田于信編纂「江戸幕府職官考」（明治二十三年〈一八九〇〉成立）巻十九（『江戸幕府職官考』六所収、文化図書、二〇一一年）、松平太郎『江戸時代制度の研究』上巻（関東学園〈時野谷滋・髙木侃〉編、新人物往来社、一九九三年復刻〈初刊武家制度研究会、一九一九年〉）一〇四〇―一〇四三頁等があり、また中田薫「徳川時代の民事裁判実録」正続（岩波書店、一九四三年〈一九七一年分冊復刊〉）には留役による審理の様子が活写されており著名であるが、第二次大戦後のものとしては平松義郎『近世刑事訴訟法の研究』（創文社、一九六〇年）四三九―四五七頁、石井良助『近世民事訴訟法史』〈法制史論集第八巻〉（創文社、一九八四年）二四六―二五九頁にまとまった記述がある以外には、石井良助「評定所雑考」正続（『日本刑事法史』〈法制史論集第一〇巻〉（創文社、一九八六年）、服藤弘司「『幕末御触書集成』解題」（石井良助・服藤弘司編『幕末御触書集成別巻　解題』岩波書店、一九九七年）六頁、一九―二六頁注（1）、五一―八二頁、同「『公事方御定書』研究序説」（創文社、二〇一〇年）、田渕正和「関東取締出役設置の背景」（関東取締出役研究会編『関東取締出役』所収、岩田書院、二〇〇五年）一〇―一八頁、梅田康夫「前近代日本の法曹――明法を中心に――」（『金沢法学』四九巻二号、二〇〇五年）三五〇―三五一頁、三七〇―三七二頁等の中で評定所留役に言及されているのが主なものである。このほか辞典類では大石学編『江戸幕府大事典』（吉川弘文館、二〇〇九年）「評定所」・「評定所留役」等の項目（神崎直美執筆）があり、拙稿「幕府法曹と法の創造――江戸時代の法実務と実務法学――」（國學院大學日本文化研究所編『法文化のなかの創造性――江戸時代に探る』所収、創文社、二〇〇五年）、同「江戸の法曹・評定所留役」（『学士会会報』八四九号、二〇〇四年）等も、簡略ながら評定所留役の法実務の一端に触れるところがあった。

（3） たとえば大平祐一「近世の訴訟、裁判制度について」（『法制史研究』四一号、一九九二年）一七五頁は、評定所留役と寺社奉行吟味物調役の関係について、「〔平松・石井〕両氏の説をあわせると、『評定所留役から出役して寺社奉行吟味物調役となり、寺社奉行吟味物調役から出役して評定所留役となる』という奇妙な結論になる」と指摘している。服藤前掲「『幕末御触書集成』解題」五六頁もまた、評定所に関する研究の不備を歎じている。

（4） 石井前掲『近世民事訴訟法史』二五五頁。神宮司庁編『古事類苑』官位部三（吉川弘文館、一九六七年四版〈初刊一八九六年〉）六一二—六三〇頁に、評定所留役を含む評定所吏員の官制に関する基本的な史料が輯録されている。松平前掲『江戸時代制度の研究』について、「今日では、むしろ本書は史料として引用されるであろう」と述べるものがあるが（田渕前掲「関東取締出役設置の背景」四一頁註（4））、同書の記述をそのまま直ちに「史料として引用」するのには慎重であるべきであろう。

（5） 本稿では、評定所留役の創置から留役組頭・留役本役・同助の基本的な職階制が成立する宝暦期までを主な対象とし、それ以降幕末に至るまでの官制史及び法実務の実態等についての検討は別稿に譲ることとする。

（6） 京都大学大学院法学研究科蔵（請求記号 319-Ke）。

（7） 三浦周行「失はれたる近世法制史料」（『続法制史の研究』所収、岩波書店、一九二五年〈一九五八年重版〉）一三九五—一三九六頁。焼失した司法省旧蔵本が江坂孫三郎の自筆原本であったかどうかは確認できない（註（12）参照）。

（8） 平松博士は「御定書日記という評定所御定書掛の日記、憲府記原と呼ばれる江坂孫三郎編の評定所に関する考証の各一冊は、とくにその写本を作らなかったことが惜しまれ」ると述べているが（平松義郎「近世法制史料集　序」〈同監修・京都大学日本法史研究会編『近世法制史料集』第一巻、創文社、一九七三年〉五頁）、三浦博士は「憲府記原」の写本を作成させていたのである（同書の副本が現存することは服藤弘司『火附盗賊改の研究　史料編』〈創文社、一九九八年〉「序言」二頁も指摘している）。現在京都大学所蔵となっている「憲府記原」の巻末には、「右明治三十五年八月内閣記録課旧評定所書類ヲ以テ傭書セシメ一校了」と記されており、これは三浦博士が「評定所記録が去る明治三十五年内閣記録課の書庫階上に未整理の儘放置せられたりし頃、法科大学に於ける法制類聚編纂の主任として其材料を採取せんが為め、これが渉猟に一夏を費せることありし」（前掲「失はれたる近世法制史料」一三九一頁）と述べていることと符合する。もっとも博士は続けて、「当時の抄録も亦今回同時に焼失の厄に遭へりと聞く」と述べており（同頁）、「残存せる副本」（同論文一四一三頁以下）にも本書は記載されていないことから、同論文発表当時には博士の手もとになかったものと思われる。三浦博士が大正四年（一九一五）、東京帝国大学附属図書館に保管されていた当時作成させた評定所旧蔵記録副本（現在京都大学所蔵）は、「用紙は美濃紙、表紙は一様に白の厚紙で、黒い普通の紐で綴じただけの形になって」（平松前掲「近世法制史料集　序」五頁）いるというが、上記の「憲府記原」はそれらと体裁を異にし、絵図を除き半丁一二行罫紙を用い、茶色の表紙を附しており、綴糸はほとんど失われているものの白い糸が僅かに残っている。天地二四・五センチ、左右一六・五センチ、絵図の一部を除き袋綴、墨附八二丁（絵図一三丁を含む）、巻末に白紙一丁、ほかに表紙見返し・裏表紙見返しに遊び各一丁を綴じ込んでおり、三浦博士の蔵書印（印記「三浦文庫」）のほか、昭和十六年（一九四一）三月十七日京都帝国大学図書館への受入を示すスタンプが捺されていることから、博士が昭和六年（一九三一）に死去した後に京都帝国大学の所蔵となったものであることが窺われる（それ以前は次に述べる「評定所格例」と同様に京都帝大文学部に寄託されていたものかと思われる）。これとほぼ同様の装幀（一二行罫紙袋綴、茶色表紙、白綴糸）を施した「評定所格例」（一冊）も京都大学に架蔵されており（請求記号 319-Hyo）、同書にも「三浦文庫」の蔵印及び昭和十六年三月十七日京都帝国大学図書館受入のスタンプが捺されている。『小早川文庫目録』（京都大学法学部、一九七八年）によれば、「憲府記原」及び「評定所格例」の複製本（いずれも「三浦周行博士所蔵原本ヲ青写真ニ複製」したもの）が存し（同六八頁、七一頁）、後者（請求記号 319.6-Hyo）は巻末に朱書で「京都帝大文学部寄託／三浦先生蔵本より写了／欣誌」との奥書がある。前者（請求記号 319.6-Ke）については所在を確認していない。

（9）　三浦前掲「失はれたる近世法制史料」一三九五―一三九六頁、服藤前掲『『公事方御定書』研究序説』八一頁註（22）参照。江坂孫三郎（諱は正恭）については高塩博『江戸幕府法の基礎的研究《論考篇》』（汲古書院、二〇一七年）二九五頁註（49）等にも簡潔にまとめられているが、『（新訂）寛政重修諸家譜』（本巻・索引共全二六冊、続群書類従完成会、一九六四

—六七年）第二十、三八三頁に「天明四年二月十九日死す。年六十五」とあり、逆算すると享保五年（一七二〇）の生まれで、宝暦五年（一七五五）支配勘定から勘定に昇進し、同七年（一七五七）十一月十九日評定所留役となった。同十三年（一七六三）四月二日に評定所留役勘定組頭に任ぜられ、明和四年（一七六七）七月八日「科条類典編集の事にあづかりしにより黄金二枚をたまふ」とある。安永六年（一七七七）十一月二十八日勘定吟味役に昇進しており（『大日本近世史料　柳営補任』〈索引共全七冊、東京大学出版会、一九六三—七〇年〉二、六二頁）、「憲府記原」の序文が書かれた安永五年には評定所留役勘定組頭であった。もっとも勘定吟味役就任後も「評定所の事をもつとむべき旨仰をかうぶる」のであり、同年十二月十八日布衣を許され、同二十九日より評定所の組頭を兼ねている（『〈新訂〉寛政重修諸家譜』第二十、三八三頁）。石井前掲『近世民事訴訟法史』二五二—二五五頁によれば、江坂孫三郎は安永六年十一月二十八日に「公事方吟味役を新規に命ぜられ、勘定吟味役並のとおりの足高と役料を給され、またこれまでのとおり、評定所組頭は兼帯して勤むべき旨」命ぜられ、安永九年におそらく留役組頭を退任したが、引き続き公事方吟味役として勤むべき旨命ぜられたという。

(10)　明確な誤写の例を一つあげれば、「江坂孫三郎」を「江原孫三郎」と記している箇所が複数ある。

(11)　公益財団法人三井文庫所蔵（請求記号 H221/20）。表紙に「〈日本商業志商業慣習録〉著者　遠藤芳樹　採集」・「大正二年十一月廿八日購求」等の記載がある。遠藤芳樹（一八四二—一九〇八）は著書『日本商業志』（博文館、一八九一年、『日本産業資料体系』第八巻所収、中外商業新報社、一九二七年）で広く知られるが、その経歴・著作等については黒羽兵治郎「靄軒遠藤芳樹略伝」（『近世の大阪』所収、有斐閣、一九四三年）、幸田成友「遠藤芳樹氏」（『幸田成友著作集』第七巻所収、中央公論社、一九七二年）、宮本又次「大阪商業習慣録の解説と遠藤芳樹の略歴」（前掲『大阪経済史料集成』第二巻所収）等に詳しい。それらによれば、遠藤は旧幕時代に評定所書物方書役などを勤めた人で、維新後は農商務省に出仕して「興業意見」（明治十七年十二月完成）の編纂に関わり、また商法編纂のための参考資料を収集していた参事院法制部の要請により大阪地方の商業習慣等を調査して、「商業習慣調」、「大阪商業習慣録」（ともに『大阪経済史料集成』第二巻所収、大阪商工会議所、一九七二年）、「鉛筆余唾」（黒羽兵治郎編『大阪商業史料集成』第二輯所収、清文堂出版、一九八四年復刻〈初版一九三五年〉）等の史料集的著作を残した。そして晩年は東京帝国大学法科大学で「三浦周行博士の下に『法制類聚』の編纂に従事し、『法制類聚』編纂廃止後」、「法制史研究室に入」り「徳川時代法制史料の調査」に従事したが、それは「恐らく明治三十七八年の頃」であったという（黒羽前掲「靄軒遠藤芳樹略伝」二八五―二八六頁）。遠藤の旧蔵書（自筆本を含む）には「老友会記事」一冊、「估価考准布考市津料考」一冊、「御仕置文例」一冊、「科条類典注解」一冊、「当座御赦評議留」一冊、「評定所書役申合書」一冊、「訴状裏書」一巻、「評定所諸役人付」一枚、「折焚柴」一冊等があったというが（幸田前掲「遠藤芳樹氏」二八八―二九〇頁）、「評定所雑記」については言及されたものを聞かない。本書は江戸幕府評定所に関する重要記事を諸書より抜書したもので、成立時期は不明であるが、「旧幕府理財会要」（明治十一年編纂開始、同十六年「徳川理財会要」として完成）が引用されているので、それ以降であることは確実である。すなわち、旧幕評定所吏員であった当時に作成したものではなく、明治になってから旧制度に関する史料を蒐集記録しようとしたものであり、奉職する東京帝国大学法科大学の『法制類聚』編纂事業又は法制史研究室での調査の一環として作成されたものであった可能性が高いと思われる。巻頭遊び丁の下方に「第六」と記載されており、同種の書物が他にも作成されたことを窺わせるが、それらの内容及び所在は未確認である。三浦前掲「失はれたる近世法制史料」一四一三頁に「余が嘗て親しく幕末評定所の属僚たりし遠藤氏に就きて聞くところに拠れば」云々とあるが、この「遠藤氏」がすなわち遠藤芳樹であろう。三浦博士は東京帝国大学史料編纂員であった明治三十四年二月、同大学法科大学より増田于信の後任として法制類聚編纂を嘱託されたが（小葉田淳「序文」〈三浦周行『日本史の研究第一輯上（日本史の研究1）』岩波書店、一九八一年〉二頁。なお『東京大学百年史』部局史一〈東京大学出版会、一九八六年〉九五頁に、同年一月十七日「法制類聚編纂嘱託増田于信を解嘱し、後任に三浦周行推薦の件可決」とある）、同三十六年三月五日「兼務の都合により」法制類聚編纂掛主任の辞任申出を許可することが決定されており（前掲『東京大学百年史』部局史一、一〇二頁）、同月二十六日「法制類聚編纂事業はひとまず廃止に決定」（同一〇三頁）している。また、遠藤芳樹は明治三十四年度に東京帝国大学文科大学史料編纂掛の「事務附属傭」であったことが確認できる（『東京大学史料編纂所史史料集』〈編集・発行東京大学史料編纂所、二〇〇一年〉三七九頁）。

(12) 本文に引用した京大本「憲府記原」と「評定所雑記」所引「憲府記原」の異同は、以下の通りである（↓の後が「評定所雑記」）。一行目「当日」↓「当座」、二行目「又五人」↓「又者五人」、四行目「十六亥」↓「十六寅」、六行目「此砌」↓

「此砌迄」、同「吟味物ハ」→「吟味物者」、七行目「御定書懸り」→「御定掛り」、同「糺し候計」→「糺候義」、八行目「懸りも」→「掛ニも」。なお『徳川禁令考』にも「憲府記原」の一部が引用されており（法制史学会編・石井良助校訂『徳川禁令考』〈全一一冊、創文社、一九五九―一九六一年〉前集第一「首巻　論刑政沿革」九頁、後集第一「巻一　第一章法司諸廨創立及沿革」六―一〇頁等）、京大本とは小異があるもののほぼ同文であるが、評定所留役の沿革に関する本文所引箇所は『徳川禁令考』には引用されていない。『徳川禁令考』所引「憲府記原」が司法省所蔵本に拠ったことは、同書首巻「刑律目録」（前集第一、二四頁）に掲記された「合纂書目」四八種（その筆頭に「憲府記原」があげられている）について、「右群籍ハ省中ノ所蔵ニ係ル、即今本書ノ纂修ハ此要旨ヲ截約スルモノナレハ」と記していることからも確認でき、京大本も同じ司法省所蔵本に拠った可能性が高いと思われるが、「評定所雑記」に引用された「憲府記原」は、上記のように字句に少なからず異同がある上に、本文所引天保十二年の記事が加えられていることなどから、両者とは別の写本に拠ったもののように見える。しかるに、司法省所蔵の評定所記録類はその後太政官、内閣記録課を経て明治三十七年三月東京帝国大学法科大学に引き継がれたが、その際の「旧幕府書類目録」（国立公文書館・内閣文庫蔵）には「憲府記原　安政五年　一冊」とあり（大賀妙子「江戸幕府評定所の記録類について」〈『北の丸』三二号、一九九九年〉三八頁）、司法省所蔵本はこの一本だけであったが、安永五年成立の原本ではなかったようであり、これ以外にも写本が存在した可能性は十分に考えられよう。

(13)　本文所引「評定所雑記」の朱書（天保十二年六月）には、式日・立合について、以前は老中が一か月三度も出座して直吟味があり、その日を式日と唱え、三奉行のみ出座の吟味を立合と唱えていた由であるが、今は老中方の出座がない日でも、式日・立合の定日があると記している。式日・立合の制については別途考察することとし、本稿では当面留役に関する記述だけを参照する。

(14)　「式日立合当日［当座］之御用」の内容について具体的には書かれていないが、留役の本来の主要な業務の一つは裁判記録等の作成であったと思われる（服藤前掲『幕末御触書集成別巻 解題』六頁、一九頁註（1）所引享保五年七月七日老中水野和泉守口達〈『享保撰要類集』一〉参照）。川路寛堂編述『川路聖謨之生涯』（世界文庫、一九七〇年復刻〈初版一九〇三年〉）七頁もまた、「留役とは、元来書留役の義にして、評定所に於る、民刑事の審判を書記する職の名称なりし」と述べる。内藤耻叟「徳川氏施政の大意」（國學院編纂『法制論纂』所収、大日本図書株式会社、一九〇三年）一二二〇―一二二一頁に、裁判記録について「寛文四年の比よりは、留役を置て記し遺すことになりたり」と述べているが（平松前掲「近世法」二〇頁）、その割註には「其文に公事裁判之以後其筋の従人留書可致、出座之老中は、公事の留書写させ申事」とあり、「其筋の従人」という表現をしていることからみて、「留役」という名称はその当時まだ用いられていなかったのではないかと思われる。

(15)　評定所留役の創置が貞享二年であったことを述べたものはこれまでにもあるが、月日までは判明していなかった。松平前掲『江戸時代制度の研究』一〇四〇頁に「貞享二年初て勘定員を以て評定所留役を分掌せしむ」と述べているが、直接の典拠は示されていない。大蔵省編『徳川理財会要』（乾坤二冊、滝本誠一編『日本経済叢書』巻三十五―巻三十六、日本経済叢書刊行会、一九一七年）乾巻三〇頁は「貞享二年乙丑始テ勘定ヲ以テ評定所留役ヲ分掌ス是ヲ留役ノ創始ト為ス」として、「旧政府留記完」を典拠にあげているが、今その原典を確認することができない。なお、「元文三年（一七三八）に勘定衆より評定所留役五人を任命したのに始ま」るとするものがあるが（田渕前掲「関東取締出役設置の背景」一四頁）、典拠不明である。おそらく、「吏徴別録」（『続々群書類従』第七法制部所収、国書刊行会、一九〇七年）下巻九八頁が留役に関して元文三年から立項しているのを、創置年と即断誤解したものであろう。

しかるに、本文では「憲府記原」に依拠して貞享二年六月十四日に留役三人が創置されたとしたが、「嚢余一得」三集巻十に評定所の沿革をまとめた記事があり、その中では、

「貞享二年乙丑五月、始て留役四人を置（秋田三郎右衛門、井口次右衛門、久下作左衛門、丁野新兵衛）」

と述べ、評定所留役の創置は同年五月、また人数も三人ではなく四人であったとしている（史籍研究会編『内閣文庫所蔵史籍叢刊』第4巻〈汲古書院、一九八一年〉五六四頁）。同書は、成立時期はかなり下るものの、奥右筆や勘定組頭等を務めた向山源太夫（誠斎）が幕府の諸記録・文書類に基づき編纂したものであって（福井保「『嚢余一得』解題」〈史籍研究会編『内閣文庫所蔵史籍叢刊』第3巻、汲古書院、一九八一年〉二五―二六頁参照。なお向山誠斎については、針谷武志「解説」〈同編『向山誠斎雑記　天保・弘化篇』第二十六巻、ゆまに書房、二〇〇四年〉七頁以下に詳しい）、四人の姓名まで具体的に挙げており、何らかの史料に拠ったものと考えられるが、典拠は示されていない。この四人はいずれもおおむねこの頃勘

定あるいは支配勘定であったことが『(新訂) 寛政重修諸家譜』により知られるが(秋田三郎右衛門〈政森〉は第二十一、一一七―一一八頁、井口次郎右衛門〈高精〉は第七、三五八頁、久下作左衛門〈重秀〉は第二十一、四九頁、町野新兵衛〈某〉は第二十二、三九六頁)、貞享二年の評定所留役就任に関する記事は同書には見えず、就任当時勘定であったか支配勘定であったかは確認できない。留役創置に関して本稿では当面「憲府記原」の記述に従うこととし、異説もあることを示しておくに止める。

なお、京大本「憲府記原」には附箋があり、左の記事を引用している。

「諸国要典上　諸役之始(附役所向造立修復)之部

留役之始

(朱書)
『貞享二丑年六月十四日、評定所ニおゐて一座評義之上、留役可勤旨大岡越前守申渡、初而左之通被仰付、』

支配勘定

秋田三郎左衛門

元禄十丑五月十二日

御納戸組頭江」

貞享二年六月十四日という創置年月日は「憲府記原」と一致し、秋田三郎左衛門という留役の姓名は「蠹余一得」の挙げる四人のうちの一人と一致するように見える(前記のように『(新訂) 寛政重修諸家譜』第二十一では「秋田三郎右衛門」、また『大日本近世史料　柳営補任』四、一三九頁では「秋田三左衛門」)。元禄十年(一六九七)五月十二日とは、秋田が御納戸組頭に就任した日付であり、その前職は御勘定吟味方改役であったから(『大日本近世史料　柳営補任』四、同頁、なお『(新訂) 寛政重修諸家譜』第二十二、一〇三頁は御納戸の吟味役から御納戸組頭にすすんだと記述している)、支配勘定から直接御納戸組頭になったわけではない。また、大岡越前守とあるのは、勘定頭大岡備前守(諱は『大日本近世史料　柳営補任』二、四〇頁では重清、『(新訂) 寛政重修諸家譜』第二、一〇二―一〇三頁では清重)の誤りかと思われる。この附箋が「憲府記原」の原本にもあったものか、写本作成後に附されたものか不明であるが、「評定所雑記」所引「憲府記原」には附箋ないしそれに関する記述がなく、他方三浦前掲「失はれたる近世法制史料」一三九六頁に「諸国要典（上）」が引用されていること、また附箋の筆跡が「憲府記原」本文とは異なり、朱書による書き入れ（三浦博士によるものであろう）に似ているように見えることなどから、京大本「憲府記原」の附箋はおそらく三浦博士によるものであったかと推測される。

(16) 前註所引「蠹余一得」では、貞享二年五月創置の時点で四人であったとしている。前掲「吏徴別録」下巻九八頁の「頭注」に、

「元禄八年乙亥十二月廿六日御褒美被下候、金十両ヅヽ、評定所留役河原清兵衛、朝倉半九郎、服部八右衛門、中島宇右衛門」

と見え、元禄八年（一六九五）に少なくとも四人の評定所留役がいたことが知られる。この時期に上記四人が勘定ないし支配勘定であったことは、『(新訂)寛政重修諸家譜』により確認することができる（河原清兵衛〈正真〉は巻二十、六〇頁、朝倉半九郎〈某〉は巻二十二、四〇〇頁、服部八右衛門〈保孝〉は巻二十、一〇九頁、中嶋宇右衛門〈景久〉は巻二十一、二五一頁）。

(17) 松平前掲『江戸時代制度の研究』一〇四二―一〇四三頁に「留役は勘定これに任ずるの制なれば、支配勘定の留役たるには先づ其格を昇せて勘定と成し、以て此任に膺らしむ」と記しているが、これはおそらく評定所留役の本役、助等の職階制が成立して以降の、ないしは幕末の任用実態を述べたものであって、少なくとも留役設置当初は支配勘定から任用されていたのである。

(18) この五人については、京大本「憲府記原」の附箋に左のように見える。

「一宝永二酉四月五日、久保田佐次右衛門、藤井右衛門、薗部新五郎、小野寺十左衛門、伊藤彦七郎義、御目見被仰付、向後留役被仰付候得共、別段御勘定不被仰付、留役被仰付候旨、御書付ヲ以被仰渡候旨、被仰出候、」

このうち「藤井右衛門」は「藤井善右衛門」（信安）の誤りと思われ、『(新訂)寛政重修諸家譜』第十九、一三四頁に「元禄十二年八月九日班をすゝめられて御勘定となり、評定所の留役をつとむ。（稟米二百俵）宝永二年四月五日初めて常憲院殿に拝謁」とある。他の四人もこの当時御勘定評定所留役であったことが確認できるが（久保田佐次右衛門〈隆政〉は同第十

九、一一五頁、薗部新五郎〈某〉は同第二十一、二七三頁、小野寺十左衛門〈秀明〉は同第二十一、一六七頁、伊藤彦七郎〈正光〉は同第二十、三二八頁）、御目見に関する記述が見えるのは藤井善右衛門だけである。

(19) 「向後留役被　仰付候ハヽ、別段ニ御勘定不被　仰付留役被仰付候」（前註所引「憲府記原」の後段もほぼ同様）の文意がわかりにくいが、本文のように解しておく。後年（文化四年四月）の史料であるが、勘定奉行から評定所留役の増員願が提出されるにあたって、勘定全体の定員増にはならない旨を敢えて述べているものがある（石井前掲『近世民事訴訟法史』二五五―二五九頁及び同書に対する服藤弘司博士の書評〈『法制史研究』35号、一九八六年〉二三八頁）。

(20) 松平前掲『江戸時代制度の研究』一〇四一―一〇四二頁は「留役勘定は正徳四年十二月役扶持六口を給せしが、元文三年三月加益して各二十人扶持となる」と述べているが、典拠は示されていない。おそらく「吏徴別録」下巻九八頁に、

「元文三年戊午三月廿日、評定所留役五人江各御役扶持二十人扶持被下（先是正徳四年甲午十二月御役扶持六人扶持充被下）」

とあるのに基づいたものかと思われる。

(21) 前註所引「吏徴別録」下巻によれば、二十人扶持となったのは元文三年三月二十日である。

(22) 服藤前掲『幕末御触書集成別巻 解題』七九頁註（12）も「元文三年三月二〇日現在では五人、同年五月一九日、三人増員をし八人」としているが、典拠とされた「吏徴別録」には「同〔元文〕三年庚申五月十九日増留役三員（合八員）」とあり（「吏徴別録」下巻、九七頁）、元文三年は戊午であって元文庚申は五年である。他方、後掲（本文第二節）の「甲辰雑記」一に収録された「留役人数之儀ニ付申上候書付（明和六年十月朔日）」には、「評定所留役人数之儀者、元文五申年迄五人ニ而相勤候処、同五月十九日三人相増八人ニ相成」とあり、また大岡家文書刊行会編『大岡越前守忠相日記』（全三巻、三一書房、一九七二―一九七五年）上巻四一五頁・元文五年五月七日条に、「評定所留役只今迄五人ニ而相勤候処、近年殊之外御用多有之弁兼候間、増人被仰付被下候様」評定所一座より老中に願出たところ、「留役之儀三人増し可被仰付之旨被仰候ニ付……近日御勘定奉行ゟ可相伺之由申上候」とある。すなわち、元文五年五月七日に評定所一座三奉行より老中に提出された増員願が認められ、同月十九日に三人の増員が実現したのである。『徳川理財会要』乾巻三二頁は、「甲辰雑記」に基づき「元文五

年庚申五月十九日、評定所留役三員ヲ増員ス」としている。

(23)　茎田佳寿子『江戸幕府法の研究』(巌南堂書店、一九八〇年)一二一一五頁、二二一—二四頁、服藤前掲「『幕末御触書集成』解題」五六—五七頁、高塩博『江戸幕府法の基礎的研究《論考篇》』(汲古書院、二〇一七年)二六四—二七三頁等を参照。元文二年閏十一月九日に公事方御定書編纂の下命があり、御定書掛三奉行が任命されて編纂作業が開始されるが、とりわけ「『元文五年緑色書入帳面』が吉宗より下げ渡された元文五年五月十日以降、『公事方御定書』上下巻の法文が定まる寛保二年三月まで」の「一年一一箇月ほどが……編纂作業のもっとも白熱した時期であ」った(高塩前掲書八九頁、一二六四頁)。元文五年五月評定所一座の三奉行より老中への留役増員願にあたり、評定所の業務繁忙をその理由として述べている(前註所引『大岡越前守忠相日記』上巻、元文五年五月七日条)。

(24)　「相糺し」というのであるから、単なる記録担当者ではなく、糺問・審理をするということである。川路前掲『川路聖謨之生涯』九頁に、「追次奉行職が留役に命じて、予審のことをなさしむるに由り、自然留役が、裁判官の如くに成り来り、後には書留役即ち裁判官の書記たる職掌は、殆んと消滅の姿にして、純粋の判官と認るにおよべり、然して書記の職務は、書物方に移りしことなりと云」と述べているが、書物方の創置は留役創置の翌貞享三年であったこと(後述)からすると、留役はほぼ貞享二年の創置後かなり早い段階から、あるいは既に創置とともに、実質的な審理担当者としての性格を備えていたと考えられよう。評定所留役が実際の審理を担当していることを新井白石が「折たく柴の記」で歎じたことはよく知られており、享保改革期にも奉行による「直糺」が強く求められたが、「その後ことあるごとに蒸し返されたことより窺えるごとく、……容易に厳守されなかった」(服藤前掲「『幕末御触書集成』解題」六頁、一九—二六頁註(1))のである。

(25)　御定書懸留役が置かれたのがいつであったか明確ではないが、服藤博士は、元文二年閏十一月九日に御定書懸三奉行が設けられた後「おそくとも、……寛保二年五月ごろには、属吏も設けられたと解して差支えない」として、「大岡日記」同年六月十二日条(前掲『大岡越前守忠相日記』上巻五九三頁)に見える留役浅井半左衛門、鵜飼左十郎、勘定倉橋武右衛門……は、何れも『御定書懸』の属吏であったろう」(服藤前掲『幕末御触書集成　解題』六一頁)と述べている。服藤博士はまた、「御触書御用相勤骨折」延享元年十二月十四日に褒賞銀を下賜された「留役岩佐郷蔵、倉橋武右衛門」の「二人の留役が何れも『御定書懸』であったことは、……疑いなく、『御定書懸』の留役は定員二人であったことは間違いない」（同頁）としている。服藤博士は続けて「ちなみに、留役そのものの定員は五人であった」と述べているが、註（22）に述べたように、留役の定員は既に元文五年五月十九日にそれまでの五人から三人増員されて八人となっている。なお「公事訴訟取捌」の巻末には、「御定書御用」を勤めた三奉行と「御勘定御用」を勤めた勘定評定所留役二人（浅井半左衛門、鵜飼左十郎）及び支配勘定評定所書物方二人（岩佐郷蔵、倉橋武右衛門）に対する褒賞記事があるが（三奉行は寛保二年四月六日、他の四人は同年四月八日）、勘定・支配勘定の四人の褒賞理由を三奉行と同じく「御定書御用相勤候ニ付」とする写本も多く存する（高塩前掲『江戸幕府法の基礎的研究《論考篇》』九〇―九一頁、一一八頁註（5）、一二二頁註（38）参照）。もしこの四人も「御定書御用」を勤めたとすれば、御定書懸三奉行の下に属吏が配置されたのは寛保二年四月以前であったといえよう。なお、高塩前掲書（第二部第一章）によれば、「公事訴訟取捌」は「公事方御定書」と同時に施行された幕府制定法であるという。

(26) 公事方御定書は、寛保二年（一七四二）の成立以後も引き続き改訂作業が行われ、同二年、延享元年（一七四四）、同二年、同三年と毎年増補修正が施されているが、延享三年（一七四六）四月の第四次改訂の後、宝暦四年（一七五四）に第五次（最終）改訂がなされるまでの間、本文の改訂は行われていないという（高塩前掲『江戸幕府法の基礎的研究《論考篇》』四一五―四一八頁、茎田前掲『江戸幕府法の研究』一二〇頁参照）。

(27) その後このような自宅での審理は行われなくなったようであり、幕末の与力について述べた諸書には自宅での審理について言及したものを見ない。町奉行所与力の屋敷図等で明確に確認できるものがないが、旧幕時代与力であったという家に「取り調べの時に使つたらしい、お白洲めいた庭に面した座敷があつて、そこの縁側から段々で地面へ下りるやうに、……あの階段がかゝつてゐた」と谷崎潤一郎が回想しており、この家は「姓を脇田と云つて」「亀嶋町の代官屋敷」にあったと述べている（『幼少時代』〈『谷崎潤一郎全集』第二十一巻所収、中央公論新社、二〇一六年〉二四九―二五〇頁）。しかるに脇田姓の与力は該当者を確認することができず、脇田氏自身が町与力であったわけではないのかも知れない。代官屋敷は旧幕時代町与力の組屋敷があった所で、仁杉家や蜂屋家などはここにあったことが文久二年（一八六二）の金鱗堂尾張屋清七板「（文久新鐫）八町堀細見絵図」（綿谷雪『考証江戸切絵図』〈三樹書房、一九八二年〉所載口絵、『原胤昭旧蔵資料調査報告書

（4）――江戸町奉行所与力・同心関係史料――』〈編集・発行千代田区教育委員会、二〇一一年〉付録2）でも確認できるが、やはり脇田家なる屋敷は見出せない。なお、『（江戸開府400年・開館10周年記念）大江戸八百八町』（編集・発行東京都江戸東京博物館、二〇〇三年）四三頁所載「町奉行所与力都築十左衛門の屋敷図（都築十左衛門宅普請絵図）」（延享三年四月）に、「奥拾畳」の座敷から椽側を隔てて庭に下りる「石段」が見えるが、あるいはこのような場所で古くは吟味が行われたのであったのかも知れない。

(28)　平松前掲「近世法」二四―二五頁等を参照。

(29)　『誠斎雑記　天保・弘化篇』第六巻、一二九―一三一頁。

(30)　「吏徴別録」下巻九八頁には「宝暦三年癸酉七月廿六日定留役七員同助四員（合十一員）、留役助此時よりはじまる」とあり、『徳川理財会要』乾巻三一頁も七月二十六日としている。後者は「甲辰雑記巻五」を典拠に上げているが、巻五には該当する史料が見当たらず、本文に引用した巻一所収史料の誤りかと思われる。七月十六日とするのは「憲府記原」だけであるが、当面両説併記の形にしておく。

(31)　改方（評定所改役、諸書物改方ともいう）については、松平前掲『江戸時代制度の研究』一〇四四ノ一頁に「評定所改役は普請役等の支配勘定に歴陞せし勤老の輩任用を受け、評定所に於ける用度会計等の事守に服す、その中、勘定格を与へられしもあり、宝暦八年十一月書物方の数を減ぜしとき、改役は旧に因り五人を以て定められしが、爾来概ね定数となし、時に一人を加ふ」と述べており、前掲『江戸幕府大事典』「評定所改役」の項（三六八頁、神崎直美執筆）も「会計事務を担当した吏員」とした上で、「創設年次は不明」としているが、本文に述べるように、宝暦三年頃までは目付的な立場で留役や書物方の仕事に立ち会っていたのであり、また「前々より」とあることからすると、改方が置かれたのは宝暦三年よりも少なからず前であったことが窺われる。なお、「憲府記原」（京大本）は改方に関して次のように記している。

「一改方起立者不相知、支配勘定五人ニ而勤来候、
　評定所改方ハ、支配勘定之筆頭也、宗旨証文今以筆頭ニ認ル、繰上、御勘定ニ成候而者、別段之事、」

また、同書の上欄外に三浦博士によると思われる左の書き入れ（朱書）があるが、言及されている「書付」の具体的内容

は知ることができない。

「前々張紙ニ、寛政四年甲斐庄武助ヨリ改方書物方書役起立之儀書付ヲ出ダセルモノ、其他留役間ノ宿契矯正〔墨書『業ヲ上ツレルモノ』〕留役改方書物方書役勤方之儀申上候書付アリ、」

(32) 書物方について、松平前掲『江戸時代制度の研究』一〇四三―一〇四四ノ一頁は「貞享三年の創置にして、当時十余人を置きしが、宝暦二年二月には減じて悉て十人となる、中、二人は調方、二人は定書役、六人は書物係を分担せり、その後員数増減ありて定まらず、安政三年には十六人の外に、助一人を算へ、幕末には総て八人となる、勘定六人、支配勘定二人なり、元、支配勘定の出役たりしと雖、後世は勘定出役（役料十口）支配勘定出役（役料五口）のもの、此職を帯び、尋いで勘定、支配勘定を以て猶この任に膺るなり、評定所にて庶務を執行し、その中二人毎日詰番となり、管内に於て訟獄に関する事務を見る、蓋し公事方あればなり、また触書認方、仕置例認方御用に出役するものあり、多く小普請その任に耐ゆる年少を抜いて之に補し、その事守に服せしめ、才幹により留役当分助その他に擢用せらる、何れも扶持方若干の支給に預るなり」と述べているが、直接の典拠は示されていない。「憲府記原」（京大本）は次のように記述しており、書物方に関していくつかの新知見を得ることができるが、ここでは史料を提示するに止める。

「一書物方無之内者、下勘定所より支配勘定出役ニ而御用相勤、注進状も認候事、
　此注進状者、川口久三郎野呂吉十郎改方之節、両人ニ而認候様、奉行衆御申渡有之、夫より改方之内ニ而認候処、
　何も老年ニ成候故、宝暦十年之頃ゟ書物方ニ而認、改方之内ニ而内座江持出るニ極る、
元文年中、出役ニ而大調有之候後、書物幷調方懸支配勘定六人、其後御定書懸弐人被仰渡、都合八人ニ相成候、
一寛保二戌年十二月九日、改方五人、書物方八人江、御役金拾両宛被下候談、神尾若狭守殿宅ニ而、水野対馬守殿立合、
　被仰渡候、
　是者、鵜飼左十郎留役之節、致世話、留役一同之願を、水野対馬守殿重に御申上候由、
一宝暦二申年夏秋之内と覚、書物方助拾人江、御役金五両ツヽ、被下候段、於　御殿、御勘定奉行衆列座、松浦河内守殿
　被仰渡候、

是者、土山藤右衛門留役之節、河内守殿江相願候趣を以、御申上候由、
一右之通、書物方八人、助拾人ニ候処、宝暦九卯年春、新規書役出来候節、書物方八人、助弐人ニ極、其余ハ相減候事、
一其頃迄ハ、下御勘定所より支配勘定本公事弐日立合ニ手帳二人、当日詰番弐人、金公事弐日立会日手帳四人、当日詰番四人出役いたし候処、書役出来ニ付、相正、評定所無人之節計、通達之上出役いたし候事、」

(33)　土山藤右衛門（孝祖）は延享元年八月十一日に御勘定評定所留役に任ぜられ、宝暦五年二月二十日御勘定組頭に昇進しており（『寛政重修諸家譜』第二十一、二六六頁）、佐久間忠兵衛（清慎）は宝暦元年六月五日御勘定評定所留役となり、同八年十二月二日御勘定組頭に昇進している（『寛政重修諸家譜』第二十、二二八頁）。また、曲淵豊後守の勘定奉行在任期間は寛延元年七月二十一日から宝暦七年六月一日までであったから（『大日本近世史料　柳営補任』二、四三頁）、土山藤右衛門・佐久間忠兵衛が留役のとき云々とは、宝暦元年六月五日から同五年二月二十日の間ということになろう。

(34)　「吏徴別録」下巻九八頁は「同（宝暦）五年乙亥三月十六日留役八員助三員（合十一員）」としており、本文所引史料がいずれも三月十五日とするのと齟齬があるが、ここも当面両説併記に止める。

(35)　「吏徴別録」下巻九八頁、『徳川理財会要』乾巻三一頁等の記述も同様であるが、服藤前掲『幕末御触書集成別巻　解題』七九頁註（12）は「評定所張紙」を典拠にこれを宝暦八年十一月のこととしている。「甲辰雑記」一には、次の史料が収録されている（『向山誠斎雑記　天保・弘化篇』第六巻、四九―五一頁）。

「宝暦八寅年十一月廿三日
評定所留役八人、助三人、都合拾壱人有之候処、向後留役幷助役共弐人宛相増、都合拾五人被　仰付、助役之者江も御役扶持拾人扶持ツヽ可被下候事、
一御勘定組頭近来拾弐人有之、当時弐人明キ有之所、右明壱人被　仰付、壱人者留役組頭可被　仰付候事
右之通候間、被得其意、差働有之もの可被書出候、
一支配勘定ゟ只今迄評定所江書物方之者出役候得共、向後右出役之人数相減、外ニ新規ニ小給之もの書役可申付候間、人数等致了簡可被申聞候事、」

これによれば、留役・助の増員と助への役扶持十人扶持支給、留役組頭の新設が決定されたのは十一月二十三日であり、「憲府記原」が留役組頭の新設を十二月二日、留役・助の増員を同十六日としているのは、実際にそれぞれが任命された日ということであろう。「吏徴別録」下巻九二頁（御勘定組頭の項）は、「宝暦八年戊寅十二月二日始置評定所留役組頭一員佐久間忠兵衛」とした後に「同年十一月廿三日定十二員但加評定所組頭」と記しており、「十二員」は新規に設置する評定所組頭を加えた勘定組頭の総数である。また、上記の「甲辰雑記」一によると、留役組頭の新設は、勘定組頭に欠員が二人あったところ、そのうちの一人を留役組頭に充てることとし、有能な者（「差働有之もの」）を推挙させたのである。

(36) 松平前掲『江戸時代制度の研究』一〇四二頁に「留役助は二階級に区たる、勘定留役助及支配勘定留役助即ち是なり」と述べているが、留役助創設時からそうであったことが本文所掲史料によって知られる。

(37) 書役について松平前掲『江戸時代制度の研究』一〇四四ノ一―二頁は、「宝暦九年二月新に二十人を設けたるに始まる、細工方同心、畳手代、小間遣その他の文筆に長じたるを選び、家禄三十俵以下には足高を与へ、外に勤金十両を給して庶務に当らしむ、嘉永四年以降その数十八人たり、見習は明和二年十一月三人を設けたるを始とし、嘉永三年、安政五年及慶応中三人あり、給金六両、役扶持二口を給せらる」と述べているが、直接の典拠は明記されていない。「甲辰雑記」五（『向山誠斎雑記　天保・弘化篇』第七巻、七〇頁）には、次の史料が見える。

「宝暦九卯年二月十四日

三奉行江

向後評定所留役組頭一人、留役十人、助五人ニ相成候事、

一支配勘定より評定所出役之書物方人数相減、新規ニ書役二十人申付候、

右之通可被得其意候、

二月」

すなわち宝暦九年二月十四日、支配勘定から評定所に出役している書物方の人数を減らして、新規に書役二十人を任ずることとしたのである。また「憲府記原」（京大本）は、次のように記述している。

「一書役者、宝暦九卯年二月十五日、新規ニ弐拾人被　仰付、三拾俵高扶持外勤金拾両被下候旨堀田相模守殿被　仰渡候由、向々頭支配ニ而申渡、即日御勘定奉行江引渡有之候、

是者、江坂孫三郎留役之節、存寄申立、菅沼下野守殿御申上ニ而被　仰付候、

但、弐拾人之姓名ハ、別帳有之、

一明和二酉年十一月、書役弐人之明跡江、書役之忰部屋住より三人、新規見習被仰付、御給金六両弐人扶持被下候旨、松平右近将監殿被仰渡候由、御殿勘定所ニおゐて奉行衆列座、安藤弾正少弼殿被仰渡、

是者、牧野大隅守殿江孫三郎申立候趣を以、御申上候事、」

これによると、書役二十人が任ぜられたのは宝暦九年二月十五日であり（前記のように「甲辰雑記」五によると三奉行宛通達は前日の二月十四日）、これは留役江坂孫三郎の「存寄申立」に基づくものであるが、その意見具申は註（35）所掲宝暦八寅年十一月廿三日の書付で「支配勘定ゟ只今迄評定所江書物方之者出役候得共、向後右出役之人数相減、外ニ新規ニ小給之もの書役可申付候間、人数等致了簡可被申聞候事」と指示されたのをうけてなされたものであったと考えられる。また明和二年十一月には、欠員二人のところに書役の忰部屋住より三人が新規に見習に任ぜられたのである。「吏徴別録」下巻一一一頁も、評定所書役について「宝暦九年己卯二月十五日始置二十員勤金拾両」、「明和二年乙酉十一月日初置見習三員給金六両弐人扶持」としている。「吏徴」（前掲『続々群書類従』第七法制部所収）下巻四〇頁に「評定所書役十八人」とあるのは、上記『江戸時代制度の研究』の記述にあるように幕末の人数であると思われる（「吏徴」凡例一一頁には「此書限るに弘化三年十月を以てす、其後の異同は猶追てこれを正すべし」と述べている）。

（38）　松平前掲『江戸時代制度の研究』一〇四一頁参照。同書は「刑銭須知は延享四年二月、憲教類纂は宝暦二年二月の条に各組頭一人を制とすと掲ぐるも、今評定所格例、評定所張紙の所載に従ふ」としている。「評定所格例」と「評定所張紙」の該当記事は『古事類苑』官位部三、六二二―六二三頁所載。「刑銭須知」は、国立国会図書館所蔵本（請求記号 125-118）では第一冊の「九評定所留役幷書物方人数御定」に朱書で「延享四卯年二月」と記されており、書き入れる際に誤ったものかと思われる。「憲教類纂」は未詳であるが、あるいは「憲教類典」四之六評定之部（史籍研究会編『内閣文庫所蔵史籍叢刊』第

40巻〈汲古書院、一九八四年〉五二九頁）に見える左の史料（宝暦九年二月）を、宝暦二年二月と誤記したのではないかとも憶測される。

「宝暦九己卯年二月

三奉行江

向後評定所留役組頭壱人、留役拾人、助五人ニ相成候事、

一支配勘定より評定所出役書物かた人数相減、新規に書役〔二〕十人申付候、

右之通可被得其意候

二月」

また、萩野・増田編前掲「江戸幕府職官考」巻十九、二六頁も「宝暦二年二月」としており、同九七頁に引く「教令類纂」が「宝暦二己卯年二月」としているのに拠ったものと思われるが、宝暦二年は壬申であり、宝暦の己卯は九年が正しい。上記の「憲教類纂」はこの「教令類纂」の誤りであったのかも知れない。もっとも、国立国会図書館所蔵本（「教令類纂」二集）では、この書付は「宝暦九己卯年二月」の項にある（史籍研究会編『内閣文庫所蔵史籍叢刊』第25巻〈汲古書院、一九八三年〉三七五―三七六頁）。

なお、佐久間忠兵衛（清慎）については、『（新訂）寛政重修諸家譜』第二十、二二八頁に「元文五年六月二十二日御勘定となり、宝暦元年六月五日より評定所の留役をつとむ。八年十二月二日御勘定組頭にすゝみ、なを評定所の事にあづかり、十三年三月二十五日これをゆるさる。のち数月一人にてつとめしことを賞せられて白銀をたまふ」とある。

（39）『向山誠斎雑記　天保・弘化篇』第七巻、六九―七〇頁。

（40）評定所番及び配下の評定所同心については、松平前掲『江戸時代制度の研究』一〇四四ノ二―三頁参照。「憲府記原」（京大本）にも両者について記述があるが、省略する。

（41）後には更に留役当分助が設けられるが、松平前掲『江戸時代制度の研究』一〇四二頁は「その創置詳かならず、員数概ね四五人とす」と述べている。当分助が置かれるようになったのは文化元年（一八〇四）からで、そのことは「評定所雑記」

に見える次の史料によって知ることができる。

「評定所留役之義、当節組頭壱人、本役拾壱人、助五人、当分助五人ニ而、組頭共ニ惣数弐拾弐人有之、起立貞享度ニ見合候而も、追々人数相増候義ニ御座候得共、本役之義者文化三寅年郡代附より過人被仰付候以来拾壱人、助ハ宝永〔宝暦の誤り〕八寅年以来五人、当分助ハ文化元子年以来両三人或者四五人も有之、当節書面之通り相成候、　安政四巳年」

これによると、評定所留役が創置された貞享期に比べ追々増員したが、本役は文化三年以来十一人、助は宝暦八年以来五人、当分助は文化元年以来二、三人あるいは四、五人、安政四年（一八五七）現在では評定所留役組頭一人、本役十一人、助五人、当分助五人で、組頭を含めて総数二十二人となっている。「文化三寅年郡代附より過人被仰付候」とあるが、同年に留役が増員された経緯やその後の展開については、本稿の対象とする時期を越えるため別途考察することとしたいが、当面石井前掲『近世民事訴訟法史』二五五―二五九頁を参照。なお留役当分助も、留役助と同じく勘定又は支配勘定より任ぜられた（松平前掲書、同頁）。

(42)　「乙巳雑記」廿九（『向山誠斎雑記　天保・弘化篇』第十二巻、四五五―四七二頁）。これによれば勘定組頭・勘定・支配勘定・同見習の惣人数は二百五十一人、内訳は組頭十二人、勘定百三十四人、支配勘定九十三人、見習十二人であり、また勘定及び支配勘定の「懸り分」は「御殿詰」・「御勝手方」・「御取箇方」・「新田方」・「伺方」・「知行割」・「帳面方」・「道中方」・「御林方」・「諸証文諸帳面調方」・「評定所留役」・「同所諸書物改方」・「同所書物方」・「御勘定吟味役手附」の十四とされ、それぞれの人員配置が記載されている。

(43)　「評定所雑記」にもこの部分が収録されており、同書には「宝暦十一巳年　松平左近将監殿へ上ル」との記載があるが、「左近将監」は「右近将監」の誤りと思われる。

(44)　書役や評定所番、評定所同心その他の評定所所属吏員は勘定・支配勘定が任ぜられるものではないので、ここには掲記されていない。

(45)　前掲『内閣文庫所蔵史籍叢刊』第4巻、五六四―五六五頁。

(46) 前掲『内閣文庫所蔵史籍叢刊』第40巻、五二八―五二九頁。

(47) 「甲辰雑記」五（『向山誠斎雑記　天保・弘化篇』第七巻、七五―七六頁）。この史料には二月十四日とあるが、『徳川禁令考』前集第三、一四〇九号（一三三頁）はこれを「宝暦九卯年二月廿日」とし、「寺社奉行宅江留役罷越候儀ニ付御書付」という表題を附しており、どちらの日付が正しいか今のところ判断できない。石井前掲『近世民事訴訟法史』二四七―二四八頁は『御触書宝暦集成』一四六八号を引用しており、日付は「二月」とのみある（「教令類纂」二集〈前掲『内閣文庫所蔵史籍叢刊』第25巻、三七六―三七七頁〉等も同様）。

(48) 石井前掲『近世民事訴訟法史』二四七―二四八頁。「刑銭須知」一（国立国会図書館蔵）「十留役勤方之儀ニ付御勘定奉行より申渡候書付」に、

「〔上略〕
一留役中同助勤方之儀、左之通可相心得候、
　留役　拾人
　助　　五人
合拾五人
内
四人
是者、寺社奉行衆ゟ被届候ハ、宅々江罷越、手明キ之分者評定所江罷出候積り、
〔朱書〕『但、当時者寺社奉行支配吟味物調役別段被仰付候、』
弐人　是者安芸守宅江罷出候積り、
弐人　是者丹波守宅江罷出候積り、
弐人　是者下野守宅江罷出候積り、
弐人　是者山城守宅江罷出候積り、

三人　是者評定所江罷出候積り、
但、寺社奉行より届候人数積り之儀ニ付、評定所人数平日七人程之積りニも可相成候、
一評定所改方以下者、御用透見合壱ヶ月三日程者、承届之上休日有之様可被相心得候、
右之通佐久間忠兵衛江申達候間、可被得其意候、
卯二月」
とある。表題脇に朱書で「同〔延享四〕年御勘定奉行ゟ組頭佐久間忠兵衛へ相渡」と肩書されているが、佐久間忠兵衛が留役組頭であったのは宝暦八年十二月二日から同十三年三月二十五日までの間であるから（註（38）参照）、「卯二月」は宝暦九年二月であり、留役組頭に任ぜられた際に勘定奉行より申し渡されたものと考えられる。但し安芸守、下野守、丹波守、山城守はいずれも宝暦九年当時の寺社奉行に該当する者がない。ここでは史料を提示するに止める。

（49）前掲『内閣文庫所蔵史籍叢刊』第40巻、五二九―五三〇頁。

（50）「評定所雑記」に、「享保宝暦　留役之義書抜　寺社奉行記録六」として、左の記事が収録されている。
「　羽目之間ニ而、三奉行并吟味方江和泉守殿被仰渡候者、只今迄猶評定所留役公事之吟味仕候様ニ有之候得共、其段無用ニ仕、何も吟味仕、留役ハ書留計りニ仕、下吟味共各直ニ可仕旨被仰候ニ付、評定所ニ而下吟味申付候義無御座候、何も初ハ承り候、但入組候事ハ留役へ申付、為相尋候義も御座候得共、向後者無用ニ可仕旨申上候得者、畢竟公事人と留役抔馴染候事有之候得者、不宜候間、無用可仕旨、被仰聞候、
享保五年子七月七日
右者即日水野和泉守殿三奉行江御口上ニ而被仰渡候趣、
一近来者御勘定吟味役を被相招、調等為致被申由、地方江付候義者左様ニも可有之候得共、公事訴訟裁許之義、談合可有之筋ニ無之候間、同役中相談難決事ハ、於評定所一座之奉行中可有之事候、地方江付候義も評定所ニ而談判有無事済事ハ宅江吟味役等被相招及申間敷義ニ候之事、　享保十巳年十月
右御書付、巳十月七日黒田豊前守宅より借り候由、諏訪美濃守方より写来、

覚

一公事吟味之儀、式日立合差出、評定所ニ而吟味仕候ニ付、公事多き時、又者銘々掛り之公事差出、順々吟味いたし候故、公事数差つとひ申候間、日数かゝり、百姓長逗留いたし難儀罷成候、

一右之通りニ付、入組候公事ハ評定所ニ而承り候間ニも致吟味可然分ハ、面々宅ニ而吟味幷証文書物等をも相調、其上を評定所ニ於テ猶又遂吟味候得者、吟味も詰り日数もかゝり申間敷哉と奉存候、且又御伺可申筋之分者、最初被仰聞候趣を以て伺之上裁許可申付候、其外只今迄評定所一座ニ而事済候分者、直ニ裁許申付候様可仕候、勿論銘々宅ニ而御代官手代を掛申渡ニ而者無御座候、

享保六丑年十月　　評定所一座

御附札

伺之通銘々宅ニ而も吟味可被致候

右書上、丑十月十七日水野和泉守殿江評定所一座ゟ差上候処、同月廿六日御附札被成、和泉守殿被成御渡候扣、」

享保五年七月七日の老中水野和泉守口達（服藤前掲『幕末御触書集成別巻　解題』一九頁註（1）は「享保撰要類集」より引用している）では、留役による実質的審理を禁止したため、評定所での審理が渋滞したものと思われ、これを改善するため掛奉行宅で審理を進めておくことを翌享保六年十月十七日評定所一座より伺い、これが同二十六日水野和泉守によって認められたのである。享保十年十月の書付では、奉行宅に勘定吟味役を招いて審理に関与させることを（地方に関することであっても）禁じ、難しい事件は同役間ないし評定所一座の合議によって決すべきこととしているが、この条項を含む書付は当初寺社奉行宛に出されたものであったが（服藤前掲『幕末御触書集成別巻　解題』二二頁、辻達也校訂『撰要類集』第一〈続群書類従完成会、一九六七年〉二八五頁。『徳川禁令考』前集第二、七八一号、一五五頁もこの条項につき「単ラ寺社奉行勤向ヲ具形正言ス」と註記している）、評定所一座に周知せしめたものと思われる。黒田豊前守（直邦）は寺社奉行、諏訪美濃守（頼篤）は町奉行である。なお「一座之奉行中可有之」とある箇所は上記『撰要類集』等によれば「一座之奉行中相談可有之」、また「談判有無事済事」とある箇所は同じく「談判有之可事済事」である。

（51）「棠蔭秘鑑」亨（『徳川禁令考』別巻、六一頁）に、
「　　公事吟味銘々宅ニ而仕候事
　享保六年極
一公事吟味之儀、式日立合江差出、即日不相済儀は、懸り之奉行宅ニ而日数不掛様ニ吟味を詰、一座評議之上、裁許可申付候、
　　但、御代官手代懸申間敷候、」
とある。この条文が前註所引史料を前提としたものであることは、「科条類典」に明らかである（『徳川禁令考』後集第一、三〇四―三〇七頁）。但書で代官手代の関与を禁じたことについては、服藤前掲『『公事方御定書』研究序説』四九―五〇頁参照。前註所引史料で「地方江付候儀」について勘定吟味役の関与に言及していたこととも関連するかも知れない。
（52）石井前掲『近世民事訴訟法史』二四七頁。
（53）『徳川禁令考』前集第三、一四一〇号（一三三―一三四頁）。「原註」として、「左之書留寺社奉行手限留帳之内ニ綴込有之候処、留役取計向之儀、重ニ認有之候ニ付、為見合文政六未年中本多豊前守殿月番之節、御同人方ニ写いたし評定所江持参」とある。
（54）美濃国郡上藩の宝暦騒動（金森騒動）に関することと考えられるが、「差合」というのが具体的にどのようなことであったか詳らかでない。
（55）『徳川禁令考』前集第三、一四一一号（一三四頁）。
（56）川口久三郎（転陳）は、『（新訂）寛政重修諸家譜』第二十、一五六頁によれば延享元年八月十一日支配勘定より勘定に昇格して評定所留役を勤め、宝暦六年八月十三日勘定組頭となった。また土山藤右衛門（孝祖）も川口と同じ延享元年八月十一日に勘定評定所留役に任ぜられ、宝暦五年二月二十日勘定組頭に昇進しているから（註（33）参照）、両名が共に評定所留役であったのは延享元年八月十一日以降宝暦五年二月二十日以前である。
（57）「公事方御定書」下巻は宝暦四年（一七五四）の修正・追加をもって法文が最終的に確定し、同十年（一七六〇）にはいわ

ば法典的効力が附与されて他の判例・先例よりも優先的に適用されることとなり、以後「公事方御定書」の条文の解釈・適用にかかわって判例法が精緻に発達し、評定所が幕府判例法の統一機能を果たしていくこととなる（平松前掲『近世刑事訴訟法の研究』五三八―五三九頁、同前掲「近世法」四六頁等参照）。

(58) 石井前掲『近世民事訴訟法史』二四八頁。
(59) 同前、二四八―二四九頁。
(60) 同前、二五〇頁。
(61) 同前、二五〇―二五二頁。
(62) 平松前掲『近世刑事訴訟法の研究』四二三頁。

第二章　江戸幕府服忌令と庶民
――『官刻孝義録』等を手がかりとして――

林　由紀子

はじめに

貞享元年（一六八四）将軍綱吉によって制定公布され、その後の改正増補を経て、将軍吉宗の元文元年（一七三六）に確定した、江戸幕府の服忌令は、父母・祖父母など一定範囲の親族を親類と呼び、相互に協力し合うべきものとするとともに、相手が死亡した場合に喪に服すべき日数を法定したものである。この服忌令に違反した場合、武士であれば、軽いながら刑罰を受けることになっていた。では庶民の場合はどうであったのであろうか。幕府は庶民にも服忌令の遵守を求めたのであろうか。本稿はそのような疑問に答えるために、孝子等を表彰した事例の中に、服忌令に基づいて喪に服した例が存在するかどうか、さらに広く、親や夫、主人が死亡した後、どのような行為をし、どのように過ごした者が表彰されていたかを検討しようとするものである。

この服忌令の起源は(1)、遠く中国古代春秋戦国時代の経書『儀礼』の喪服篇にまで遡ることができる。古代中国においては、葬礼こそが一般人の礼の中心であるとされ、『儀礼』の喪服篇において、父のための斬衰《ざんさい》三年の喪をはじめとして、親族が死亡した場合に喪に服すべき日数と、着るべき喪服の種類が、親族の親疎・尊卑に応じて、基本的には五段階に段階づけられていた。これが唐の開元礼を経て日本に取り入れられ、喪葬令服紀条となった。この時、親族の範囲や区分方法は、中国のそれではなく、日本古来の固有の親族配列法により、服喪期間も短縮されて、父母、夫等に一年、祖父母等に五月、妻、兄弟姉妹、嫡子等に三月、衆子、嫡孫等に一月、従父兄弟姉妹、兄弟子等に七日という五段階の服喪期間（服）が定められた。また別に、假寧令に職事官遭父母喪解官条を定めて、官吏が父母の喪に遭った時は、悲しみで仕事ができないであろうと解官せしめ、父母以外の喪の場合は、三月の服には二十日、一か月の服には十日、七日の服には三日など、服の期間に応じた日数の休暇（「假」と称した）を与えることとした。これが現代にも残る忌引きの起源である。

平安時代に入ると、人の死を穢れと見て、この穢れを天皇や神に近づけてはならないとされるようになった。このため親族の喪も、従来のような休暇ではなく、近親の死による穢れを人に伝染させないために閉じこもっているべき期間と理解されるようになり、そこからやがて、従来の「假」が穢れを忌む意味の「忌」と表現されるようになった。中世には各神社で「服忌令」と題する規定が私的に作られるようになったが、そこでは従来からの服喪期間である「服」と、「假」が変化して穢れを忌む期間となった「忌」とが併記されることが多かった。

幕府服忌令は、このような流れの中で成立したものであり、一方で『儀礼』喪服篇や令の規定に起源するとはいえ、直接には、中世の私的な「服忌令」の影響を受けているのである。

幕府はこの忌や穢れの観念を、封建的身分秩序維持のために利用した。将軍は祖先神である東照大権現に対して、大名旗本御家人は将軍に対して、陪臣は大名ら主君に対して穢れを及ぼしてはならないとしたのである。このようにして穢れのヒエラルヒーと称すべきものが確立され、幕藩制秩序を側面から補強するものとされたのであった。その結果、近親者の死に遭った者は、主君らに穢れを及ぼさないように、服忌令が定める忌の期間、出仕せず家に閉じこもっていなければならないとされた。

幕府服忌令の運用上、最も注意が払われたのは、忌の期間中、および出産や流産、改葬などの穢れ（死の他、出血も穢れと観念された）の期間、出仕しないという点についてであった。なぜならば、この期間を間違えて、忌中であるのに出仕してしまったり、忌が明けているのに出仕しなかったりすると、軽微ながら刑罰を受けたからである。そのような事態を避けるために、服忌の日数を正しく知る事ができるよう、服忌令の解説や、適用事例を集めた服忌書と称すべき書物が、多数編纂されている。(2) 幕府服忌令は諸藩においても、施行された。中には若干の変更を加えていた藩もあるが、ごく些細な変更に留まっている。(3)

では、このような穢れのヒエラルヒーの底辺に存在する庶民は、服忌令の上で、どのように扱われたのであろうか。私は、幕藩領主は、庶民が何らかの関係で（現実にであれ、観念的にであれ）上位者である武士等と接触する場合のみ、穢れを伝染させないよう、服忌令が定める期間家で謹慎していることを要求したと考えている。(4) たとえば町役人などは、職務上、幕府や藩の役人と接触する機会があり、このため服忌の届け出をおこなっていた。和歌山藩田辺領では、大年寄・庄屋らが、忌中および産穢の場合、藩に届を出して自宅に「引込」んでいたことが明らかであり、大庄屋が、妻の流産を血荒と誤って届け出たために出勤が遅れ、「追込」（自宅謹慎）という、軽いながらも刑罰を受けた事も記録されている。(5)

しかし、一般の庶民が親族の死に遭遇した時、服忌令の定める日数通りの期間、仕事を休んで家で謹慎していることまでを、幕藩領主が要求していたとは考えにくい。例えば農民が父の死に際して、父母の忌の日数である五十日もの間、野良仕事を休んで喪に服するよりも、その期間も農事に励んで年貢を皆済してくれる方が、領主にとっては望ましかったと思われるからである。そうは言っても、これはあくまでも推測である。幕藩領主は服忌ないし服喪に関して、庶民に何を要求していたのか、服忌令の遵守であったのか、服喪など無視して家業に励むことであったのか、具体的に検証してみる必要があろう。

このようなことを検証するのにふさわしいのが、当時の善行者表彰の記録である。江戸時代においては、親孝行な子供、夫に尽くした貞女、主人に忠勤を尽くした奉公人などを領主が表彰することが、幕府・諸藩を問わず行われ、その記録が残されている。そこで表彰されているのは、封建領主にとって望ましい行為であり、庶民の中でも他の人々の模範となるべき人物であった。従ってもし幕藩領主が庶民に対して服忌令を遵守して喪に服することを求めていたならば、親族の死に際して服忌令を遵守したことも、表彰事由の一つとなったはずである。このような観点から、本稿では善行者表彰の記録を検討したいと思う。

孝子等の善行者を表彰した記録としてここで取り上げるのは次のものである。

1 『官刻孝義録』

『官刻孝義録』は、寛政改革の諸政策の一つとして、儒官柴野栗山のすすめを受けて、松平定信が林大学頭以下の学問所の関係者に命じて作成させたものであると言われている。[6]寛政元年（一七八九）幕府は、御領私領を問わず全国から、孝行者や奇特者等として表彰を受けた者の記録を書き写して提出するように命じた。寛政十年に再度提出が命ぜられ、これらが幕府で整理されて、寛政十二年には編集が完了、翌享和元年（一八〇一）に『官刻孝義録』として刊行された。

全国から書き上げられた事例を平易な形に書き直す仕事は、儒者達には難しく、大田南畝に命じて庶民向けの和文で表現させたという。[7]大田南畝といえば周知のように、幕府の御徒の家に生まれた下級武士でありながら、蜀山人・

四方赤良などと号して狂歌・狂詩文をよくし、洒落本や黄表紙などにまで筆を染めて文名高かった人物である。寛政改革が始まるや文筆活動を自粛し、寛政六年には幕府の学問吟味に主席で合格したことでも知られている。和漢・雅俗両様の文章に通じた有能な人物であり、『官刻孝義録』の執筆にはふさわしい人選であったと思われる。

本書の原本は国立公文書館に所蔵されるが、菅野則子校訂『官刻孝義録』上中下三巻が東京堂出版から発行されているので、これを使用することとし、引用する場合はたとえば「上巻〇〇頁」と記すこととしたい。

2　『続編孝義録料』

『官刻孝義録』が刊行され、民衆教化の役割を果たして行く中で、その続編の編集が企画されたらしい。文化四年（一八〇七）および七年の達によって、文化八年（一八一一）までの褒賞例を書き上げるよう全国に命ぜられ、各地からの書上げが提出された。『官刻孝義録』以前の褒賞例でも、前回書き洩らしたものは提出するように命ぜられた。しかしその書上げが刊行されることはなく、編集途上のまま、百冊に分綴されて（うち一〇冊は欠本）、国立公文書館に架蔵されている。(8) 本史料は最近校訂がおこなわれ、菅野則子編『続編孝義録料』全七冊として汲古書院から刊行された。本稿ではこれを使用し、引用にあたっては「第〇冊〇〇頁」と示したい。

3　大坂の町触

『大阪市史』第三・第四は大坂町奉行所からの町触を集めている。その中で善行者の表彰は、町奉行の意向を受けて惣年寄が自らのことばで伝えた達書という形式をとって触れられている。以下ここからの引用は「達〇〇〇〇」と、達書の番号を用いたい。大坂という一地域に限った葬祭や服喪の事例が豊富に記載されているので、これも考察の対象としたい。

4　江戸の表彰例

大坂との比較において江戸も取り上げておきたい。『官刻孝義録』『続編孝義録料』『御府内備考』[9]および『忠孝誌』[10]によって検討したい。

一　孝子等表彰に見られる庶民の服喪と葬祭

さて人が亡くなった場合、悲しみの内にもまず葬式がおこなわれる。これが「葬」である。その後、仏教であれば死者の霊を慰め成仏を祈る法要が営まれる等、死者を偲ぶ行事や生活が続いて行く。これらが、故人を祀るという意味で「祭」と総称される。そしてこの二段階双方に、遺族が悲しみに暮れたという意味の記述が散見する。これを悲嘆ということばで総称することとする。人の死に際して、どのような事が表彰に価するとされていたかを、この三項目に分けて検討して行きたい。

なお、人の死後、死者と関わりのある者が、死者への哀悼のため、もしくは死の穢れが他に及ばないようにする等のため、一定の期間家にこもって慎むことがおこなわれる。服喪である。服喪は主として葬の後におこなわれるものであるから、しいて言えば、祭の一形態と見ることもできないわけではない。また、葬祭は、広い意味では服喪の一部と解することもできる。しかし表彰例を見ると服喪以外の葬祭に関する記述が多い事、また、服喪については服忌令との関係が問題になる事から、服喪については主として次節で扱い、本節では葬祭に関する記述を中心に検討する事としたい。

Ⅰ　悲　嘆

幕府服忌令の遠源をなす「儀礼」喪服篇では、悲しみ（現実の個々の悲しみではなく、ある筈の、あるいはあるべき悲しみ）の程度の差によって、親族が序列化されていた。父の死は最も悲しいものとされ、斬衰三年の喪の間、悲しみで身辺の事など気を配っていられない事を最も強く表わす服装として、目の粗い粗末な衣服で、裾を縫わず裁断したままのものを身につけ、立っていられない事を表わすために竹の杖をつくべきものとされた。死者との関係が遠くなる程、通常の服装に近いものとなって行った。[11] ところが幕府服忌令はこのような服装の違いや、その根底にある悲嘆についでは何も触れず、単に喪に服すべき日数を規定しているにすぎない。そしてその日数は、悲しみの期間というよりは、穢れの期間としての性格が強くなっているのである。

しかしながら孝子等の表彰にあっては、この悲しみについて言及されていることが少なくない。とくに中国の喪服制を知っており、喪の期間が悲しみの期間であることを理解していた儒者が編纂し、読む人に感動を与えて教化しようという意図のあった『官刻孝義録』[12]には、悲しみへの言及例が多い。母の死に遭って三日三晩泣き沈み、一族隣家の人も不憫に思い、さまざまに言いすかして食をすすめたという例（豊後・杵築藩・百姓**幸平**44歳・安永五年（表彰年、以下同じ）・下巻三八五頁）、養母の死に、泣き悲しむこと「人にこえたり」と書かれた例（備後・広島藩・百姓**八之助**31歳・明和四年・下巻一三四頁）などはその典型である。

しかし書上げをそのまま集めた部分の多い『続編孝義録料』にも、悲嘆について触れた事例は少なくない。姑の死に、殊のほか愁傷した例（信濃・高島藩・百姓女房**もよ**47歳・文化六年・第三冊一三九頁）、母の死に「愁傷大方ならず」とされた例（出羽・米沢藩・町人娘**みを**9歳・享和三年・第四冊四〇八頁）、夫が死ぬとその「哀哭」は見聞に堪えざる程であった例（豊前・中津藩・百姓妻**いち**31歳・寛保元年・第七冊七一頁）、中風の父が死ぬと、殊のほか「愁傷」し、隣家の者が来た時は「落涙」して話した例（上野・舘林藩・百姓**吉平**32歳女房**つる**33歳・寛政二年・第三冊二五九頁）等々である。

悲しむこと自体が、孝や忠などの表われとして賞賛されたのである。なお両親の死をひどく悲しみ、菩提の為と申して一生縁づかなかった娘（信濃・上田藩・百姓の娘**きく**19歳・宝暦十年・第三冊一九七頁）もあった。

Ⅱ　葬（葬式・葬礼・葬儀）

1　分相応な葬式と不相応な葬式

幕府は、葬式や仏事はたとえ裕福な者であっても軽くおこなうべきものであり、まして身分不相応に大掛かりな葬式・仏事をおこなってはならないと命じていた。次の法令がそれを示している。

（史料一）文政四巳年十一月　町触

葬礼仏事有徳之輩たりといふとも、目ニ不立候様ニ、成程軽く可致旨、寛文八申年三月相触候処、年久敷儀故心得違候哉、身分不相応大造ニ執行候もの有之趣相聞候、以来葬送之節、忌懸り候者計麻上下着用可致候、且右之節懇意之者又は町内組合等之役を以、大勢附添参候儀、堅相止可申候、無拠子細有之者ニ候ハヽ、四五人を限へく候、孰ニも葬送幷法事等迄成程かるく可致候、若相背候ハヽ、急度可申付候、右之趣、寛政三亥年触置候処、程経候事ニて、心得違之者も有之候哉、近年は又々横行ニ執行致候者有之趣相聞、如何之事ニ候、依之猶又此度相触置間、遺失なく、急度可相守候、若相背候者於有之は、其者は不及申、町役人共迄急度可申付候、

十月

（『御触書天保集成』下**五五四七**）

この法令は、たとえ有徳《うとく》の者すなわち富裕な者であっても、葬式や法事は軽くおこなうべきであり、まして身分不相応に大掛かりな葬式・法事をおこなってはならないとしたものである。そして葬送の時、麻上下を着用してよいのは、

「忌掛り候者」すなわち服忌令が服忌日数を定めている者、つまり親類だけであるとも述べている。この法は条文から分かる通り、まず寛文八年（一六六八）に出され、その後寛政三年（一七九一）にも発せられたが、なお違反者が多いため、文政四年（一八二一）にも、改めて同文の法令がだされたものであることがわかる。身分不相応に大掛かりな葬式・仏事を禁止することは、ほぼ江戸時代を通じての幕府の方針であったと言ってもよいであろう。(13)

右は江戸の町に出された町触であるが、農民に対しても同じ方針がとられたことは、主として農民に対する教諭書である五人組帳前書に、同様の規定がしばしば見られることから明らかであろう。たとえば次のような教諭がなされている。

（史料二）正徳二年兵庫津御条目　旧領主未詳

一仏事葬礼斎非時等に至迄軽可仕事(14)

（史料三）享保十一年上野国碓氷郡御条目四十八ケ条　旧幕府領代官池田新兵衛富明

一葬礼年忌仏寺（事カ）の節、斎非時仕候共、分限より軽く致し、五人組の外忌懸候奮為親類共（親類たりといふ共）日来（ママ）り親疎により招之、其外不可招事(15)

（史料四）宝暦九年三河国設楽郡小田木村五人組帳　旧領主幕府領赤坂役所管内

一神事祭礼葬礼年忌之仏事諸振舞仕候共、一汁三菜之外不可仕候旨、奉畏候御事(16)

（史料五）文政六年陸奥国伊達郡茂庭村五人組御仕置掟書

一葬礼或は年忌之仏事又は婚礼諸事広めの祝儀等、分限より軽くいたし、百姓に不似合結構仕間敷事(17)

旧幕府領　代官寺西重次郎　桑折役所管内

（史料六）安政五年下総国海上郡中谷里村五人組合帳

一葬□《礼》之儀は其所之分限に随ひ、奢ケ間敷儀無之様深く慎み可取行、尤村役人差図を請可取斗候事(18)

旧領主安中藩領太田村陣屋管内

（史料七）年代不明播磨国加西郡国正村御条目

一葬送之儀、分限よりかるく取斗可申事

附、仏事法事等之儀、是又軽く取斗可申候、乍然忌日遠忌等之儀は先祖の祭に候へば、相応経営の志を失ひ申ましく（候）事(19)　　旧領主　三草藩

これら五人組帳前書はどの史料も、葬礼は身分相応か、あるいはそれよりも軽くおこなうべきであるとしている。最後の（史料七）は、忌日や遠忌は先祖の祭であるから、相応に取りおこなう志を失ってはならないとしつつ、身分相応か、それより軽くおこなうことを命じている。これらのうち（史料二）は幕府領であったか、私領であったか不明であるが、（史料三）（史料四）（史料五）は幕府領のものであり、（史料六）は安中藩のもの、（史料七）は三草藩のものである（領主名については、これらの史料が載せられている『五人組法規集』続編の記載に従った）。御領私領を通じて、また、町方・村方を問わず、葬礼は身分相応か、あるいはそれよりも軽くおこなうべきであるというのが、幕藩領主の基本姿勢であったといえるのではないであろうか。

このように幕藩領主は葬式に厳しい規制を加えていたのであるが、それにもかかわらず、善行者表彰にあたっては、これらの禁制など忘れたかのように、手厚い、懇ろな葬儀をおこなった者が賞賛されている。(20)

分相応な葬儀をおこなった者が表彰された例（大坂・天満・町人**井筒屋平兵衛**・文化十年・達一三七二、堺・町人**京屋伊**

兵衛66歳・享和二年・第一冊三五一頁など）もあるが、分相応かどうかを問わず、懇ろな葬式をおこなって賞賛されている例（阿波・徳島藩・漁師**佐次兵衛**39歳・元文元年・下巻二〇四頁など）が多いのである。葬式を営む側でも、生涯一度の親の見送りなので、無理しても「世上之並合」の事をしたいとがんばる者もあった（出雲・松江藩・百姓**立五郎**24歳・文化七年・第五冊五八五頁）。

2　葬礼の苦労

さて葬式といえば、村共同体がとり行うもので、村八分になっても葬式の時は協力してもらえる、という通念があったかと思われる。しかし表彰例を見ると、死者の家族が葬式をおこなう費用を捻出するために非常に苦労していることがわかる。そしてその甲斐あって葬儀を懇ろにおこなうことができた者が表彰されているのである。

● 貧窮の中にあっても、来るべき親の葬儀に備えて、葬儀のための費用を蓄えておくのが、褒められるべき孝子であった。例えば次のような事例である。

○陸奥・会津藩・城下・職人**九十郎**・享保十年（中巻一二七頁）は、貧ゆえに、あたりの者が言いあわせて助けようとしたところ、早くから得意先に少しずつ賃銭を預けてあったので、「葬も祭も身に叶える」程にはおこなうことができた。この場合、前々から蓄えておいたおかげで、何とか身分相応の葬式（およびその後の祭）をおこなうことができたのである。近隣の者が配慮してくれているとはいえ、実際に費用を負担したのはその家の個人であった。

○安芸・広島藩・厳島・船乗りの娘**じょろ**55歳・寛政三年（下巻一六七頁）は、幼い頃から四十年余り父を看病しながら海辺で貝を拾って暮らしを支えていたが、貝を売った代金を少しずつ貯えていたので、父の医薬料、葬式代、その後の仏事・供養の代金を支払うことができた。

葬式は村共同体に任せておけばよい、遺族は何の心配もしなくてもよい、という事では決してなかったことが窺われるのである。

●費用を負担できない場合は、借金をすることもあり、持ち物を売り払って費用を捻出することもあった。

○下野・代官支配所・百姓**左右衛門**20歳・寛政六年（上巻三二五頁）は組合の者から金を借りて、父の葬式をおこなったが、そのあと借金を完済するまで、その家に雇われて働かなければならなかった。

○備前・岡山藩・賤しき家士の娘**もん**89歳・天明五年（下巻九六頁）は、藩士の家に仕えていたが、主家の没落後、主人の養母と主人の姉に従って流浪し、彼女らをたった一人で扶養した。主人の養母が死去した時、衣服などを売り払って、ようやくの事で葬式を営むことができた。これは自分の家族ではなく、主人の家族の葬式をとりおこなった事例で、主人に対する忠義の最たるものとして、忠義者の項に挙げられているのであるが、葬式の費用を捻出するために衣服を売り払うなど、大変な苦労をしている。

実は岡山藩においては、百姓が、葬式の費用が用意できなくて借金のかたに田地を失ったり、田畑はすでになく、家屋敷のみ所持する百姓は、家屋敷を失ったりする事が問題になり、宝永五年（一七〇八）郡奉行から大庄屋らに対策を上申させたことがあった。その結果、村人各人から経済力に応じて、金銭や穀物、貧者からは草鞋などを出させて、大庄屋に預けて置き、死者があった時はそこから葬儀費用を出させる事にした。しかしその試みはうまく行かず、翌々宝永七年には廃止されてしまった。農民の相互扶助によって葬式による破産、農民の転落を防ごうとした岡山藩の試みは、失敗に帰したのである[21]。葬儀費用を払うために（もちろん、その前の病気治療の費用も含めて）田地を失い、さらに家屋敷も失う農民の存在はすでに早くから問題になっていたことがわかる。もんの場合は農民ではないので、主人の葬儀費用に、なけなしの衣服を売ったのである。

●主人や村人からの援助で、無事葬式を挙げる事ができた例もある。

○陸奥国・会津藩・百姓**長四郎**歳不知・宝永三年（中巻一〇七頁）は、同じ村の者の下男となって老母を養っていたが、母の死後、主人が日頃の彼の志に感じて銭を与え、村人からの香華料もあって、懇ろに「葬のわざ」すなわち葬式を営むことができた。

○下総・駿州田中藩・百姓**もよ**49歳・寛政八年（第二冊一九六頁）の場合は、姑を残して夫が死去したが、夫利兵衛が「孝心篤実之者」で村人も「実意を以」って交わっていたので、村内一同「打寄」り葬礼を営んだ。

○安芸・広島藩・城下・髪結い**貞吉**22歳・文化六年（第六冊三五八頁）は、永年看病していた母が病死、悲嘆に沈んでいたところ、近所の者が集まり相応の取はからいをしてくれた。極貧難渋者としては丁寧な葬式ができたのは、全く「孝道の誠」に他人も感動したからである。

このように費用がなくても共同体の力で葬式ができるのは、死者もしくは喪主が親孝行などで村人から褒められているような場合だったのである。

● 近隣からの援助や公的救済を断った例もある。

○肥後・百姓**惣七**39歳・寛政九年（第七冊四〇三頁）は、近隣の者が孝心に感心して、母の葬式のために銭など贈ったが、母を葬るのに人の助けを受けては不本意であると懇ろに断り、主人へ給金を乞うて葬式をし、追孝も厚くおこなった。

○江戸・湯島三組町・町人**はる**・文政元年（『御府内備考』第二冊五九頁）は、「取片付け」（埋葬の事か）の費用を心配した家主が、町会所の御救米銭等を願い出てはどうかと勧めたが、御救米銭等決して願い出ないようにとの亡父のことばであったと言って断った。そのため近所の者や家主が、平生の孝心に免じて少しずつお金を出し合って、「取片付け」を済ませた。

前者は近隣の援助を断った例であるが、後者では、家主や近所の者からの援助は受けても、公けの救済を受けることには、強い抵抗感があったらしい。

3　葬式費用の内訳

葬式の時、何にそんなに費用が掛かったのであろうか。

○伊予・伊達分三郎領分・百姓**かん**24歳・延享元年（下巻二五六頁）は、かねてから舅が死んだ時のために、「葬りの具」である「幡布」まで準備していた。ここでいう「幡布」は葬式の時に飾られる葬具の一つであったと思われる。

○豊後・杵築藩・百姓**幸平**44歳・安永五年（下巻三八五頁）の場合、貧しくて葬式ができないのではないかと人々が案じたが、隣村の伯父のもとに、葬具、衣類から、米味噌などまでかねて預けてあり、人の「合力」を受けずに「葬」を営むことができた。

○豊後・杵築藩・百姓**六兵衛**・文化元年（第七冊二二八頁）は貧窮の中、母の打覆だけは質入れしないでいたので、母の死に、見苦しくない送葬をすることができた。

○豊後・杵築藩・百姓**半次郎**46歳・文化七年（第七冊二三二頁）は両親の棺にかける衣類は貧窮の内ながら前以て用意しておいたので、見苦しくないほどに送葬することができた。

○播磨・三草藩・百姓**ふさ**31歳・寛政二年（下巻四〇頁）は、貧窮の中で死んだ養父に新しい衣服を着せて葬りたいと願ったが、後の悩みが増えるばかりだと諌められ、泣く泣くあきらめた。

これらを見ると、葬式の時に飾られる葬具（幡布など）や、遺体に着せる死に装束、棺を覆う衣類、死者の枕辺や、埋葬した場所に供える食べ物を作るため、またその後の会食のための米味噌などであったかと思われる。後に述べるその後の法要の事例で、僧侶への謝礼がしばしばみられるが、葬式の際も僧侶への謝礼が必要だったことであろう。葬式のための費用や物品を前々から貯えておかなければならず、それができなかった場合には、葬式のために借金までしなければならない場合もあったことを、表彰例は示している。しかも派手な葬式を禁止する法令の存在から逆に推測されるように、一般に葬式が派手になっていく傾向があったので、その費用はかさんで行き、貧困の者には大きな負担になったと思われる。そのような中で、懇ろな葬式とそのために個人が周到に準備した事が賞賛されたことは、個人の自助努力の必要を強化することになり、貧困層を一層苦しめることになっていったのではないであろうか。

Ⅲ　祭

葬式だけでなく、その後に続く祭を懇ろに営むことも、表彰事由の一部となっていた。

ここでいう祭は、表彰例に出てくる用語としては、葬と併せて「葬祭」と表現されることもあり、また、葬式後の営みだけを表現することばとしては、「後の事」「後のわざ」「跡の弔い」「後の営み」「追善」「追福」「追孝」など抽象的表現がなされることもあった。具体的には次のような事がおこなわれた。

1　法要

祭の中で最も重視されたのは、四十九日、一周忌、三回忌、十三回忌、三十三回忌などの法要であった。

●法要の費用を捻出することは、葬式同様に、あるいはそれ以上に、大きな負担であったようである。

○備中・松平内蔵頭領分・百姓**惣十郎ら**・年不明（下巻一一〇頁）は、祖父の一周忌と父の十三回忌を営む費用がなく、救恤米を半分残したり、借金をしたり、庄屋の助けを借りたりして成し遂げることができた。

○出羽・庄内藩・町人の妻**くの**30歳・明和五年（中巻三〇〇頁）は、家が貧しいため、黒髪を切ってかもじとして売り、やっと母の七回忌の法要を営むことができた。

○越後・長岡藩・百姓**長兵衛**56歳ら・宝暦二年（中巻三七九頁）は、父母の死後、年忌日ごとに菩提寺の住持を招き、「いますがごとき祭りをもうけ」、その祭りのそなえとして、年々に田畑を分けて耕し、ことに見事な米と野菜を取り出して懇ろに供養した。年忌法要や忌日（命日）に菩提寺の僧に来てもらうための用に充てるために、田畑の一部をはじめから区切って準備していたものと思われる。

●表彰例を見ると、分にすぎた法要を営んだとする事例や貧しい中、精一杯無理して営んだ事例が散見する。

○筑前・福岡藩・町人・土器師**鞍崎加衛門**60歳と妹**はる**・享保十六年（下巻三〇四頁）は、父の一周忌と三回忌に身に過ぎた供養を営んだ。

○大坂・幸町五丁目・町人（借屋）**かね**14歳・寛政七年（第一冊三七九頁・達一〇六二）は、五十日逮夜や、一周忌に、他に親類もないので、心易くしている出家と隣家の者を招き、煮しめを拵え、一飯を振舞った。町内懇意の者には配りものをし、旦那寺へ金品を贈って回向を頼んだ。これらの諸費用も葬式の費用同様、手内職で得た賃銭でまかなった。

○大坂・南堀江三丁目・町人（借屋）**ゆき**22歳・寛政八年（第一冊三九〇頁・達一〇八二）は、父の葬式の翌日、斎米七升銀二両（ママ）一包と伴僧へ鳥目百銅菜代七包を、八丁目寺町実相寺へ持参、塔婆を建て、懇ろに弔ってもらった。五十日に当たる日には、葬に出てくれた人に附木を配り、逮夜には心易くする道心者を頼んで回向して貰い、縁類や隣家の者を招き、一飯を振舞い、一周忌三回忌等にも同様に取り計らって供養した。最後の二例は大坂庶民の死後の祭の内容を具体的に示していて興味深い。

江戸の町触や『五人組帳前書』は、葬だけでなく祭についても、身分不相応に華美であってはならないとしている。葬と併記するものだけでなく、祭（仏事）だけについて、わざわざ制限している『五人組帳前書』も存在する。たとえば、宝暦十二年中爪村五人組御改帳には、「仏事追善分限より軽く可致事[22]」とある。そのような中で、『官刻孝義録』では、分にすぎているかどうかは問うことなく、懇ろな法要を営む者を褒めるのである。時には前出筑前国**鞍崎加衛門**と妹**はる**のように、明らかに「身に過ぎた供養」であると認めつつも、褒賞している事例も存在する。ここではむしろ「身に過ぎた」ことが、けなげな行為として褒賞の対象となっているのである。

このように、無事葬式を終えた後に続く、法要等の追善の営み（祭）もまた、大きな負担を伴うものであり、その点で葬式の項で述べたところは、そのままここにもあてはまったと考えられる。

2　墓参

父母や主人の墓参りも孝や忠の表われとして重視された。墓参の例は非常に多い。その一部を挙げよう。なお墓参に関する記事は、墓や葬送の歴史との関わりからも興味深いが、その点について今、深く立入ることはできない。

● まず、永年にわたり墓に日参したという事例が少なくない。

○肥後・熊本藩・医者**義仙**50歳・明和二年（下巻四五九頁）は、家から四丁も離れた山の麓にある父の墓に、夜中であれ、風雨激しい日であれ、一日も欠かす事なく詣でる事二十年に及んだ。

○下野・宇都宮藩・鹿沼宿・百姓**平蔵**61歳・寛政十二年（第三冊三五九頁）は父の死から三十二年間一日も墓参りしない日はなかった。

●墓に行って泣いたり、生ける人に話すがごとく話しかけ、かき口説いたという記事も少なくない。
○出羽・米沢藩・城下町人**清太郎**54歳妻**ろく**47歳・明和八年（中巻二八五頁）も、雷の日は母が常々怖がったことを思い出して、墓のほとりに行って、雨に濡れながら墓を守った。
○陸奥・二本松藩・百姓**善四郎**64歳・寛政八年（第四冊一九四頁）は、母の喪中、日々墓所に詣でて、世に在る如くその側を去らず、慕い嘆いた。
○信濃・代官支配所・百姓の娘**もよ**33歳・寛政五年（上巻二七九頁）は、忌日には必ず墓に詣でて香華をささげ、膳具を供え、いますが如くにかきくどきつつ物語りして年月怠ることがなかった。
墓前で人目を憚らず泣きくれるという行為は、孝子の姿として特筆されたのである。

●墓を移動したり、石碑を立てたという事例もある。
○備中・備前新田藩・百姓**助七**74歳・宝暦五年（下巻一一三頁）は、父が生前先祖の墓所が遠いことを憂い、わが亡き後は間近い所に葬って、襦袢姿のままでも常に詣でて欲しいと言い置いたことを守り、衣服家財まで売って、近くの土地を買い取って葬り、三十五年間毎日怠ることなく墓参した。この例で分かる通り、墓を建てることも経済的に大きな負担でもあった。
○筑前・福岡藩・**こや**歳不知・元禄二年（下巻二八七頁）は、貧しい女の身で墓に一基の石塔まで立てた。貧しい女の身で墓に一基の石塔を立てるという事は大変な苦労を伴うものであったと思われる。このような苦労を、あえてするのが孝子だったのである。

●立派な墓を建てるのではなく、「しるしの石」を立てたという記事も散見する。
○肥後・熊本藩・百姓**藤次**33歳・宝暦四年（下巻四五一頁）は、孝行を褒められて表彰され、褒美の鳥目で、年忌法要を営むとともに、残りで、墓に父母・祖父母の「しるしの石」を立てた。ここからもわかるように、しるしの石といえども、費用がかかる事であったのであろう。

●なお通常の墓参とは異なるが、次のような事例もある。

○伊賀・津藩・百姓の孫**留松**8歳・天明三年（上巻四二頁）は、らい病の母を看取ったが、村の惣墓には入れてもらえないので河原に葬り、雨の夜には（遺体が流れ出ないよう）見守っていた。彼もまた、母生前の孝行と合わせて、孝子とされたのである。

3 寺参・招僧

墓に参るばかりでなく、菩提寺にお参りして供え物をしたり、僧侶を招いてお経をあげてもらったりすることも孝心の表われとされた。その一部を掲げよう。

○越後・長岡藩・百姓**七左衛門**69歳・寛政四年（第五冊二二〇頁）は、五十年程前に病死した両親の忌日毎に旦那寺へ詣り、牌前に香華を供え、存命の時の如く回向した。

○越後・長岡藩・百姓**長兵衛**56歳ら・宝暦二年（中巻三七九頁・前出）は、七日七日に僧を招き、経をよませ、懺法を修した。

寺請制のもと、寺檀関係を維持していくことは、幕藩領主にとって大切な課題であったから、このように菩提寺を大切にすることは、領主にとっても、大変望ましいことであったと思われる。

4 位牌・木像・絵姿等

●表彰例では、位牌に対して亡き人に対するように、物を供え、語りかけ、拝礼した記事が少なくない。

○備後・広島藩・百姓**三助**71歳・享保九年、同十三年（下巻一一四頁）は、朝夕に位牌を拝し、生きている人に仕える如くであった。

●とくに位牌といわず、霊前に物を供えたといった場合も、仏壇の中の位牌にお供えをしたということであろう。

○陸奥・会津藩・城下町人**治左衛門**44歳（中巻一六一頁）は、父母の霊前に朝夕の配膳怠りなく、時々新たな味の物を求めて供えた。

●亡き人の木像を作ってもらったり、絵姿を描かせたりという者もあった。

○越中・加賀藩・高岡・紺屋**次郎七**21歳・文化四年（第五冊一五九頁）は父の絵像をあがめ、朝夕香華灯明等を供え、いますが如く諸事を告げ知らせていた。

○陸奥・津軽藩・百姓**権右衛門**42歳・52歳・宝暦四年・明和元年（第四冊一一六頁）は父の病死後木像を拵え、朝夕膳部を供え、農事の折は背負って、所持の田畑を巡見させた。

5　出家

悲しみの余り出家した例や、出家しようとして周囲の反対に遭い断念した例も少数ではあるが存在する。

○肥後・熊本藩・庄屋の娘**妙喜**58歳・貞享二年（下巻四三六頁）は、病父を助けて家を再興し、再び庄屋役に付かせたが、父の看病のため縁談を断り続け、父の死後五十三歳で尼となった。

○肥後・熊本藩・城下・町番人の娘**まん**29歳・貞享二年（下巻四三七頁）は、病父を養うために自分の髪を切って、かもじに作って売った程の貧しい生活の中で父を喪って剃髪し、尼になった。

○相模・小田原藩・百姓**徳左衛門**58歳（第二冊二二五頁）は、母の菩提のため五十七歳で剃髪。両親の墓参ばかりして暮らした。

○大坂・平野町・奉公人**善太郎**40歳・寛政七年（第一冊三八一頁、達一〇六三）は、奉公先の主人の死後、主家の家名存続のために尽くすが、幼い主人の死に遭って愁嘆し、出家して菩提を弔う事を願うが、止められて、さらに主家に尽くした。

6　慎居

ここまで、葬式が終わった後の祭について述べてきたが、その多くは法要、墓参など何らかの積極的行動であった。しかし葬式の後、亡き人のために取るべき態度の重要なものとして、服喪のために家に閉じこもって人に会わずにいる事があげられる。このように喪の慎みとして家に閉じこもっている事を、ここでは慎居と総称する事とする。表彰例では、法要、墓参などの積極的行動を表彰するのが多いのに反し、家に閉じこもって外出しなかった事を表彰事由に挙げることは、あまり多くはなかった。

しかし、慎居することは服喪の重要要素であり、服忌令は、この慎居の日数を法定したものに他ならない。従って慎居については、服忌令との関係で、次節で述べることとするが、ここでは、服忌日数とは関係なく、命日に慎居した事例を掲げておこう。

○陸奥・仙台藩・城下・町人**孫兵衛**・歳不知・宝永五年（中巻二六頁）は、忌日には終日袴を着て位牌の前に座り、墓参りの他外出せず、家族もこれに倣った。

○豊後・白丹村・百姓**正入**45歳・寛政九年（第七冊四〇〇頁）は、物乞いで暮らしを立てる貧しさであったが、母の忌日には物乞いを休み、終日家にいて牌前に供え物などし、追孝を怠らなかった。

以上見てきたところからわかるのは、葬祭を懇ろにおこなうことは、善行者表彰事由の一部となっていたが、葬祭を実行するのは簡単ではなく、その費用を調達するために非常な努力が必要だったこと、苦しい生活の中から前以て準備をしておいて、身分相応か、むしろそれ以上に立派な葬祭を営む事が賞賛された事、村人や近隣の人々からの援助も受けられるとは限らず、持ち物を売り払ったり、借金をして完済まで相手の家で働かなければならなかった者もある事、村や近隣からの援助を受けられるのは、故人や喪主が、親孝行などで周囲の人からの評判がよかった場合であること、近隣からの援助を辞退する者もあったが、それもまた賞賛さるべき事であった事等である。(23) そしてこれらの事は、幕藩領主の法令とは矛盾するものだったのである。

二　庶民の服忌令遵守に関する幕藩領主の態度

以上、人の死に際して周りの者が取るべき行動ないし態度について、葬と祭とに分けて検討してきたが、これらと密接に関わって、世界各地でおこなわれてきた慣習に服喪がある。基本的には葬の後におこなわれるものとして、広い意味では祭に属するといえようが、服喪は、死者の近親や死者と関わりのある者が、死者への哀悼のため、もしくは死の穢れを他に及ぼさないために、一定の期間家にこもって慎む事である。幕府服忌令は、この服喪期間を法定したものである。

このような喪に服する事は表彰事由の一つとなったのであろうか。もしなったとしたら、それは幕府服忌令に基づく服喪でなければならなかったのであろうか。或は別の基準に基づく服喪でもよかったのであろうか。本章では実際にどのような服喪がなされていたかを、種類分けして検討してみよう。

Ⅰ　幕府服忌令に従ったと推測される例

幕府服忌令は一定範囲の親族（これを狭義で親類と呼んだ）に対して、忌と服の期間を法定し、その日数の間、喪に服する事を求めている。このうち服の期間は主として神社参拝を遠慮すればよかったので、とくに問題になるのは忌の期間である。従って幕府服忌令に従って喪に服したものであるかどうかを確認するためには、服忌令が定める忌の日数だけ喪に服したかどうかを確かめる事が必要になる。孝子等の表彰に見られる服喪は、孝、貞、忠を表彰するという性格上、父母、養父母、祖父母、夫、舅姑など限られた範囲の親族に関するものだけである。それらの服喪日数は次の通りである。

父母　五十日
養父母（但し家を相続したり、財産を分与されたりした場合）　五十日
右以外の養父母、夫、夫の父母（舅姑）、祖父母（父方）　三十日(24)

忠は武士ならば主君への忠義であるが、庶民の場合は奉公人の主人に対する献身的な奉仕が忠とされていた。服忌

令には主人のための忌服の規定は存在しない。

では親族のために服した喪が、これら服忌令の定める日数と一致していたという事例がどれだけあるかを、史料別に捜してみよう。

1　『官刻孝義録』には、幕府服忌令に従って、その定める忌の期間、喪に服したことが明らかにわかる事例は存在しない。

2　『続編孝義録料』

幕府服忌令に従って五十日の間、長髪（月代を剃らない事、悲しみのため身だしなみもしないでいることを表す）で過ごした例が一件（次項❶）存在する他、おそらくは服忌令に従ったものであろうと思われる若干の事例がある。すなわち、

❶丹後・宮津藩・百姓（水呑）**源七**39歳・文化六年（第五冊四二八頁）

養父の死に際し、通常このような下賤の者は、当地では七日も過ぎれば、旦那寺が月代を剃る事等を許し、その後は家業に戻ったものであったが、源七は住持に頼んで、「五十日之喪」を「長髪ニ而相勤」め、日々「仏参」した。彼は墓所に記しを立てることもできないような貧困者であったが、悪い土石を取除き、他からきれいな砂を運んで、丁寧に掃除をしていた。

彼の村ではとくに下層の者には、忌の期間を通常七日くらいに短縮して家業を再開する風習であったが、彼はとくに正式な忌の期間を長髪で、日々仏参して過ごしたのである。つまり家業を休んで慎居していたと思われる。これは明確に五十日間喪に服した例であろう。ただ、寺の住職が仏教的習俗である四十九日をもって忌明けとするのでなく、五十日の喪を守らせたというのは、当地では服忌令が尊重されたということであろうか。

❷伊予・今治藩・城下本町・町人**大黒屋養三郎**68歳・享和元年（第六冊六六二頁）

若年の頃から「儒学の筋相心懸候故」父の死に際して五十日の間「家業相休、諸事不一通相勤」た。母の死にも、父の時と同様

「忌中手厚」く相勤めた。

この場合も五十日の喪の期間、家業を休んで忌中の諸行事を手厚く勤めたのである。ただ彼が五十日間家業を休んで忌中の行事を手厚くおこなったのが、彼が「儒教の筋」を心掛けたからであるという記事が問題となろう。それならば五十日ではなく後にのべるような三年の喪に服すべきではなかったのかとも思われるが、三年では実行不可能なので、服忌令の定める五十日の喪を選んだものであろう。また、服忌令の父母へ五十日の喪を守るのは、とりわけ「儒学の筋」を心掛けた者だけだったのか、という疑問も残る。

❸上総・鈴木銑蔵知行所・百姓**市平**・享和二年（第二冊三五四頁）

母の死後五十日間一日も怠らず毎日墓所へ参詣した。

この場合は毎日墓所に参ったというだけで、他にどう過ごしたか、とくに慎居したかどうかはわからないが、やはり五十日という日数は服忌令の規定によって喪の期間を五十日としたものと考えるのが自然であろう。

3　大坂町触

❶幸町五丁目・町人（借屋）**かね**14歳・寛政七年（第一冊三七九頁・達一〇六二・前出）

忌中には「事多」い中から墓参りをし、五十日逮夜（四十九日目の晩）や一周忌には、ほかに親類もないので、心易くしている出家と隣家の者を招いて煮しめを拵え、一飯を振舞った。

❷南堀江三丁目・町人（借屋）**ゆき**22歳・寛政八年（第一冊三九〇頁・達一〇八二・前出）

五十日に当たる日には葬式に出てくれた人に附け木を配り、逮夜（その前夜）には心易き道心者を頼んで回向してもらい、縁類や隣家の者を招いて煮しめを拵え、一飯を振舞った。

この二例は共に五十日逮夜（五十日の前夜すなわち四十九日目の晩）に、ささやかな法会をおこなっている。四十九日目であるから、仏教の四十九日の忌明け法要であったと考える余地もないわけではないが、やはり五十日と明示されている以上、五十日を以て忌明けとしたと思われる。とくに❷では、五十日目に葬式に出てくれた人に附け木を配っていて、五十日目が重要な日であったことがわかる。大坂では父母の忌五十日とする服忌令の規定どおりに喪に服する場合があったと見てよいであろう。またこの五十日間、家業をおこなわず、慎居していたかどうかは不明である。暮らしの貧しさから見て、仕事をしない訳にはいかなかったのではないかと思われる。

なお❶の例では心易くする出家と隣家の者を招き、❷の例では心易い道心者を頼んで回向して貰っている。貧しくて正規の僧侶を頼むことができない者が、道心者等を呼んだことがわかる。

4　江戸

江戸では葬式や服喪、法事などが表彰事由に加わることは多くなかったのであるが、次の事例には、五十日ということばが見られる。

❶湯島三組町・町人**はる**・文政元年（『御府内備考』第二冊五九頁・前出）

名主からの書上げに対する町奉行所の申渡に、「五十日の間絶えず墓参致す由」と記される。

はるの行状について名主から上申した文書の中ではなく、町奉行所が表彰を申し渡した時の申渡の中にあることばなので、事実は四十九日間であったものを、服忌令に詳しい町奉行所役人が、服忌令に合わせて五十日と読み替えてしまったという可能性もある。しかし素直に読めば、江戸では五十日で忌明けとする場合もあったことになろう。ただ、五十日間墓参の他に、働くことをしなかったかどうかは、大坂の場合同様不明である。

以上の事例を見ると、五十日間喪に服したという事例は、やはり幕府服忌令が定める父母の忌五十日の間を喪に服したと見るのが自然であろう。ただその期間、仕事を休んで慎居していた場合もあるようであるが、そうでなく、忌明けの法要をするのが五十日目またはその前夜（逮夜）であったに過ぎないかもしれないと思われる例も含まれている。

そしてそのような五十日間墓参りしたとか、五十日目（又はその前夜）に法事を営んだといった程度の事例を含めても、幕府服忌令の日数に従ったと見られる事例は決して多かったとは言えないのである。

なお江戸と大坂を比較すると、大坂では葬式や法事、墓参などが表彰事由の一部になっている例がかなり多いのに反し、江戸ではあまり多くはない。新開地で、江戸に墓など持たない出稼人が多く、火事が多くて、一旦火災に遭えば、簡単に家族が崩壊してしまうといった江戸庶民、とくに下層民にあっては、葬式や法事、墓参などに心を向けるゆとりが無かったかと思われるが、ここでは立入ることを差控えたい。

Ⅱ　儒教の三年の喪に従ったと見られる例

はじめに述べたように、服忌令の起源は遠く中国古代春秋戦国時代の経書『儀礼』の喪服篇にまで遡る事ができる。とくに父母のために三年間喪に服するという観念は、(25)『論語』にも記され、孝子たる者の守るべき道とされている。すなわち『論語』陽貨第十七にある、つぎのような話である。

（弟子の宰我が孔子に対して、三年の喪というのは長すぎるのではないかと問うた。孔子は次のように述べて、宰我を批判した。）三年の喪中は粗食を食《くら》い、粗衣を衣《き》るのが礼であるが、汝《なんじ》は三年の喪を一年で止めてしまって、一年たつと直《すぐ》にあの旨《うま》い稲を食《くら》いあの美しい錦《にしき》を衣《き》ても、汝の心に不安はないか（中略）。君子が親の喪《も》にいる時は、哀《かな》しみのあまり、旨《うま》い物を食べても甘《うま》くなく、音楽を聞いても楽しくなく、どんな処にいても心が安《やす》んぜず、心に忍《しの》びない所があるから、一年で止《や》めないで、三年の喪《も》に服《ふく》するのである（中略）。人の子は生れてから三年たって初めて父母の懐《ふところ》を離れるものであるから、喪《も》は必ず三年にして僅《わず》かに父母の労に報《むく》いるのである。「三年の喪というものは上《かみ》は天子より下《しも》は一平民に至るまで天下の人の子に通じて行われる喪《も》である」（「夫《そ》れ三年の喪は天下の通葬なり」）。(26)

『論語』は四書（大学・論語・中庸・孟子）の一つとして、江戸時代の庶民教育にあっても教科書として用いられることが多かった。当時多くの藩で設立された庶民対象の郷学校においてはもちろん、寺子屋でさえも、『論語』を教科書として用いる所が、少なくなかったといわれる。(27)従って、庶民の中にも『論語』を学んで、儒教道徳の中心である親孝行を、三年の喪を実践することで全うしようとした者があったとしても不思議ではない。

1 『官刻孝義録』

❶備前・岡山藩・岡山城下船着町・町人巣居79歳・安永四年（下巻九五頁）

巣居は屋号を灰屋と称し、氏を河本といったとある。叔父の一居という者に養われて養子となったが、一居は書を読み、友人を招いて碁を打つことを楽しみとした人物であった。この養父にまめやかに仕えた**巣居**は、養父が八十八歳でなくなった時、三年の喪を実践したのである。彼は「悲しミのさま程にもすき、葬りをも懇ろに営ミけり、一間に籠りゐて人に交はらず酒肉を断て素食をなし、爪と髪とをきらす、いたく婦人を遠ざけ、朝毎に父の墓に詣つる事一日も怠らす、昼夜経書のミ読て世中の事に拘わらす、歯もとあらはす事なく（笑う事なく、の意か）三年かあいた喪服を着て慎ミぬ」とあるのがそれである。「常に倹約をむねとし家事をおさむる事正しく、家やうやうに富ぬれどもおこれる事なく」と記されているから、裕福だが驕ることのない謙虚な人柄で、三年の喪の間、彼は経書（四書五経）のみを読んで過ごしたとあるから、儒学を学び、その教えに従って生きようとした教養人であったと思われる。

なおこの事例は『備前国孝子伝』前編にも記載されている。『備前国孝子伝』は備前岡山藩士湯浅明善の編著で、天明六年（一七八六）にまとめられ、前編は寛政元年、後編は同四年に刊行されている。(28)**巣居**についての『官刻孝義録』の記事は、『備前国孝子伝』をもとにして書かれたものと思われ、表現は異なるものの、内容にかわりはない。なお『備前国孝子伝』の編著者湯浅新兵衛明善は岡山藩士で、古学派（蘐園学派）の学者であった湯浅常山の子で、その後寛政七年（一七九五）新藩主池田斉政に藩政改革を建白し、寛政改革の担い手となった人物である。[29]

周知のように岡山藩は、実質上の藩祖である池田光政が熊沢蕃山を招いて儒教的教育の振興に務め、全国にさきがけて藩校を創設し、さらに庶民教育のための手習い所を郡中一二三か所に設けた。手習い所は次の綱政の治世に郷学として有名な閑谷学校に統合された。学派は、すでに熊沢蕃山の陽明学を離れ、純粋朱子学であった。その後閑谷学校が衰退した時期もあったが、明和元年（一七六四）好学の藩主池田治政の襲封とともに教育の刷新が図られ、閑谷学校の地主・村役人層の子弟への教育が隆盛を見るとともに、一般庶民への教育も盛んとなった。[30]

『備前国孝子伝』では、巣居は安永四年（一七七五）に七十九歳で死亡したと書かれており、表彰されたとは書かれていない。『官刻孝義録』では、目録の巣居の項に、「巣居七十九歳」と書かれ、その下に「安永四年」とあり、その左側に□が書かれている。虫損等で読めなかったものと思われるが、その前後の項では、□の位置にはすべて「褒美」と書かれているので、死亡した安永四年には、表彰されているのかも知れない。あるいはまた、表彰はされなかったが、『備前国孝子伝』の編者湯浅明善が、巣居の事績を知って、顕彰のため孝子伝に取り上げたものであったかも知れない。巣居が父のために三年の喪に服したのは延享四年（一七四七）の事で、藩主治政の前々代継政の治世であり、巣居死亡の安永四年は治政の治世であった。[31]儒教教育に藩主がさほど熱心でなかった延享四年には表彰されなかった可能性も考えられる。藩主が儒教教育に熱心であった安永四年になって表彰された可能性もあるが、すでに二十八年も前の事なので表彰されなかったとも考えられる。その場合は、後に寛政の藩政改革の主導者となる湯浅明善が、巣居の事績を掘り起こして顕彰するため、『備前国孝子伝』に採用したものである可能性があろう。彼は藩政改革の建言書の中で、近年は賞罰の御沙汰がなく、風俗の頽廃を招いているとし、賞罰を厳正にする必要性を主張しているほどであるからである。[32]

巣居も、その養父一居も、儒学を学び、儒教道徳を実践しようとした人物であったが、どこで教育を受けたのかはわからない。ただ、一八世紀後半から県下各地の町や村の生活にゆとりのある豪農達の間から詩文をたしなむ文人といわれる人々が活躍し、各地域において、さらに広範囲にわたって交流し一つの新しい文化を形成したといわれている。[33]巣居らは、このような流れの中で、しかも割合早い時期に生きた人物だったのではないであろうか。いずれにせよ、古くから庶民への儒教教育に熱心であった岡山藩であるから、儒教道徳の実践である三年の喪を実行する人物の出現は、藩にとって、大変望ましいことであったにちがいない。

❷豊後・熊本藩・鶴崎町・町人**幸蔵**・明和二年（下巻三九四頁）

実家の父の死に際して、「かなしめる事よのつねならず」、三年間、魚鳥の肉を食べず、月代を剃らず、人と交わらず、「常に家に閉こもりて喪を越へ」た。

前出**巣居**が養父のために三年の喪を勤めたのに対し、これは養子の身でありながら実家の父のために三年の喪を守ったのである。それでも、「今の代にハ五十日の喪をたにまたしとするならひなるに、かかる事ハめつらかなりとて」領主から褒美をもらったとある。「五十日の喪」（これは幕府服忌令の定める父母の忌五十日を指すかと思われる）すら待たず、忌明けにしてしまう習慣なのに、三年の喪は珍しいとして表彰されたのである。

彼が表彰された明和二年は、名君として知られる細川重賢の治世である。重賢はこれより前、宝暦の改革と呼ばれる藩政改革をおこない、専売制度によって藩財政の立て直しを図り、また藩政機構の改革をおこなうと共に、[34]明律を参照した刑法典『御刑法草書』を編纂・施行した。この法典は宝暦三年（一七五三）から編纂が始まり、宝暦十一年に編纂が完了したもので、日本において初めて近代的自由刑を成立させたものであることなどから、高く評価されている。[35]藩校「時習館」の設立も藩政改革の一翼を担うものであった。宝暦五年に開講の式をあげ、農商の子弟も抜群の者は、家老の承認を得れば受講できるとした。藩校の教育目標は、儒教道徳による人材育成であり、幕府林家流の朱子学が講ぜられた。また、当藩においては、私塾や寺子屋も盛んであった。[36]なお、藩主重賢は天明二年（一七八二）に「肥後孝子伝」を編纂しており、[37]庶民教化にも熱心であったといえよう。

熊本藩領豊後鶴崎町の町人が、どのようにして儒学を学んだかは知ることができないが、明律や中国の古典にとりわけ深い関心を持ち、儒教道徳によって人心を引き締め、封建体制を確固たるものにしようとしていた藩主のもとで、町人でありながら、論語の説く三年の喪を実行した人物が表彰されたのは、当然といえよう。

❸阿波・徳島藩・上八万村医者・**瑞朔**46歳・明和二年（下巻二〇五頁）

父が死去した時、三年間、月代を剃らず、精進して「喪を勤め」た。母の時も同じであった。二度も三年の喪を勤めたわけであるが、その間家に閉じこもっていたかどうかは書かれていない。しかしこの場合も、月代を剃らずとあるので、おそらくは家にこもって必要以外は外出しなかったのではないかと推測される。

瑞朔が表彰された明和二年（一七六五）という年は、出羽久保田新田藩主佐竹氏から養子に入った十代藩主蜂須賀重喜が、明和の藩政改革を始める前年であった。この改革では特産の藍玉の他国売りを藩が一手におこなうなどして、藩の収入増加が図られたが、文教面でも、儒学による綱紀粛正が図られた。藩主重喜は学問は政道を正すべきものと考え、正しい学問は幕府の官学である朱子学であるとし、翌々明和四年には、昌平黌出身の柴野栗山を招聘した。栗山は短期間で徳島を去り、やがて松平定信によって幕府の儒者に登用され、寛政異学の禁の立役者となるとともに、『官刻孝義録』編纂の提案者となるのである。明和六年藩主重喜は、藩内不和を理由に幕府から隠居を命ぜられ、その子治昭が十二代藩主となる。重喜は藩校設立の意志をもっていたが、それは治昭の代になってようやく実現した。(38)このように明和二年は、藩主が藩政改革に意欲を燃やし、儒学（朱子学）によって改革にてこ入れし、藩体制の崩壊を防ごうとしていた時期であったから、**瑞朔**のような村の医者が三年の喪に服したということは、まさに表彰に価することであったと思われる。

なおこの他、陸奥・北田村・百姓**惣兵衛忠左衛門兄弟**・元禄十二年（中巻一〇三頁）は、三年の間魚鳥の類をわが家に入れることがなかったとあって、三年間生臭ものを食べず、精進食を守ったと考えられる。これは一見、儒教的な三年の喪に服したかに見えるが、その間、夜な夜な一万遍の光明真言を誦し、月ごとの忌日には僧を招き、仏事が終われば墓参したとあるので、仏教に基づく供養をおこなったものである。ただ三年の喪という観念の影響は見られるのではないであろうか。

また、筑前・福岡藩・町人・土器師**鞍崎加右衛門**60歳・妹**はる**・享保十六年（下巻三〇四頁・前出）も、父の死後三年ほど墓参りをしたとあるが、一周忌・三回忌に身に過ぎた供養をしたとあって、仏教による服喪と考えられる。

2 『続編孝義録料』

❶下野・宇都宮藩・鹿沼宿・**四郎兵衛**47歳・寛政十二年（第三冊三五七頁）

父は「農商を業とし」学を好み、「篤実慈悲深く」倹約を専らにして、貧しかった家を「男女数人をめしおく」程に富ませた人物。間引きの風俗を歎き、貧民に金品を施し、育てられない子を引き取って育てるなどした。子四郎兵衛は、名は之徳、字は沢氏、父の行為を受け継ぐと共に、村中に縦横に走る小溝（掘割）に懸かる多数の板橋を、次々と石橋に替えて修復の煩いをなくすなど、村民のために力を尽くした。このため寛政の初め頃、苗字帯刀を許された。父が死んだ時、「深く歎き悲しみ厚く葬りて祭をなし、三年の間喪にをることまことあり」。

四郎兵衛について『続編孝義録料』が記すのは、この程度のことであるが、実は彼は庶民でありながら昌平黌に学んだ学者であった。四郎兵衛というのは通称で、名は鈴木之徳、鹿沼石橋町に生まれ住んだので石橋を別号とした。代々農業を営んだが、父三郎兵衛の時、商業によって財を成し、宿の本陣を勤めるようになっていた。四郎兵衛は幼くして学に志し、当時一般にも門戸の開かれていた江戸昌平黌に学び、安永八年（一七七九）二六歳の時家に帰り、家事のかたわら私塾「麗澤の舎」を開いた。「麗澤の舎」には、鹿沼は勿論、宇都宮、今市、下都賀などから、豪農、豪商、医師などの子弟が数多く学んだ。宇都宮の商家出身の尊王家蒲生君平がこの塾に学んだことでも知られる。寛政四年（一七九二）彼が三九歳の時、父が六八歳で没し、この時三年の喪に服した。その後も、窮民への賑恤、間引きの防止などに勤めた。寛政十二年（一八〇〇）、領主である宇都宮藩主戸田忠翰は彼を賞して五人扶持を与え、折々登城して講義をするようにと命じた。その後彼は藩儒となり、藩士やその子弟の教育にもあたった。藩では、彼を中心に藩校を設立しようとしたが、病のため辞退し、文化十二年（一八一五）六二歳で没した。このような経歴の四郎兵衛であるから、彼が三年の喪に服したことに、何ら不思議はなかったといえよう。(39)

『続編孝義録料』によれば、彼は享和三年（一八〇三）にも表彰されているが、この時は勿論、前回においても、三年の喪に服した孝によってというよりは、窮民救済など地域社会への貢献によって表彰されている。そのことは、『続編孝義録料』に「孝」ではなく、「奇特者」として記載されていることからも明らかであろう。しかし『続編孝義録料』に三年の喪のことが記されているのであるから、これも藩主によって評価されたものと見てよいであろう。

❷越後・新発田藩・城下上町・商人（借屋）**久四郎**33歳・享和元年（第五冊二九二頁）

父は篤実なる者で学問をし、商人の身分で祠堂を営み祭議《ママ》を取りおこなっていた。本人は幼時から父の教訓によく従い、学問もし、父母に孝心を尽くし、父の死後葬式も聊かも粗略の事なく執りおこない、三年の間心葬を勤め、商用の他は外出もせず、昼夜慎んでいた。また「忌祭時祭之式共、父存生之時之如く実意を以執行ひ（中略）家内和熟仕、町内之者も人の手本ニ可相成者と皆感心」している。

父も学問を好み、子もその教訓によく従って親孝行であった商人が、父のために、三年の間、心葬を勧めたというのである。心葬とは喪服を着ることなく心だけで喪に服することであるが、喪服は着ないものの、商用の他外出せず、昼も夜も慎居していたのである。

久四郎が表彰された享和元年（一八〇一）は、藩政に大きな足跡を残した八代藩主溝口直養の後を継いだ九代藩主直侯がわずか二五歳で亡くなる、その前年であった。(40)直侯の治世は、前半は直養の後見を受けていたし、若くして亡くなったこともあり、前藩主直養の影響下にあったといってよい。

八代直養は、若い頃から山崎闇斎の崎門朱子学に傾倒した好学の藩主として知られている。宝暦十一年に襲封するや、前代からの財政窮乏を受けて財政再建に取り組むと共に、相次ぐ災害や飢饉への対策として、除米制度、社倉制度等、農村の窮乏への対策にも追われた。また、法令の整備にも勤め、家臣・領民のそれぞれに対する藩主の命令の基本部分をまとめた「新令」（安永九年）及び、幕府の公事方御定書の他、唐律・明律を参照して編纂した、体系的な刑法典「新律」（天明四年）を公布した。

儒教道徳の実践によって藩体制の立て直しを図ろうとした直養は、学問を勧めた。家臣に向けて発した「新令」には、冒頭に

一家中の者末々に至るまで学問出精すべし。(41)

とあり、領民に発せられた「新令」には、

一上を重んじ親ニ孝を尽し、夫婦兄弟諸親類にむつましく、老たるを敬ひ幼きをいつくしみミ、下人ハ主人ニよ

くつかへ主人ハ下人を憐ミ（下略）

一貴きも賤きも学問すへき事ニて、百姓なとハ入らぬ事といふハ、心得違なり、末々迄皆学ふへし(42)

と規定されている。武士は勿論のこと、庶民、それも末々の者にまで学問を勧めようとするところに、彼の真骨頂がある。何のための学問かといえば、上を重んじ、親に孝行を尽くす（勿論「上」や「親」には、「下」や「子」を慈しむことが求められるのではあるが）人を育てるための学問であったことがわかる。そして「新令」の他の条文に明記されている通り、その学問は、彼が傾倒していた崎門朱子学でなければならず、他は異学として禁止された。

なお、「新令」の家臣に対する条文では、

一葬礼之儀分限に応し丁寧に致すへし、雖然外向かさり等之儀ハ、随分手軽く致すへし(43)

と、丁寧な葬儀が勧められていることも、珍しい。領民に対する「新令」では、この規定は存在しない。「孝」は生前の孝養だけでなく、死後の葬祭によって完成されるという儒教の観念によるものと思われるが、庶民にはこれを求めることは無理だと考えたものであろう。

直養は家臣も領民も学ぶべきであるとの観念から、安永元年（一七七二）藩校（講堂、後に同学堂と命名）を建設、藩士だけでなく、庶民にも聴講を許した。また庶民のためには、社講の制を設け、町や村の好学の人物を社講に任命し、庄屋、名主宅などで町人、百姓らの教育に当たらせた。さらに、藩の儒官を定期的に町在へ派遣して巡回講義もさせていた。また、貧しくて本を買えない者に、四書を印刷して給付することもおこなっている(44)。

直養はまた、安永九年（一七八〇）祠堂を建て、祖先を祀った。祠堂とは、儒教によって死者の霊を祀る所で、仏教であれば位牌堂、持仏堂などと称したものである。さらに彼は、二月と八月を御時祭・御忌祭と定めた(45)。

さて久四郎の表彰は、『続編孝義録料』だけでなく、九代藩主直侯一代の記録である『新発田藩史料（1）藩主篇』

所収「御記録」巻九修廟紀にも記載されている。そこでは「当町清太郎借屋休四郎」（ここでは久四郎が休四郎になっている）の父善蔵が「道学の志厚く」上京して久米訂斉に学んだことがあり、商人の身分で祠堂を営み、祭儀を取りおこない、篤実の者であったこと、休四郎は父の教えに従って勉学し、生前の孝行は勿論、葬式も粗略無くおこない、三年の間心喪を勤め、商用の他は外出せずに慎居、忌祭・時祭共に実意を尽くしておこなったこと、弟と母も、父のため、夫のため、三年の喪に服したいと言ったが、病身のため、期月の喪（一年）を勤めるに止めたことが記されている。(46) 前藩主直養が祠堂を建立した時、武士や庶民の中にもこれに倣って祠堂を建てる者が現れた。久四郎の父もその一人であったと思われる。祠堂を建てた事で表彰された者もあったが、久四郎の場合は、祠堂を建てた父ではなく、これに父を祀った久四郎が表彰されたのである。(47)

このように見てくると、久四郎の表彰は、前藩主直養の政策——庶民に儒学を学ぶことを奨励し、儒教道徳に基づいて親に孝行を尽くし、その死後も丁重に祀ることを求めた——に極めて忠実であったことによるものといえよう。すでに次の藩主九代直侯の時代になっていたが、彼が前藩主の政策を続行していたことは、彼の時代にも庶民の教学関係者がしばしば表彰されていることからも明らかであろう。(48)

❸出羽・米沢藩・棚橋源五屋敷借・菅井伊右衛門子**嘉蔵**43歳・文化三年（第四冊四四六頁）

父に孝養を尽くし、死後は「愁傷申すばかりなく、追善懇切なる事は、百余日の間墓参怠らず、其上心葬を勤候、心底にこれあるや、其慎深く、三年の星霜を相送り候よし」。

文化三年（一八〇六）は、名君といわれた米沢藩の上杉鷹山が、すでに隠居しながら、藩主の後見役としてなお藩政改革の指導に当たっていた時期である。(49) 彼は、危機に陥っていた米沢藩を立て直すために、殖産興業を図り、農村再建策を取り、また、有能・忠良な家臣を育成するために藩校を設立した。彼は一四歳の時、折衷学派の細井平洲の講談を受け、以来彼を師として学び続けた。鷹山の平洲への尊崇の念は非常に強く、藩主になってからは、礼を尽くして彼を米沢に招いた。平洲は生涯で三度米沢を訪問し、藩校興譲館創設を指導し、また藩士らに講談した。彼は藩士だけではなく、村や町にでかけて庶民にも語りかけた。彼の話は人々に感動を与えたらしく、会場はいつも超満員、聴衆は感涙にむせんだと言われている。表彰事例の菅井嘉蔵は、「屋敷借」とあるからごく下層の武士であったのであろうか。時期的に見て、彼もまた、平洲の聴衆の一人であった可能性もある。

平洲は、尾張の農家の出身で、その学問は実践を重視するものであった。君主には仁政を説き、庶民には『孝経』や五倫五常について解りやすく解説して主君への服従を説いた。農村が荒廃し、不安と危機意識に襲われている農民に、絶対服従の中に安心至福の道があることを説いて、深い感銘を与えたといわれている。彼が説いたのは、分限意識に貫かれた実践倫理であった。彼を信奉する鷹山もまた、現実の政治上の困難に対処するために、儒教の説く君主の徳を実践して仁政をおこなうことをめざしていたと思われる。彼が信奉したのは平洲の折衷学派であったが、他の学派を否定する事はなかった。

このように儒教による民衆教化が極めて盛んであった中での三年の喪の表彰であり、納得のいくところではないであろうか。

以上、三年の喪を遂げ、これが表彰された事例を検討してきた。これらに共通するのは、どのような藩であろうか。まず、宇都宮藩以外はすべて外様藩であり、その多くは大藩であったが、新発田藩だけが五万石の中小藩であった。幕府がとくに求めているわけでもない三年の喪であるのに、これを表彰するというのは、やはり外様藩に多かったということであろうか。

また、藩主の儒学への関心が特に強く、中国の古典や文化、法律などに深い関心を寄せていた場合が多かったように思われる。明律を参照した藩刑法を制定した熊本藩や新発田藩はその典型であるが、そうでなくとも、好学すなわち儒学を熱心に学んだ藩主のいる藩が多かったということができよう。

儒学の学派をみると、岡山藩では、すでに熊沢蕃山の陽明学を離れて、朱子学に転じていた（但し、『備前国孝子伝』の編著者の父は譲園学派の学者であった）。熊本藩では、藩校において林家流の朱子学が講ぜられていた。徳島藩も、柴野栗山を招いたことからも分かるように、林家の朱子学であった。宇都宮藩も、幕府昌平黌に学んだ鈴木四郎兵衛によって藩校を設立しようとしたことからわかるように、林家の朱子学であった。新発田藩は、藩主が傾倒していた山崎闇斎の崎門朱子学で、それ以外は異学として禁止された。米沢藩では、藩主の若い頃からの師であった折衷学派の細井平洲が招かれ、折衷学派が藩学であった。こうしてみると、林家朱子学の藩で三年の喪が表彰されることが多かったものの、崎門朱子学や、折衷学派の藩でも、三年の喪の表彰はおこなわれていたことがわかる。三年の喪を高く評価するのは、林家の朱子学だけではなかったのである。

いずれにしても、三年の喪の表彰は、多くは藩政改革の時期や、その機運のもとでおこなわれた。行き詰った藩政を改革しようとし、そのための精神的支柱を、儒教道徳に求めたのである。儒教道徳の実践は、藩主や家臣にも求められたが、支配される側である庶民が実践してこそ、封建体制の維持に役立つものである。従ってこれらの藩では庶民教育に熱心であり、実用的な文字教育だけでなく、『論語』などによって儒教道徳が教えられていたと考えられる。

このような庶民教育は、庶民の知的水準を高めて精神的向上を助け、庶民の生活の向上にも役立った場合がある反面、封建体制に従順な人間を作ることにも役立っていた。狙いはむしろ、そこにあったであろう。そして三年の喪は、儒教道徳の最も大切な徳目である「孝」を、最も完璧な形で実践するものであったから、庶民教化教育の成果ともいえるものであり、藩主が表彰するのも当然であったといえる。

なお表彰された者の身分は、町人が三人、農民身分でありながら商業を営んで裕福になり、学者になった者一人、医師が一人、下級の武士であったかと思われる者一人である。町人ないし商業を営む者が過半数で、農民が一人もいないことが注目される。三年の喪が貧農には実行不可能であったのはもちろんであるが、たとえ自ら耕す必要のない豪農であっても、三年（実質二年）も農事を休むことは、差しさわりがあると考えられたのであろうか。生活に余裕がなければ実行できないと考えられる三年の喪であるが、「借屋」の者が一人、「屋敷借」の者が一人あるのは、彼らは貧乏ではなかったのであろうか。なお後考を要する問題である。

Ⅲ　神葬をおこなった例

稀な例ではあるが、神葬をおこない、これに従って喪に服した場合もある。

❶播磨・林田藩・林田町糀屋弥七郎手代・**平七**53歳・寛保元年（下巻三八頁・第六冊一八九頁）

三代の主人に仕えた商家の手代が、二代目主人弥七郎が父に先立って死去した時、弥七郎が国学を好んだことから、定式の中陰を済ませた後、「神道を以て亡霊を神と祝、静謹霊神と崇祭」した。具体的には座敷の床を浄め、神主（位牌に相当するもの）を祭り、毎日手水、茶湯、魚鳥等を進め、存生の如く家事等一切を語り聞かせたのである。

このように仏式の中陰を済ませた後、神葬の方式に従って喪に服することもありえたのである。

なお、厳島神社の神地では、神地を穢してはならぬという厳島神社の掟によって、町人の娘が、父母の死後「向ふの地方」へわたり、百日の喪も無滞つとめ」た（安芸・厳島・町人娘**とよ**39歳・文化三年・第六冊三二八頁）という例がある。百日の喪に服したというのは、或は神葬であったかもしれない。同じく厳島の例（安芸・厳島・職人**百合松**15歳・

文化六年・第六冊三六三頁）は、やはり父の遺骸を別の地に運んで「後の業」をおこない、そこで母や弟と共に「中陰の間」暮らしたという。こちらは仏式の服喪であったのであろうか。

また、父の死後百日間、日々墓参したという例もある（備前・岡山藩・岡山船着町・よしや**久右衛門**・享和元年・第六冊二四八頁）。この百日には、とくに意味はないのかも知れないが、岡山藩では、かつて藩主池田光政の時代に、寺請に替わる神道請がおこなわれ、領民の多くが神儒道を信奉した事実があった(50)ので、時代は下るものの、或は神葬祭による事例である可能性もあろう。

Ⅳ　仏教的習俗に従った例

以上の事例に比べて最も多かったのは、仏教的習俗に従って喪に服したと見られる例である。仏教的習俗は地域や宗派によって異なるが、通常は死後四十九日を中陰とし、それが終わると忌が明ける。本来七日七日で一区切りとされ法要が営まれることもあったので、初七日、二七日、三七日等の言葉もあり、五七日つまり三十五日で忌が明けるとする場合もあったが、尽き七日すなわち七々四十九日で忌明けとすることが一般的であった。従って中陰・四十九日・三十五日等のことばが用いられている事例は、仏教的習俗に従った服喪であったと考えてよいであろう。

1　四十九日という用語が用いられている例

❶上野・舘林藩・**ちよ**14歳・寛政二年（上巻二〇五頁）

父の四十九日に菩提寺に餅を供える。

❷陸奥・仙台藩・**さと**40歳・寛保二年（中巻三九頁）

姑の四十九日までは、朝夕香華を手向けた。（位牌は三十五日過ぎるまで寺に送らず、持仏堂に立て置き、拝礼した。）

❸信濃・高島藩・百姓**政弥**31歳・文化六年（第三冊一五二頁）
父の死後四十九日の内、一日も欠かさず墓参。
❹陸奥・仙台藩・百姓**清左衛門**29歳妻**清**26歳・寛政七年（第三冊四四五頁）
母の死後七七日まで、毎朝怠りなく墓参。
❺出雲・松江藩・桶屋**幾三郎**32歳・文化四年（第五冊五五四頁）
父の死に、病気の母を背負って四十九日間懈怠なく墓参した。
❻大坂・天満板橋町・**山家屋弥兵衛**33歳・文化二年（達一二五五・第一冊四一二頁）
七々日逮夜毎に旦那寺の伴僧を招き、尽き七日には志の品を懇意の方へ送り、近所の者も招いて回向・追善等を執りおこなった。

2　三十五日という用語が用いられている例

❶伊勢・津藩・百姓**文七**26歳・安永五年（上巻六二頁）
継父の三十五日が過ぎて奉公先に戻る際、知人に香華料を託して供養を頼んだ。
❷駿河・代官所支配・百姓**五郎右衛門**歳不知・天和二年（上巻八八頁）
父母の死後、三十五日間経を読み、僧を招いた。
❸陸奥・盛岡藩・百姓**かん**51歳・文化三年（第四冊一〇九頁）
舅の死後三十五日間は毎朝墓参りし、在りし日の如く物言いなどして「其喪を終」わった。

夫の父母の忌は服忌令では三十日。三十五日で喪を終わったということは、服忌令に従わず、仏教の習俗に従った事を示している。

3　中陰という用語が用いられている例

前世を離れて次の世に生を受けるまでの期間である中陰ということばが用いられている場合は、勿論仏教によって喪の期間が過ごされたとみなすことができる。

❶長門・長州藩・萩城下・町人**前田源次郎**8歳・寛政二年（下巻一八七頁）

父の死に際して「中陰のつつしみも成長のものにひとしかりけり」。

中陰の期間を大人同様に慎んで過ごしたというのである。

❷伊予・西條藩・大庄屋の嫁・**くみ**27歳・寛政二年（下巻二七一頁）

小姑のために、中陰の期間素食して過ごし、姑を慰めた。

❸京都・松原通り・**大和屋忠兵衛**・同弟**藤七**・寛政九年（第一冊二八五頁）

両親の死後、中陰や年忌等を丁寧に勤めた。

❹伊勢・津藩・郷士庄屋・**横山甚五**32歳・寛政六年（第二冊一五頁）

中陰の間、母が生前好んだ品を毎日三度ずつ霊前に供えた。

❺大坂・大川町・尾張屋治助死跡娘**はつ**56歳（達二二五六）

父の死後、中陰なども懇ろに営んだ。

このように中陰ということばは、その期間や、その間の慎みを意味するだけでなく、それが明ける時におこなわれる法要や会食などの行事をも意味していたようである。

4　その他

この他、初七日（江戸・牛込若宮町・**定五郎**・天保十二年、「忠孝誌」二六〇頁）、七日七日（大坂・天満板橋町・借屋**山家屋弥兵衛**33歳・文化二年、第一冊四一二頁・達一二五五・前出）などということばが用いられている場合も、仏教による喪に服していたと考えてよいであろう。

孝義録などが表彰しているのは、どのような服喪であったのであろうか。

V　どのような服喪が表彰されているか

まず、現実に庶民がどのような形で喪に服していたかを、確かめてみたい。大藤修氏は、明治初年に全国各地の民間習俗を調査して集成した司法省蔵版『全国民事慣例類集』の事例を分析して、庶民の葬送および服喪の実態を明らかにしている(51)。

これによると、休業する（つまり慎居する）期間は、地域により異なる。全く休業しない地域もあり、葬式の終わるまで、葬式の翌日まで、三日、四日、五日、六日、七日、十四日間と、休業の日数は、さまざまである。

休業が明けると、そのまま忌明けとなる例も多いが、なお当分は「忌中」であって、忌明けまでは家に忌中札を貼ったり、簾を垂れたり、月代を剃らなかったり、神社参拝が禁じられたり、外出が禁じられたり、外出するならば、笠をかぶったり、襟や頭に白布を巻いたり、晴天でも傘を差さなければならないなど、一定の禁忌のもとに過ごさなければならないとされた地方もあった。忌中となる期間は、はっきりと「幕府制定の服忌令によって差別を立て」ると報告している地域もあったが、その場合でも服忌令の、尊卑・親疎による日数差別に、厳密に従った訳ではなかったようである。服忌令に拠るとは記されていない地方の方が多いが、その場合、父母は五十日とか、六十一日とか、十四日とか、父五十日・母三十五日とか、兄弟姉妹・伯叔父母は二十日であったり、五日であったり、父母は五十日だが他の親族はすべて七日位とされたり、親族の尊卑・親疎の差別なく三十五日間忌中としたり、忌の期間も千差万別であった。

結局、短期間仕事を休んで慎居し、それで忌が明けるとする地域と、その後も一定の期間は忌中が続き、何らかの禁忌の下に過ごすとする地域があったわけであるが、いずれにしても忌の日数が幕府服忌令の規定よりは短縮されている場合が多いのが特徴である。大藤氏が指摘されるように、「休職しても禄の保証されている武家とは違って、庶民の場合、休業はただちに収入の途絶につながる。蓄えのある富裕の家はともかく、大多数の一般庶民にあっては、あまり長く休業する余裕はなかったに相違ない(52)」ということが、庶民の服喪が簡略化されていった最大の理由であろう。

しかしながらそれにもかかわらず、庶民にあっても、服喪の慣行は、多種多様な形態を取りつつ、存在し続けたのである。このことは、服喪が幕府の命令で始まったものではなく、それ以前から、死者に対する自然な哀悼の情と、平安時代以来の穢れ観念とが結びついて存在していたものであることを思わせる。

では幕藩領主によって表彰されたのは、どのような服喪であったのであろうか。

まず、地域の慣行に従って喪に服したことが表彰事由の一部になっていることがはっきりしている事例は、見当たらない。むしろ表彰例に見られるのは、七日位で忌明けとする地域の慣行であったにもかかわらずこれに従わず、五十日の忌を全うした前述丹後・宮津藩・**源七**のような例であった。しかしながら、表彰された者の中には、とくに書かれてはいないが、地域の慣行に従った服喪をおこなっていた事例が少なくなかったであろう。

最も多いのは、仏教的習俗に従った服喪である。それは地方により、宗派により多種多様であったし、仏教的習俗が同時にその地域の慣行であった場合も少なくないと思われるので、正確にその数を調べることは困難であるが、数の上では一番多かったと見てよいと考える。そしてこの場合の服喪は、喪の期間慎居することよりも、墓参、法事などの葬祭行事の執行に重点が置かれていたのが特徴である。

数は六件と多くはないが、決して少ない数とはいえないのが、儒教による三年の喪に服して表彰された事例である。三年の喪は前述の通り儒教道徳の徹底的実践であったから、領主からは表彰すべき事例と考えられたのも当然であったが、三年の喪が実践されるためには、儒教をしっかり学んだ者がいること、つまり庶民への儒教教育がさかんであったこと、しかも、学んだ者が、三年もの間仕事をしないでいることができる程の余裕のある生活をしていることが前提であるから、数が少ないのは当然であり、むしろ幾つかの藩で存在したことにこそ注目すべきであろう。では幕府服忌令に従って喪に服した者はどうであったか。幕府が服忌令によって喪の期間を法定している以上、これに従うことこそ求められたのではないであろうか。

ところが表彰された事例を見ると、幕府服忌令に従って喪に服したという事例は決して多いとはいえない。まず、幕府服忌令に従ったということが明記されている表彰例は、今回調べたところでは存在しない。

既に述べた丹後・宮津藩・水呑百姓**源七**は、その地の慣習に逆らって、あえて養父のために五十日の喪に服した珍しい例である。父母の死に際し、五十日間家業を休んで忌中の行事を手厚くおこなった前出伊予・今治藩・**大黒屋養三郎**の例は、儒学を学んだ町人が、おそらくは三年の喪に服する代わりに、幕府服忌令の父母五十日の喪に服したのではないかと推測される。

その他は、前述の通り、五十日間墓参した例（上総・旗本知行所・百姓**市平**や、江戸・湯島三組町・**はる**）、五十日逮夜に近所の人らを招いてささやかな法要をし、粗餐を振舞ったという例（大坂・幸町五丁目・**かね**、同・南堀江三丁目・**ゆき**）があるだけである。これらは父母のために五十日という数字から、服忌令に従ったのではないかと推測するだけである。しかもこれらを合計しても、三年の喪の事例とほぼ同数にしかならない。

これらのことは、現実に庶民の喪の日数は、地域により、あるいは宗教により千差万別であったこと、それを法定の喪の日数に統一する事は不可能だと考えられたこと、このため、服忌令に従った者をとくに顕彰しようという意志を、幕藩領主が持たなかったことを示しているのではないであろうか。このことは、武士と違い庶民に対しては、幕府服忌令の定める日数を遵守して喪に服するということが求められていなかったことを意味するであろう。

服忌令に従って喪に服したことで表彰された事例があまりにも少ないことには、もう一つ根源的理由があると考えられる。それは服忌令が、中世の穢れ思想の影響を受けて、哀悼のための休暇である「假」の日数が、穢れを他に及ぼさないために慎居しているべき「忌」の日数に変えられたことから来るものである。この変化によって服忌令は、中国の喪服制が有していた孝の実践という意義を、大幅に後退させてしまったのである。そのため服忌令を遵守して服喪することは、とくに孝の実践として賞賛されることではなくなってしまっていたのではないであろうか。それだからこそ、服喪によって孝を実践しようとする者は、中国の三年の喪を実行しようとしたのではないかと考えられる。また、慎居よりも、葬式や墓参、法要などが表彰事由の一つとなっている例が多いのも、「假」から「忌」への変化によって、忌の日数を慎居することよりも、葬式や墓参、法要などの行事の実行が、孝として大切になったからであろう。

なお、喪に服したり、葬祭を丁寧におこなったからといって、それだけで表彰された事例はきわめて異例であった(53)。本稿では省略しているが、父母や夫や主人に対する、筆舌に尽くしがたい介護の苦労や、生活を維持するための身を切るような努力があった上で、死後の葬祭や服喪が丁寧におこなわれた場合、評価が一段と高められたものであることも、注意しておかなければならない。反対に、服喪や葬祭には全く触れず、生前の「孝」や「貞」や「忠」だけが理由で表彰されている例も、少なくないのである。

むすび

以上、表彰例を検討する中で、次のようなことを知る事ができた。

――幕府服忌令は、穢れ思想の影響を受けて、律令の規定における死者への哀悼の期間である「假」を、穢れを他に及ぼさないように慎居しているべき期間「忌」に変えてしまったために、服忌令に基づいた服喪からは、孝の実践という意味合いが、大きく後退してしまった。このため死者への孝（夫に対しては貞、主人に対しては忠）の実践としては、服喪よりも、葬式や墓参、法要などの葬祭の方が大切になっていた。表彰例の中で、服忌令に基づいた服喪によって表彰されたと考えられる例は、むしろ稀であり、葬祭を丁寧におこなったことで表彰された者が多数であることは、それを示している。一方で、儒教思想の影響をとくに強く受けた者の中には、服忌令ではなく儒教の教える三年の喪を実行して孝を全うしようとする者があり、藩によって、これが表彰される事があった。三年の喪の表彰は、儒教教育による綱紀粛正によって、崩れようとする藩政秩序を立て直そうとしていた藩において行われることが多かった。穢れの観念は幕府が創作したわけではなく、すでに民衆の中に存在しており、それを避ける「忌」の日数は、地方の慣習によって多種多様であったから、これを幕府の力で統一することには無理があり、そこまでしようとは、幕府は考えていなかったと思われる。つまり、私生活における服喪は、庶民の場合地域等の慣習に任せ、特別な場合のみ、服忌令を遵守させたと考えられる。――

特別な場合とは、（実際にであれ、観念的にであれ）武士等の上位の存在と接触する機会がある場合である。庶民でも武士に準じた扱いを受ける事が認められた場合や、町村役人などで、領主から任命された場合、これら以外でも、例えば、職人が公儀の印札を受け取る時等である。(54)

最後に、幕府服忌令の意義ないし果たした役割について改めて考えてみよう。

一般に幕府服忌令は、協力しあうべき親族（狭義で親類と称した）の範囲を確定し、その間の服忌の日数の差によって親族間の序列・格差を明示し、これによって儒教的な家族・親族秩序を明確にして、これを維持する役割を担ってきたといわれてきた。[55]これを私は服忌令の「礼」の側面と考える。孝を中心とする儒教的な礼（もちろん日本化されてはいるが）の実現が服忌令によって意図されているからである。

武士の場合は、相手との関係によって、受けるべき服忌の日数を確認し、その期間だけ出仕を差し控えなければならなかったから、服忌令に基づく親族秩序は、いやでも認識させられたであろう。従って服忌令が担った服忌令の役割の内、「礼」の側面は、かなりの程度果たされたといえよう。

では庶民の場合はどうか。

既に明らかにしたように、原則として庶民には服忌令が定める日数を厳守しての服喪は求められなかった。その理由としてすでに述べたのは、現実に存在する多種多様の服喪日数を統一して、遵守を強制する事は不可能であったことである。しかし他にも次のような理由が考えられる。第一に、律令制下の「假」が穢れを忌む「忌」に変わった後も、休暇としての意味が全く失われたのではなく、親族の死に遭った者が休む事のできる、いわば権利としての休暇という意味は残ったと思われる。武士には看病断という制度があったといわれるが、[56]看病の後に来る親族の死に際して与えられる休暇、すなわち現代の忌引きに相当する意味は存続したと思われる。ところが武士と違って一般の庶民は、幕藩領主の任命によって生業（農・工・商など）を営んでいたわけではないから、領主から休暇が与えられるという事は、そもそもあり得なかったのである。第二に、服忌令に従って正しい日数だけ喪に服することは儒教的な礼の表現であるが、儒教では、前述の通り三年の喪は「天下の通葬」で、上は天子から下は一平民に至るまで守るべきものであるとする観念が存在する反面、「礼は庶人に下らず」と『礼記』にあるように、[57]服忌令の厳密な遵守は、庶民には求める必要がないとも考えられたことであろう。

このようないくつかの理由の故に、庶民の場合は、一般に私生活では、喪の期間を必ずしも服忌令に依る必要がなく、従って正確に服忌の日数を計算して喪に服するという必要がなかったから、服忌令を通じて親族間の秩序を厳しく教え込まれる、ということもなかったと思われる。また、服忌令の条文を庶民に読み聞かせるということもなかったらしい(58)。つまり、家族・親族秩序を確立・維持するという点での効果は、一般の庶民にあっては、あまり大きくなかったと考えられる。

但し、家族・親族秩序の確立・維持という効果が、庶民の場合全くなかったというわけではない。少なくとも忌掛の親類とはどの範囲の親族をさすかは、庶民も知っている必要があった。

まず、庶民にあっても武士の場合と同様、親類は互いに扶助し、扶養する責務を負い、相続人の選定・後見・不動産処分などには、親類の協議を経る必要があったし(59)、『五人組前書』にも、親類が負うべきさまざまの責務について記載されている場合が少なくない(60)。

また、火事があった時、現場に大勢の人が集まる事は、消火の妨げでもあり、また暴動につながる恐れもあったから、火事場を見廻ったり、火事見舞いの人を出す事が、制限された場合があった。その時火事場に出る事を許されたのは、忌掛りの親類（相互に服忌を受ける関係にある親族）と聟舅であった(61)。

この他、江戸では正月に水浴びせをする風習があったようで、これにも制限が加えられたが、親類縁者だけが屋敷内でおこなう事が許され、親類は従弟まで、すなわち忌掛りの親類と、縁者のうち舅・小舅だけが水浴びせを許された(62)。

さらにまた、キリシタンを根絶するために、その親類・縁者を登録させて監視した類族調べにおいて、類族の範囲は、キリシタンであった者の忌掛りの親類に、聟・舅を加えたものであった(63)。

このように親類の範囲がどこまでかは、庶民も知らなければならなかったが、農民を対象とした高井蘭山の「農家重宝記嗣編」などには、親類の範囲にとどまらず、忌掛りの親類の詳しい解説が述べられていた。(64) 従って、服忌令が定める親類の範囲は、庶民もかなりはっきり認識していたと思われる上、親類間の序列・差別についても把握している庶民が、ある程度存在したと思われる。服忌令の存在は儒教的な家族・親族秩序を庶民にも啓蒙するという役割は果たしていたといえるであろう。

しかしながら、服忌令が定める日数に正確に従って喪に服することは、庶民には求められなかった。服忌日数を幕府服忌掛に問合せた事例を集めた服忌問答集に載せられているは、武士の問合せであり、庶民に関する問合せはほとんど存在しなかった。

一つ興味深い事例がある。『続編孝義録料』第三冊（三二一八―三二二四頁）に、上州高崎藩松平右京亮の家来八木弾右衛門が差出した「孝行幷奇特之者名前書」が収められている。文化六年（一八〇九）と同八年の二冊で、分量は多くない。ところが、著名な服忌書の一つである「服忌令撰註分釈」（文化八年成立）の写本の中に、この八木弾右衛門が跋文を書いているものがあり、(65) 彼はそこで、同書を加藤瀬左衛門次章が編纂した時、自分がこれを助けたと述べているのである。

つまり彼は、孝行者や奇特者を幕府に書き上げる仕事をするとほとんど同時に、藩の留守居として、他藩の留守居に協力して、服忌に関する幕府への服忌問合せ例を編纂していたのである。従って彼の服忌令に関する関心と知識は大変なものであったと想像される。それにもかかわらず、彼が上申した孝行者や奇特者には、服忌令に従った者は全く存在しない。それには、そもそも書き上げた事例の総数が十二件と僅かであることも関係しているであろうが、もし彼が庶民も服忌令に従って喪に服すべきだと考えていたならば、一人や二人は服忌令に従った者を挙げる筈ではないであろうか。種々の事情が考えられるので、はっきり断言はできないが、やはり私は、これは庶民が服忌令の日数に従って喪に服すべきものとはされなかった事実の反映とであると考えざるを得ない。

服忌令のもう一つの意義ないし役割として私は、初めに述べたように、喪などの穢れを自分より上位の存在に及ぼしてはならないとする事によって、東照大権現を頂点として将軍——大名・旗本——家臣——庶民と下る、いわば穢れのヒエラルヒーと称すべきものを構築して、封建的な身分秩序（幕藩制秩序）を側面から補強するという役割を担っていたと考えている。私はこれを、服忌令の「穢れ」の側面と考えている。[66]

庶民の場合、厳密に服忌日数を守っていたとはいえないのであるから、こちらの役割も、実際の場面で厳密に実現していたとは言えない。しかしこの場合大切なのは、そのような穢れのヒエラルヒーと呼ぶべき観念が構築され、そのような観念が広く周知されていたことである。庶民も、町村役人が忌中に職を休む事や、自らも町入り能などで城内に入る時や領主から印札などの物を受け取る時に忌中であってはならない事等を通じて、自分たちが喪などの穢れを上位の存在に及ぼしてはならない存在である事を周知させられていた。[67]また町奉行などが忌中に職務を休む事も知らされていたから、[68]自分らよりも上位の存在である武士らもまた、さらに上位の存在である将軍に穢れを及ぼしてはならない事を知っていた。このように上位の者に穢れを及ぼしてはならないことを、庶民もまた知っていたのである。このような穢れのヒエラルヒーと称すべきものを構築して、封建的な身分秩序（幕藩制秩序）を側面から補強するという意義ないし役割は、庶民の喪が服忌令の日数に厳密に従っていなかったからといって、減少したり失われたりするものではなかったと考える。

このように、東照大権現——将軍——大名・旗本——家臣と下って、その下に庶民が位置づけられる穢れのヒエラルヒーにあって、さらにその下に位置づけられていた穢多非人などの被差別民は、どのようにして最底辺に位置付けられたのであろうか。それは服忌令とどう関わるのであろうか。最後にそれを考察したい。

幕府服忌令は、親族の死に際して喪に服すべき期間（服と忌の日数）を規定した後、それに続けて、「穢之事」として、出産・流産等の出血に関する穢れの期間と、死体のある場所に居合わせたり、改葬したり等、死に触れる事による穢れの期間とを、法定している。この事は、従来公家や民衆の中に存在していた穢れ観念を、幕府が公認したという意味を持っている。皮革産業に従事する人々や物乞いや芸能によって暮らしを立てている人々を賤視し、穢れた者と見る観念が、中世以来日本に存在していたのであるが、服忌令による穢れ観念の公認は、被差別民を賤視して社会の最底辺に位置付けるための根拠を提供するものであった。

東照大権現から庶民に至る穢れのヒエラルヒーは、自分より上位の存在に喪中等の穢れを及ぼしてはならないという事で成り立っていたが、穢多非人等は、これとはやや異なる考え方に基づいて庶民より下に位置付けられた。江戸時代も後期になってであるが、非人に身を落とした者が死亡した時、親族（武士と思われる）はこの者のために服忌を受けるべきか否か、という事が問題になった。幕府服忌掛は、寛永寺の門主にも意見を求めた上で、非人になったことは、「人類」ではなくなったという事であるから、そのような者のために服忌を受ける必要はないと答えている。人でない以上、人の礼を定めた服忌令の対象にはならないとしたのである。[69] 服忌令は、その条文によってではなく、服忌令の対象から除外することによって、非人を最低の身分に位置付け、差別を公認したのである。これは非人の例であるが、穢多などについても同様に考えられていたと見てよいのではないかと思われる。

このように服忌令は、一見身分差別とは関わりのない法のように見えながら、穢れを公認したこと、および被差別民を対象外とした事によって、身分的差別の法となったのである。この点については、さらに後考を期したい。

註

（1）以下服忌令の起源と変遷については、林由紀子『近世服忌令の研究』（清文堂出版、一九九八年）第一章江戸幕府服忌令前史を参照。
（2）林前掲『近世服忌令の研究』第三章、第四章。
（3）林前掲『近世服忌令の研究』第八章、第九章、第十章。
（4）林前掲『近世服忌令の研究』第七章二二八頁以下。
（5）林由紀子「和歌山藩の服忌制度」（藩法研究会編『大名権力の法と裁判』創文社、二〇〇七年）一一二―一一三頁。
（6）『官刻孝義録』の成立事情については、山下武『江戸時代庶民教化政策の研究』（校倉書房、一九六九年）第三篇第二章『官刻孝義録』刊行の意義とその分析、菅野則子『江戸時代の孝行者――「孝義録」の世界――』（吉川弘文館、一九九九年）三頁以下などを参照。
（7）菅野則子「解題」『官刻孝義録』（東京堂出版、一九九九年）下巻四九八頁以下。
（8）菅野則子「解題」『続編孝義録料』（汲古書院、二〇一七年）第一冊三頁以下。
（9）『御府内備考』（大日本地誌大系所収）は、本来江戸の地誌『御府内風土記』の「備考」であるが、宝暦七年（一七五七）から文政十一年（一八二八）までの善行者表彰一三五件が、各町の記事の末尾に、多くは町方からの書上の形で記載されている（池上彰彦「後期江戸下層町人の研究」（西山松之助編『江戸町人の研究』第二巻、吉川弘文館、一九七三年）一四七頁。
（10）『忠孝誌』（『日本教育文庫』第六巻「孝義編」上）は、天保改革の時江戸において忠孝の者または奇特者として町奉行所から表彰された町人について、町奉行所の記録を集めたものである。天保十二年（一八四一）から同十四年（一八四三）までの表彰例が集められている。池上前掲「後期江戸下層町人の生活」は、『御府内備考』、『忠孝誌』『官刻孝義録』および『続編孝義録料』の一部を素材として、江戸時代後期の下層町人の生活実態を詳細に分析している。私は同じ史料の中から、葬祭に関する記事を検討してみた。
（11）加地伸行『儒教とは何か』（中公新書、一九九〇年、二〇一七年）七四頁以下。

(12) 享和元年酉十一月の触は、「孝義録」五十冊が昌平坂学問所によって板行され、一部につき上本代銀八十五匁、次本代銀六十匁で、江戸の書物屋須原屋茂兵衛・長谷川屋庄左衛門が引受けて売り出すので、希望するものは購入するようにと触れている（高柳眞三・石井良助編『御触書天保集成』下、岩波書店、一九四一年、一九八九年、**六四二三**）。
(13) その後天保二年（一八三一）には、さらに詳細な規制がなされるようになる（高柳他前掲『御触書天保集成』下**五五五一**）。
(14) 穂積重遠編『五人組法規集』続編下（穂積奨学財団出版、一九四四年）一五八三頁。
(15) 穂積重遠編『五人組法規集』続編上（穂積奨学財団出版、一九四四年）五九二頁。
(16) 穂積前掲『五人組法規集』続編上、八九七頁。
(17) 穂積前掲『五人組法規集』続編上、七八九頁。
(18) 穂積前掲『五人組法規集』続編下、一三一八頁。
(19) 穂積前掲『五人組法規集』続編下、一三八二頁。
(20) 葬式やその後の法要などが表彰される理由の一つになっていたことは、すでに指摘されている。菅野前掲『江戸時代の孝行者――「孝義録」の世界』一八頁は、「孝行者」たちの善行の内容五ヶ条の筆頭に「先祖供養、父母の弔い・墓参り、親の形見尊重」を挙げ、塚田孝『大坂民衆の近世史――老いと病・生業・下層社会』（ちくま新書、二〇一七年）一一五頁は「孝行の内容」の一つとして、「丁寧な弔いと法事」を挙げる。本稿では、さらに詳しい検討をしてみたい。
(21) 藩法研究会編『藩法集』1岡山藩上（創文社、一九五九年）五四七頁以下。
(22) 穂積前掲『五人組法規集』続編下、一五一四頁。
(23) これと関連して木下光生『貧困と自己責任の近世日本史』（人文書院、二〇一七年）が、従来の研究を批判して、江戸時代の日本は、自己責任を良しとする社会で、村に迷惑をかけることは恥だと意識され、救済には社会的制裁が伴っており、救済するかどうかについて選別もおこなわれていたと主張していることが注目される。
(24) 高柳眞三・石井良助編『御触書寛保集成』（岩波書店、一九三四年、一九八九年）**九五八**、同**九六八**。
(25) 父のために斬衰三年、母のためには、古くは斉衰《しさい》三年（斉衰とは、喪服の制限が斬衰よりもやや緩やかになったものである）とされたが、明清代になると、父と同じく斬衰三年となった（滋賀秀三『中国家族法の原理』創文社、一九六七年、二三頁）。いずれにしても三年の喪であることに変わりはない。
(26) 宇野哲人『論語新釈』（講談社学術文庫、一九八〇年）五四八―五四九頁。
(27) 山下武『江戸時代庶民教化政策の研究』（校倉書房、一九六九年）第二篇第二章諸藩の教育施設と庶民の教育機関二五〇頁、二七六頁。
(28) 菅野則子「『備前国孝子伝』をめぐって」（菅野則子編『備前国孝子伝』三七七頁以下）。
(29) 『岡山県史』第八巻近世Ⅲ（岡山県、一九八七年）二〇頁以下。なお、『備前国孝子伝』および、その『官刻孝義録』との関わりについて、さらに詳しくは、妻鹿淳子『近世の家族と女性――善事褒賞の研究――』清文堂出版、二〇〇八年）六六頁以下を参照。
(30) 谷口澄夫『岡山藩政史の研究』（塙書房、一九六四年）五五六頁以下、前掲『岡山県史』第八巻近世Ⅲ五六六頁以下。
(31) 谷口澄夫『岡山藩』（吉川弘文館日本歴史叢書5、一九六四年）略年表および略系図。
(32) 前掲『岡山県史』第八巻近世Ⅲ二一頁。
(33) 前掲『岡山県史』第八巻近世Ⅲ一一頁。
(34) 『熊本県史』総説編（熊本県、一九六五年）五六〇頁以下、鎌田浩『熊本藩の法と政治』（創文社、一九九八年）五六頁以下。
(35) 小林宏・高塩博編『熊本藩法制史料集』（創文社、一九九六年）解題Ⅰ「熊本藩「刑法草書」の成立過程」。
(36) 『新熊本市史』通史編第四巻近世Ⅱ（熊本市、二〇〇三年）第七編第一章第四節。
(37) 『熊本県史』総説編（熊本県、一九六五年）五六七頁。
(38) 三好昭一郎・大和武生編著『徳島県の教育史』（思文閣出版、一九八三年）一〇六頁以下。
(39) 『鹿沼市史』前編（鹿沼市役所、一九六八年）五二〇頁以下、五三四頁以下、『宇都宮市史』第六巻近世通史編（宇都宮市、一九八二年）六三一頁以下。

(40) 以下の記述は、『新発田市史』上巻（新発田市、一九八〇年）四四五頁以下、『新発田藩史料（1）藩主篇』（新発田市史資料第一巻、新発田市、一九六五年）所収「御記録」、『新発田藩史料（3）藩政篇』（新発田市史資料第三巻、新発田市、一九六六年）、山下前掲『江戸時代庶民教化政策の研究』第一篇第四章第三節新発田藩の教学策、第二篇第二章諸藩の教育施設と庶民の教育機関等を参照。
(41) 前掲『新発田藩史料』（3）藩政篇三三一頁。
(42) 前掲『新発田藩史料』（3）藩政篇三三四頁。
(43) 前掲『新発田藩史料』（3）藩政篇三三二頁。
(44) 前掲『新発田市史』上巻四五五頁。
(45) 前掲『新発田市史』上巻四五六頁。
(46) 前掲『新発田藩史料』（1）藩主篇二一〇九頁。なお同じ御記録の巻十一誠廟紀（十一代藩主直溥時代の記録）によると、安政元年（一八五四）諏訪山新田の名主敬吉が、父のために定式の喪に服した後、心喪三年を勤めて表彰されている（同書三四一頁）。村役人であるから、まず服忌令の定める服忌を受ける必要があったのであろう。この時表彰を受けた敬吉は名主であると同時に社講をも勤めていたが、表彰以後、とりわけ葬事に心を掛けるようになり、葬事に酒など出さないよう、村人に説いたため、村方の風俗が良くなり、他村にもそれが及んだ。このため慶応三年再び表彰されている（同書三九三頁）。
(47) 前掲『新発田市史』上巻四五六頁表16祠堂建立表彰者。
(48) 山下前掲『江戸時代庶民教化政策の研究』一四六頁以下の表「教学関係者表彰一覧表」は、寛政八年から安政二年までの表彰例を挙げ、その前半には久四郎の件も記されている（但し休四郎となっているが、久四郎と同一人物であることは明らかである）休四郎以後、文化、文政、天保、弘化、嘉永、安政と、六十名近くの者が表彰されている。
(49) この項を執筆するにあたっては、横山昭男『上杉鷹山』（吉川弘文館、人物叢書、一九六八年）、林秀夫『近世農村工業史の基礎課程』（青木書店、一九六〇年）第一章などを参照した。
(50) 谷口前掲『岡山藩政史の研究』五八五頁以下。

(51) 大藤修『近世農民と家・村・国家――生活史・社会史の視座から――』（吉川弘文館、一九九六年）第二部第二章第三節葬式・服忌の地域慣行。
(52) 大藤前掲『近世農民と家・村・国家――生活史・社会史の視座から――』三五二頁。
(53) 上総・大田喜藩・百姓後家さる78歳（第二冊三九七頁）は、夫や祖先の墓のある不便な土地を離れず、困窮の中から日々墓参を怠らなかった。これが生前の看病等に触れず、墓を守ったことだけで表彰された珍しい例である。
(54) 林前掲『近世服忌令の研究』二二八頁以下を参照。但、武士に準じた扱いを受ける者と、領主から任命された者とは、今回追記したものであるが、いずれも「上位の者と接触する場合」に含めることができる。
(55) 高柳真三「徳川時代の封建法における親類の構成と意義」（『中田先生還暦祝賀法制史論集』岩波書店、一九三七年）八頁以下、鎌田浩『幕藩体制における武士家族法』（成文堂、一九七〇年）五一頁以下。
(56) 柳谷慶子『江戸時代の老いと看取り』山川出版社、日本史リブレット92、二〇一一年、八九頁以下。
(57) Hirai Atsuko,The Legitimacy of Tokugawa Rule as Reflected in Its Family Laws　慶応義塾大学法学研究六五巻一一号一九一頁を参照。
(58) 「天明録」五には「必竟是迄毎年奉行人民を集め、憲法條目を読むといへども、曽て葬礼犯誡ノ條目教訓無きゆへ、人は木石に非ざれども、知らずして行ふ者無し、是国家の大缺典なり」とある（『日本経済大典』三五・五九三頁）。「天明録」は安政三年に正司考祺が著したものであり、安政頃までの状況を示しているといえよう。
(59) 中田薫「徳川時代の親族法相続法雑考」（同『法制史論集』岩波書店、一九二六年、一九七〇年、第一巻）五六六頁。
(60) 例えば、孤児になった者を親類が引取り、養育しなければならないとする例（宝永三年武州橘樹郡稲毛領下小田中村五人組改帳、穂積陳重編『五人組法規集』穂積奨学財団出版、一九二一年、一一五頁）、父母に孝行、諸親類に親しくすべきであるとする例（延享五年信濃国佐久郡内山村五人組帳御条目之覚、穂積重遠前掲『五人組法規集』続編上、八三七頁）、親類縁者の内に不届き者があって不通にした場合は子細を書付をもって届け出るべきであるとする例（穂積重遠前掲『五人組法規集』続編下、一五三二頁）等。

(61) 例えば宝永四亥年正月の法(前掲『御触書寛保集成』**一五二五**)。但し、宝永八卯年三月の法(前掲『御触書寛保集成』**一五三六**)では、忌掛りの親類の他、聟・舅・従弟を挙げる。他に「こしうと」を挙げる場合もあり、必ずしも一定しないが、忌掛りの親類が基本であることは変わらない。
(62) 近世史料研究会編『江戸町触集成』第一巻(塙書房、一九九四年)**一七八六**、延宝八申年一二月の法。
(63) 前掲『御触書寛保集成』**一二三九**、貞享四年七月の法。
(64) 中田前掲「徳川時代の親族法相続法雑考」五四九頁以下。
(65) 東京大学法制史料資料室所蔵「服忌令撰註分釈」三冊(架蔵番号甲2—一九八三)、同「服忌令撰註」三冊(架蔵番号甲2—一八四三)、國學院大學所蔵「服忌令撰註分釈」三冊(架蔵番号、梧陰文庫三九四)などがそれである。
(66) 服忌令の「礼」の側面と「穢れ」の側面については、林前掲『近世服忌令の研究』二三二頁以下を参照。
(67) 林前掲『近世服忌令の研究』二二八頁以下。
(68) 例えば、天明六年伯父の死に遭った町奉行山村信濃守良旺が忌中になったため、曲渕甲斐守景漸が替わって月番を勤めることになったと、江戸の町触は知らせている(前掲『江戸町触集成』第八巻、一九九七年、**九二一五**)。
(69) 林由紀子「『服忌令詳解』解題」石井良助・服藤弘司・本間修平編、林由紀子担当『服忌令詳解・監察省秘録』問答集10、創文社、二〇一五年、七一頁以下を参照。

第三章　一八世紀前半における紀州藩の広域捜査
——牢番頭家文書からうかがう——

安竹貴彦

はじめに

近世の和歌山城下において市政全般を担っていたのは、町奉行とその配下の役人たちであった。この紀州藩の町奉行所に関しては、たとえば『南紀徳川史』に、

「町奉行　二人　並高四百石　御役人　評定所出座
　与力二組　三騎つゝ　並高二十石　同心二組　二十五人つゝ　書役二組　三人つゝ
町奉行は東西両組にて、役宅は広瀬町奉行町に在て、和歌山市政一切を司り、聴訟・裁判・偵察・逮捕・拷問・処刑・牢獄等を掌ると雖も、記録類散逸詳ならす（後略・傍点筆者）」　（巻之七十六）

と記すように、東西二人の町奉行の下に与力・同心などが配置され、一般行政をはじめ警察・裁判・行刑業務などにも深く携わった。しかし、この紀州藩の町奉行所により作成された記録は、こんにちほとんど伝わってはいない。

他方、この町奉行所の統轄下で、上記を含む各種多様な業務を遂行したのが、牢番頭とその配下たちであった。牢番頭とは、藤本清二郎の言を借りるならば、「城下隣接地にあり、藩からの固有の役負担を課されたかわた身分の責

任者が在村し、かわた村住民を使役して役を遂行」する「城付かわた村」の支配層であり、彼らは村民や非人身分の者たちを使役しつつ、城の掃除役・牢番役をはじめ、町廻り・夜廻り・城下の倒れ者片付け・芝居などの群集整理・非人改のほか、召捕役・吟味御用・仕置役など紀州藩の吟味筋の各過程にも深く関与した。(1)

これら牢番頭たちの吟味筋に関する各種業務は、同じく下級警察業務を担いながらも幕府役人の「私的奉公人」としての地位に甘んじざるを得なかった江戸の「目明かし」「岡引き」に比して、より公的性格が強いものであり、後述のごとく、紀州藩の町奉行所からは正式に対価や褒美が支給され、時にその働きが町奉行より直々に「古今無双之大手柄」と称賛される事さえあった。(2)

また、牢番頭は「書役」としての職務も担っていたことから、様々な記録を長年にわたって丹念に書き綴り、自らのもとに蓄積し続けた。そして、それらの記録は、時に自らの権益を守るための有力な論拠（「古法」「古例」）としても機能した。幸いにも、これらの文書群（以下では「牢番頭家文書」と称する）はこんにちまで伝存し、近世和歌山城下の状況を伝える貴重な史料として知られている。

筆者は、かつて別稿においてこの牢番頭家文書を利用し、仕置役（刑吏）としての牢番頭たちに焦点をあて、紀州藩の生命刑および追放刑につき若干の分析を加えたことがあるが、(3)本稿でも同様の素材を用いて、彼らによる召捕御用のうち、容疑者逃亡などにより藩領を越えた際に実施された広域捜査につき、幾許かの紹介を試みようと思う。ただし、史料の残存状況などから、現状では分析の時期を一八世紀前半に限定せざるを得ないことを予めお断りしておく。

一　幕府の原則――掛合と追込捕――

さて、牢番頭らを用いた紀州藩の広域捜査の実態を紹介する前に、自領人別の者が自領内で犯罪をおかし他領他支配へ逃亡した際の取扱いにつき、幕府の原則がどのようなものであったかを簡単に確認しておくことにしよう。

周知のとおり、元禄十（一六九七）年のいわゆる「自分仕置令」により、大名の手限吟味権についても、事件が「一領一家中」に限定され、「外え障」がない場合のみに行使し得ることが確認され、「他所え入組」の事件については幕府へ委ねるのが原則となった。具体的には、領主から幕府老中に宛てて奉行所吟味願を提出（「月番老中迄可被相伺候」）し、これを受理した老中が、当該事件を管轄すべき幕府の裁判役所に下付して裁判させる手続であった[4]。

この「奉行所吟味願」の前提となる問題のひとつに、本稿で扱う被疑者の他領他支配への逃亡があった。平松義郎『近世刑事訴訟法の研究』はこの点に関し、いくつかの問答集（藩と幕府間の問答）を主たる論拠としつつ、藩から被疑者が「他領他支配」へと逃亡した場合につき、

・自領人別の者もしくは無宿が、他領他支配に逃亡したとき、藩は先方の支配者に逮捕、引渡を依頼するのが原則である。しかし、他領他支配での捜査活動が全くできなかったわけではなく、自領より追跡して他領他支配に踏込み逮捕をなすことは緊急を要する場合には許されていたし、また路上で発見した場合のごときは、直に逮捕してもよかった。これらの場合には、逮捕のうえ、その地の支配者に通達し、しかるのちに自領に連行すべきであった。（九一頁）

・他領他支配で捜査、とくに逮捕を行うことは、その地の官憲と衝突、紛糾を生じ易く、幕府としては、このように制限的に認めた……（九三頁）

と記し、①被疑者逃亡先の支配者に対し、逮捕・引渡の依頼をするのが原則であり、②ただし例外として、自領からの追跡行為が他領他支配まで連続しており緊急を要する場合、または被疑者が他領他支配の路上を徘徊・通行中である場合、には逮捕が認められる。しかし、これらの場合においても、逮捕後にその地の支配者へ通達のうえ、連行しなくてはならない、(5)と分析している。

この点に関し、たとえば幕府役人（勘定奉行所系統）が編纂したと考えられる実務書のひとつ「聞訟秘鑑」にも、次のように記されている。

一、追込者之事

是は私領之役人御料へ踏込、人を捕候儀は致間敷事ニ候へ共、人殺其外重き科ニも可相成もの追掛参り、御料之地内へ追込候節は、直ニ踏込召捕候事も有之、是を追込捕と唱、右は差掛り候儀故、懸合之儀も無之、無拠事ニ候間、頓着不致候ても不苦候よし之事

一右躰之儀御料ニ有之、追懸参り候節、重き御方或は権門方之御領分抔へ逃込候節は、たとえ無念ニ相成候共、夫は聊之儀故、逃し候てハ不相済事ニ候間、直ニ踏込召捕、跡ニ而懸合候方可然候、然共一通り之大名方は不苦候へ共、右類之御領分抔へ踏込候儀は致間敷事ニ付、手延ニ相成候ても宜、捕ものは御領分之内、何方へ逃込候間、召捕御引渡被下候様懸合候方可然由之事（傍線筆者）

すなわち、第一項からは私領役人による御料への踏込み召捕に関し、これが原則として禁じられていること、ただし例外的に、被疑者の追跡が自領から連続している（追掛参）場合には、緊急性を理由に認められること、そして、これら他領他支配へ踏み込んでの緊急逮捕を「追込者」「追込捕」と称したことがうかがわれる。(6)

一方、第二項は反対に、御料役人による私領への踏込み召捕に関し、その緊急性（「追懸参」「逃し候てハ不相済事」）

ゆえに可能ではあるが、事後に先方と懸合うべきこと、しかし「重き御方或は権門方之御領分」への踏込みは原則としてするべきではなく、逮捕・引渡を依頼すべき旨を記している[7]。

　このように、「自分仕置令」の遵守を旨とする幕府にとっては、「他領他支配」関連の刑事事件については、幕府の裁判役所が管轄するのが原則であるとともに、その前提となる逃亡被疑者の逮捕さえ、右のような一定の要件下で限定的に容認するに過ぎなかった。いわんや、他領他支配地に踏み込んでの捜査活動は認められないというのが、少なくとも幕府の掲げる「建前」であったといえよう。

二　紀州藩の広域捜査

　ところが、一八世紀前半の紀州藩においては、上記のような幕府の原則をはるかに越えるような広域捜査が、牢番頭とその配下たちを駆使することにより、かなりの頻度で行われていた[8]。本節では、牢番頭たちのうちの一家により代々書き継がれた御用日記を素材に、その一端を紹介してみることにしよう[9]。

　左の表は、牢番頭の日記中の記述から、彼らによる広域捜査の事例を抽出したものである。

表　牢番頭の日記にみえる広域捜査の事例

通番	時期	逃亡者	容疑	捜索場所	捜索者(数字は人数)	補助者	備考
1	享保六年八月	金具屋伝七	?(欠落)	大坂	頭3・非人役人3	?	大坂へ欠落者
2	享保九年一月	不詳	泉州へ米の抜買	泉州	村番人3・非人役人1	?	泉州ニ様子見分

3	享保一六年 五月	御扶持人足 庄次郎	破牢	勢州山田~京大坂(予定) 大坂	頭2・非人役人3 頭2・非人役人2・村人足1	? 鳶田・千日非人村長り	5/18~27(江州で呼返し) 5/18~22(大坂より呼返し)
4	享保一八年 二月	煙硝蔵番人 藤戸平吉	?	寺領(高野山領) 大坂	頭2・非人役人2 人足1 同右	? ?	2/26~3/2 藩在方役人が下市で召捕 2/26~3/6
5	元文二年 六月	吉田兵右衛門	にせ銀	荒川ゟ大和・泉州 泉州ゟ大坂	頭2・非人役人4 同右	? 鳶田村長吏・番太多数	6/28~7/7 同右 摂州勝尾寺二尊院で召捕
6	元文二年 七月	幾右衛門 ほか三名	?	(1)寺領ゟ和州・河州 泉州ゟ大坂迄 (2)泉州之内所々 (3)寺領 (4)寺領ゟ大和路	頭2・非人役人3 人足1 同右 非人役人3 非人役人2 頭2・非人役人4	? 鳶田村長吏、其外役人共 ? ? ?	7/29~8/8 7/29~8/7 8/15~19 風聞の確認、情報収集 11/29~閏11/5 同右 閏11/19~24 幾右衛門召捕に(成否不明)
7	元文二年 一一月	不詳	長保寺蔵 へ家尻切	荒川(寺領ゟ粉川・橋本辺) 泉州・大坂へ	頭2・非人役人4 同右	? ?	閏11/26~12/2 盗物の持退き先調べ 同右 派遣先は頭が提案
8	元文二年 一二月	無宿与八 ほか二名	?	泉州ゟ大坂迄	頭2・非人役人4	?	12/15~23
9	元文二年 一二月	三宅楠之介	過分の銀 所持	寺領荒川	非人役人2	?	12/17~21(右事例7犯人の疑い) 風聞確認、情報収集

10	元文五年 六月	瑞恩（僧）	？	(1)泉州・大坂〜粉川 (2)和州下市・河州三日市・堺	頭2・非人役人3・目明し1・人足1 同右（但し非人改と目明しは別人）	鳶田長吏・非人役人共 堺長り共	6/15〜24　長吏方へ摂・河両国之番太之頭共召寄 7/25〜30
11	寛保元年 五月	又市	村で銭盗み	(1)荒川 (2)大坂	頭2・非人役人2 同右（但し頭一人以外別人）	？ 鳶田長吏其外役人	5/25〜27　その後頭たちは大坂辺、其外は他所御領分捜索 6/4〜13　捕縛できず帰国
12	寛保二年 一二月	黒田数馬	破牢	(1)和州・河州之辺 大坂 (2)京都	頭2・非人役人3・人足1 同右 頭2・非人役人1（途中交替あり） 頭1・非人役人1 頭・非人役人・人足計10	？ 鳶田長吏其外年寄之者 悲田院長吏	12/28〜1/13　3年1/4に大坂組と合流 12/28〜1/8　頭2人は帰国。残留組は京都へ　1/13帰国 1/13〜15　非人役人1人帰国 1/22〜25　頭1人帰国　1/26江州大津へ　2/2頭1人帰国 2/4〜14　全員帰国

右を一覧すると、

・頭とその配下の非人役人（長吏・非人改など）が組を編成し、かなり多人数で領外での捜査活動に従事していること（但し、情報収集が主目的の場合は非人役人のみ）。

・時に容疑者不詳のまま、領外へ捜査に出る場合もあったこと。

・捜査の範囲は紀州国内にとどまらず、摂津・和泉・河内・大和・山城・近江など、ほぼ畿内全域に及んだこと。

・先々で下級警察組織を構成する被差別身分（とりわけ非人身分）の協力を得ており、特に大坂長吏との連携が緊密であったこと。
・捜査は移動と滞在を繰り返しつつ、往復を含めれば比較的長期（数日から一〇日程度）におよんだこと。
・同一の逃亡被疑者に対し、召捕のために何度も領外へ出る場合があったこと。

などの特徴がうかがわれ、これらの捜査が、幕府が限定的に認める「追込捕」とは全く異なる性質のものであったことが理解できよう。

さらに詳細を把握するため、以下では二つの事例の概要を紹介することにしたい。

まず、一つ目は、表中（**事例5**）の元文二（一七三七）年六月「吉田兵右衛門」一件である。これは、それ以降に紀州藩の町奉行所が、牢番頭たちに対し藩領を越えた捜査を命じる際、

・右之者御領分・他領共ニ相尋、召捕可申事、但シ先達而吉田兵右衛門を召捕候節之通、作略可致事（**事例6**）
・諸事吉田兵右衛門召捕候時之ことく、取はからい候様ニと被為仰付候（**事例10**）

と述べるように、一連の取扱いの基準となった事件であった。

元文二（一七三七）年六月二十四日　牢番頭と長吏・非人改らが町廻りの際、悪銀で飲食の支払いをしようとする男を発見。現場で尋問すると、男はにせ銀であることを認め、その地金を吉田兵右衛門という男から受け取ったこと、またそれは吉田が堺から取り寄せたものであるらしい事などを白状。頭らはこの男を拘留し、町奉行所に口頭報告。

二十六日　頭は改めて書面で町奉行所へ上記を報告。その際、奉行所役人は頭たちに対し、吉田の確保を試みたが逃げられたことを告げ、城下および周辺を入念に町廻り・夜廻りして召捕るよう指示。

二十七日　頭が奉行所に召し出され、吉田の召捕につき、近在の荒川・高野・泉州から、場合により堺までも範囲とすること、

頭二人・非人役人四人の計六人を一組として、二組で捜索に当ることを命じられる。

二十八日　一組は「荒川ゟ大和・泉州迄」、もう一組は「泉州ゟ大坂迄」と分担を決め、紀州を出立。このうち大坂行きの六人は、泉州信達から大崎浦、堺と宿泊を重ね、七月一日、大坂に到着（この間の泉州での捜索状況は不明）。

七月二日　「所縁之者」である大坂非人村長吏の吉左衛門を訪ね、御用の件を依頼。

三日　本町に和歌山からの欠落者で浪人体の男が借屋住まい、との情報を得た頭たちは大坂鳶田長吏に相談。長吏の「我等方へ呼寄せ吟味可仕」との助言に従い、呼び寄せ吟味。男は、「吉田は一泊後、『西長堀の知人宅へ行く。紀州の知人から書状が来たら届けて欲しい』と言い置いて去った」と供述。この浪人体の男を吉田の召捕まで長吏方に拘留する旨を決定。

さらに、大坂長吏の「紀州からのにせ書状を拵え、紀州飛脚に扮して西長堀の知人宅へ行けば、吉田の所在が確認できるのでは」との助言に従い、（牢番頭配下の）非人改のひとりを飛脚に仕立て、頭たちも「見へずかくれ」に同行して西長堀へ。吉田は不在であったが、非人改はこの西長堀の男から、吉田に関する若干の情報を得る。

四日　頭たち六人で鳶田長吏とともに再び西長堀へ。この男は、「吉田が今朝訪ねて来たが行き先は不明」と供述。なお所々で探った結果、吉田が摂州勝尾寺の寺中二尊院に潜伏中との情報を得る。頭たちは、鳶田長吏に「案内手引いたしくれ候様ニ」と依頼。鳶田村役人たちは長吏方に寄合って相談。

五日　頭たちは、長吏および近郷の番太およそ五〇人と内々に同行、勝尾寺近郷の村番太のところで一泊。大坂長吏がこの村番太に対し、院の住職が紀州出身者か否かを聞き合わせるよう指示。住職が紀州出身と判明したため、さらに長吏がこの村番太に吉田の氏名・年齢・風体などを教え、所在の確認を命じる。村番太は「寺へ入込見分」のうえ、吉田を現認。

六日　朝から院の近所の道々に、番太を五～七名ずつ配置。さらに境内も取り巻く。大坂長吏が「吉田が脱出してくれれば我々が捕らえるので、和歌山役人中は寺内に入り捕縛するよう」指示。頭が寺への立入りに懸念を表明すると、長吏はすでに勝尾寺上層僧に申し入れ、許諾を得るとともに助力の申し出も受けている旨を回答。安心した頭たちは寺内に入り、住僧に吉田の国元への連行を申し入れる。住僧は承諾するも、この件で寺に難儀が及ぶ事を懸念。頭たちは「もしどこかから尋ねられた際には『紀州者が寺で一泊したが、紀州から連れに来た』とだけ回答すればよい」と示唆。住僧が納得したので、奥座敷に通り兵右衛門を召捕る。その際、吉田に対し、和歌山町奉行所の御意により縄を懸ける旨を通告。吉田が了承したため、縄を掛けた上で駕籠に乗せ、昨日宿泊した村番太のところへ。ここで移送の準備をするとともに、協力の番太たちに金一歩を与え、酒を振る舞う。

その後、駕籠に乗せた吉田を大坂鳶田へ移送。長吏吉左衛門のところで一泊。その夜、鳶田の村役人が総出で頭たちとともに吉田を見張る。頭たちは飛脚二人を雇い、書面で和歌山町奉行所へ首尾を注進。

七日　早朝、出立を長吏吉左衛門に告げると、夜明け後の出立を勧められる。頭が「多人数なので、夜深でも心配無用」と答えると、夜が明けるまで送ろうとの申し出。大坂の長吏（吉左衛門）・二老二人・下役四人が、提灯四張を前後に立て、護送に同行。堺湊で夜が明けたため、大坂役人たちをそこで帰す。

同日午後に紀州国境へ。他の牢番頭や非人役人たちが迎えに来ており、ともに城下へ。城下の境まで町奉行所役人たちも迎えに出ており、その指示で吉田を目付役人衆へ引渡した後、奉行所へ報告。

八日　大坂派遣の頭二人が奉行所に召し出され、東西両町奉行に対し直に吉田召捕の模様を詳細に報告。両町奉行からは「古今不（無）双之大手柄」と「殊之外御誉之御意」を頂戴。奉行から詳細を記した書付の作成を命じられ、同日中に作成、上申。

九日　領外捜査に携わった二組の頭たちから、町奉行所に対し必要経費の申請。同時に吉田捕縛に尽力した鳶田非人村の長吏および二老たち・番太小頭・寺近くの村番太の計六名に対し「何とぞ乍恐御ほめ被為遊被為下候様ニ」と請願。

十一日　奉行所から申請額の下付。なお、前日の申請には、日々同行の大坂長吏たちの飲食費、番太たちへの酒代、鳶田村役人たちの寄合経費、鳶田村役人が総出で吉田の番をした際の費用など、捜査協力をした大坂長吏たちの諸経費も含まれていたが、これらも全額交付。

九月六日　町奉行所役人から、大坂行きの頭・非人役人に対し「吉田兵右衛門を召捕申候ニ付」と、それぞれ鳥目（銭三貫文から一貫五百文）を支給される。同時に、上記大坂の協力者六人に対しても、金一両から二歩までを下付。頭に「大坂へ持参いたし相渡し申候様」と指示。

十日　大坂派遣組の頭二人・非人役人一人が再び大坂へ。鳶田長吏吉左衛門へ金子を渡し、請取書（宛て先は牢番頭）を取り、十六日に戻る。(10)

また、次に紹介するのは、残存する御用日記中では最後の広域捜査となる、寛保二（一七四二）年末から翌年正月にかけての「黒田数馬」一件（**事例12**）である。(11)当初は右の（**事例5**）同様、牢番頭らと大坂長吏たちによる合同捜査が遂行されたが、その後、紀州藩と京都町奉行所の間で「懸合」（交渉）が行われ、京都長吏との合同捜査が実施された点（下記二月三日〜六日の項参照）に、本件の特色を見出すことができる。

寛保二（一七四二）年十二月二十九日　前日夜に破牢逃亡した黒田数馬を、諸役人約三〇〇人で捜索にあたるも発見できず。頭らが召し出され、捜索の命が下る。

大晦日　一組は「和州・河州之辺」、もう一組は「大坂」と分担を決める。いずれの組とも頭二人・非人役人三人・人足一人の六名で構成。出立。

三年正月朔日　大坂組着坂。「鳶田長吏其外年寄之者共」と、御用の品につき「密々ニ申談」。

四日　河州丹南郡金田村の非人番が来訪し、近村に黒田らしき侍との情報を提供。頭らは「鳶田長吏其外役人共」と同道して金田村へ。同村で不審な侍が隣村の知人宅へ向かったと聞き、追跡。この知人からの聴取により、さらに五軒屋村まで追跡。この村の「家々へ不残人を入、相たずね」るも、ここで黒田の消息が途絶える。同日、和州・河州組が着坂、合流。

八日　大坂組の頭二人、いったん和歌山へ帰着。町奉行所へ報告書を提出。奉行所からは追加費用の支給とともに、さらに五、六日のあいだ大坂で情報収集するよう指示される。非人役人二人が使者として大坂へ（ただし、大坂残留組は情報に基づき上京中のため会えず。使者は追加費用を預け和歌山へ戻る）。

十二日　町奉行所より「頭一人・非人役人一人で残留組に合流のうえ、『日数を不限』京都で捜索にあたれ。但し、頭二人・非人改一人のみを残し、残りは和歌山へ戻るように」との指示。なお「黒田に路地などで行き合っても、手をかけ召し捕えぬ様。人家に潜伏していても監視のうえ、早速注進せよ。『其儀心得違不申様ニ』」と注意。

十三日　和歌山から頭・非人役人が出立するも、途中で京都から戻る残留組と遭遇したため、ひとまず全員で和歌山へ。残留組の頭が奉行所に「黒田が京都へ向かったとの情報に基づき『京都へ入込、右之所縁ヲ以承合申候へ共』消息不明」と報告。奉行所からは「頭二人・非人役人一人で夜を徹して京都の黒田の知人宅へ向かえ」との命令。同夜出立。

十五日　京都着。「伝手を以色々承候へ共、相分り不申候」ゆえ、非人役人を国許へ帰し、帰国希望を町奉行所へ伝達。頭二人はなお京に残留。

二十二日　奉行所から頭に対し、「さらに頭一人・非人役人一人が京都へ向かい、残留の頭二人と合流せよ」と指示。その際、今後の捜査方針を記した「勤書」を頭に渡す。

二十五日　京都着。残留の頭二人と相談。残留していた頭のうち一人が和歌山へ戻る（二十七日着、奉行所へ報告）。

二十六日　「勤書」の情報（黒田と昵懇の者が三井寺あたりにいる）に基づき、「三井寺辺へ便よき内縁之者を求メ召つれ」江州大津へ。正月十日頃からこの者のところへ、黒田と思しき侍が逗留中との情報を得る。

二月二日　上記情報を携えて頭一人が和歌山へ帰着。奉行所へ報告。

三日　奉行所が頭二人を召出し、召捕の手順につき質問。頭たちは「京都の長吏どもと協力相談しないと埒が明かないが、悲田院長吏と自分たちは『是迄出合申たる事も無御座候、勿論近付にても無之候』ゆえ、自分たちからの依頼に承知するかは心許ない。和歌山町奉行所から京都町奉行所（当地御役所様ゟ京都之御役所様）へ書状を出し、京都町奉行所から長吏に依頼を承諾するよう声掛けをしてもらわないと、御用遂行は困難」と上申。同夜、奉行所は頭たちに対し、捕手として頭たちを派遣すること、京都町奉行所との交渉は和歌山から御徒目付衆を派遣するのでその指図を受けること、今夜中に出立すべきこと、を指示し、同時に今後の手順につき再度「勤書」を渡す。

四日　頭・非人役人・人足あわせて十人が出立。

六日　京都着。紀州藩の京都藩邸に入り、御徒目付衆などと打ち合わせ。彼らに「京都之長吏と申者をたのミ不申候而ハ御用弁シがたき」旨を上申、理解を得る。京都藩邸から京都町奉行所へ依頼状。同日晩、京都町奉行所からの命令で「悲田院長吏藤兵衛」が紀州藩邸を来訪。牢番頭たちと打ち合わせ。紀州藩役人たちからもあらためて藤兵衛へ協力依頼。

七日　頭たちは悲田院長吏会所へ赴き、これまで収集した情報をもとに長吏たちと相談。京都長吏が大津で、黒田と昵懇の者のところを探るものの確証を得られず、消息不明のため、さらに情報収集に努める。

十二日　「大坂にて黒田数馬召捕」との情報が流れてくる。非人役人二人を真偽確認のため大坂へ派遣。同日、国元から「数馬義大坂表ニ而召捕」の報および京都より撤収の指示が到来。京都長吏方へ赴き、世話になった礼を述べ、夜船に乗る。

十四日　和歌山帰着。町奉行所へ報告。(12)

以上、紙幅を費やし、二つの事例の概略を紹介してきたが、他の事例も含め概ね以下のような特徴を読み取ることができよう。

（一）　藩役所（町奉行所）による命令・指示

牢番頭とその配下が藩領外に出るのは、彼ら独自の判断ではなく、紀州藩町奉行所からの命令に基づくものであった。これは、少なくとも紀州藩内部においては、領外での捜査が「御用」の一環として行われたことを意味すると考えられる。本稿の論題に「紀州藩の広域捜査」と記す所以でもある。

また、領外に出た後も、町奉行所と牢番頭たちとの連絡は密に保たれていた。現場での頭たちの裁量は認めつつ、基本的には町奉行所が、頭からの進捗状況の報告に基づきその後の捜査方針の概略を決定し指示を行っていた。

（二）警察業務を担う被差別民間の協働

牢番頭たちの広域捜査を可能ならしめていた最大の要因は、出先での警察業務を担う被差別民（とりわけ非人身分）の存在と、その組織との協働であった。「広域」捜査は、ほぼ同時に「合同」捜査でもあった。

上記の事例以外にも、「大坂ニ而鳥（鳶）田非人村・千日非人村之長り共へ御用之義相談仕、又ハ町中召連行力申候」（**事例3**）、「大坂ニ而鳶田非人村長吏、其外役人共召つれ、方々承合ニ毎日罷出申候」（**事例6**）、「堺非人村へ参り、長り共へ相談仕り頼申候」「さかい長り共ニ内吟味為致、そはニ而承り候」（**事例10**）などと記されるように、出先において頭たちは、その地の下級警察を担う非人役人たちと綿密に打ち合わせを行い、彼らの協力（情報収集・関係者の尋問など）を得ながら捜査を遂行した。

そして、それは同時に、各地域の下級警察組織が構築し掌握する広域情報網・動員網を、牢番頭らも活用しうるということを意味していた。本稿において、この点に関する各地域の部落史の研究蓄積を紹介する暇はないが、たとえば、大坂については、市中については垣外番が、近郷の村々には番非人が配置されており、長吏を頂点とする双方向の広域情報網・動員網が構築されていた[14]。紀州藩牢番頭らの依頼に基づき、逃亡容疑者の情報は垣外番や番非人の間に早々に伝達されたのであろう。上記事例中にみられる村番太による情報提供や、召捕に際しての大量動員は、これらを活用した証左に他ならない[15]。

さらに、このような組織間の協働を可能ならしめていたのは、被差別民どうしの領域を越えた日常的交流（「所縁」「内縁」「伝手」）であった。史料中から「縁」の具体的な内容（たとえば血縁・生業・役負担など）まではうかがい得ないが、そのような交流が合同捜査を推進しうるほどに密なものであったことを推測させる[16]。したがって、前記（**事例12**）に見られるように、これまで面識も縁もない相手方（京都長吏）に対しては、牢番頭たちは「私共計参頼ミ申候而ハ、たのまれ可申や、無心元」と、紀州藩―京都町奉行所間の掛合を依頼し、いわば「公式」な方法に則っての接触（ファースト・コンタクト）と協力要請を余儀なくされたのであった。

（三）役所間の正式な掛合の不存在

したがって、一八世紀前半における牢番頭の日記中には、広域捜査に際し、紀州藩が「他領他支配」役所との間に事前・事後を問わず「掛合」を行った旨の記述を、前記（事例12）以外に見出すことができない。無論、史料の性質上、正式な掛合が役所間でその都度行われたにもかかわらず、牢番頭たちがそれを認識していなかった可能性は否定し得ない。しかし、日記中に散見される「大坂へ参候者共ヲも、内証ニ而呼ニ遣し」（事例4）、「右之方へ内証承合参候処」（事例6）「盗物等、若哉質物之置がへ等ニ、質屋へさし入有之候哉、内証承ニ遣シ候様ニと被為仰付候」（事例9）「鳶田長吏・非人改人共へ内証頼ミ置候」（事例10）といった記述からは、広域捜査を表沙汰にせず、極力内密に進めようとした意図を看て取ることができる[17]。

このような傾向は、何より（事例10）において、牢番頭たちが堺の長吏に協力を求め、不審者の尋問を実施した後に交わされた、以下のようなやりとりに如実に表れている。

> 右長り共へ私共申候ハ、右之坊主此所へ引取吟味致シ候品を、其方より当地御役所へ茂御断等も被申上候哉、如何承度と申候得者、長り共申候ハ、ケ様成うろん者ハ町ゟ毎度つれよせ吟味仕義ニ御座候得ハ、是躰之儀御役所へ申上候儀曽而以而無御座、右吟味之品ニ付如何様之さゝハリ御座候而も、我々共相さばき申候由ニ申候ニ付……

すなわち、「不審者の尋問を行った事実を堺奉行所へ報告するのか」という牢番頭たちの質問（懸念）に対し、堺長吏らは「不審者を町から連れ寄せての吟味は通常業務であって、これまでも報告した事はない。もし支障があっても我々内部で対処する」という旨の回答を返しているのである。

さらに、前記（**事例5**）においても、紀州町奉行所から大坂の協力者たちに金が下付された際の請取書に、代表者として大坂長吏吉左衛門が「右者此度内御用密々及御相談候而、御手合仕働候段被相違候ニ付、銘々金子被為下置頂戴仕、難有奉存候」と記している事、そして、その請取書を町奉行所では「御覧被為成候間、其方ニ留置申候得と被為仰付候而、此方へ請取之書付御渡シ被為成候」と、閲覧はしたものの保存は牢番頭に委ねたことなどからも、同様の傾向を読み取ることができよう。

すなわち、役所の関与（あるいはその痕跡）は極力表面化させることなく、牢番頭―長吏レベルで事を済ませようという牢番頭たちの（あるいは堺長吏や紀州藩役所をも含めた）意図を看取しえよう。下級警察業務を担う者たちも常に「他領他支配（の原則）」を意識し、配慮を持って広域捜査にあたっていたのである。

そもそも、前節で紹介した「掛合」や「追込捕」の原則についても、その行為主体として幕府が想定していたのは、幕府・諸藩の各担当役所、そしてそれに附属する武士の役人たち（たとえば与力・同心・手附・手代のような）であったと考えられる。それゆえに紀州藩（町奉行所）にとっても、牢番頭たちを駆使した広域捜査は、事件が外部へ表面化せぬ限り「幕府の原則」に抵触することなく、また「掛合」のような繁雑な手続も不要で、なおかつ自らの意図を捜査に反映することのできる便法であった。

［補論］ 他領他支配から紀州藩領への入込み

牢番頭とその配下たちが紀州藩町奉行所の命をうけ、積極的に領外へ捜査活動に出ていたこの時期、彼らほどではないにせよ、他領他支配から紀州藩領へと捜査に入り込んでくる事があった。牢番頭の御用日記中には、そのような

事例が三件記録されているが、以下にはそのうち最初の一件を除く二件の概要を紹介することにしよう。(18)

（事例②）

正徳五（一七一五）**年九月十六日**　配下長吏が頭に「鳶田長吏が『大坂ゟ御尋者有之由』にて、大勢手下を連れ加太に宿泊中であり、今日は和歌（和歌浦）へ行くとのこと」と報告。頭は「何者ヲ尋候哉、名前者承候へ」と長吏へ指示。把握した内容を頭が町奉行所へ書面で上申（捜索対象は男九名でいずれも無宿非人。昼は巡礼・乞食に扮し、摂津・河内・大和辺りで押入り。同類が大坂で牢舎中のため、道頓堀・天満・天王寺・飛田長吏と手下総勢五、六〇名で紀州へ入り、在中を捜索中）。
　奉行所役人は、もし被疑者が城下へ入込んだ場合には召捕えよ、と指示。上記書面を東町奉行所役人中で回覧のうえ、十九日に頭へ返却。

（事例③）

元文四（一七三九）**年六月二十四日**　頭配下の非人役人の許を、堺長吏六右衛門が下役四人とともに来訪。無宿盗人二人が泉州から和歌山に逃亡したため、召捕に力を貸して欲しいとの依頼。頭に報告。頭三人が相談のうえ「他所御用之義者相互ニ而候間、世話やき可遣候、然共先例も有之候間、御玄関様へ御内証可申上」と両奉行所役人へ書面で上申。奉行所役人は、堺の者どもを非人役人のところへ逗留させるよう指示。

二十五日　盗人のひとりが城下居住の坊主のところに居たのを呼び出し、堺の役人たちが召捕えて帰る。この捕縛に紀州藩の非人役人計八人が協力。堺長吏らは事前に堺奉行所から『咎人若見及候共、御国ニ而捕ル之押ルのと申、騒動ケ間敷義不致、随分密々にて召捕候様ニ』と命じられているため、この盗人にも縄を掛けぬまま連行し、紀州藩領を離れた山中で縄を掛けるとのこと。
　上記内容を頭から東西両奉行所役人へ報告。

数少ない事例ではあるが右からは、牢番頭らによる広域捜査に見られた特徴が、幕府領の長吏とその配下たちにも、ほぼそのまま妥当することが読み取れよう。幕府役所である大坂・堺の両町奉行所から紀州藩へ対し、「掛合」や捕縛依頼が行われた形跡は読み取れず、それぞれ配下の長吏たちを使って広域捜査を行わせている。また、紀州藩の町奉行所も頭の報告を通じて立入りを認知してはいるものの、与力・同心らを使って召捕に主体的・積極的に関与したようには見えず、特に（事例③）では、牢番頭とその配下が、堺長吏らに協力し和歌山城下での召捕に協力している。右の「他領他支配での御用は『相身互い』」とでも訳しうるような牢番頭の発言（他所御用之義者相互ニ而候間、世話やき可遣候）は、「他領他支配」での捜査を実質的に担う彼らの実感であると同時に、彼らを使役して業務を遂行する藩・幕府役所の実感でもあり、また当時の実態をも指し示すものであったと考えられよう。

結びにかえて

以上、紀州藩牢番頭の御用日記を素材に、一八世紀前半期における同藩の広域捜査につき若干の紹介を試みたが、残された課題は多い。本稿を閉じるにあたり、以下では二点のみを指摘しておくことにしたい。

一点目は地域性の問題である。すなわち、「かわた」や「非人」身分などを活用した越境しての双方向の広域捜査を、当時の全国的な実態として敷衍しうるかという点である。「畿内」という地域の特殊性、それに伴う賤民身分のあり方の特殊性、徳川御三家かつ大藩である紀州藩の特殊性などが、こうした広域捜査のあり方に影響を大きく及ぼしている可能性は決して低くはない(19)。この点については、他地域・他藩における同種事例の抽出と蓄積、そして、それらの比較的視点からの分析が不可欠であるが、残念ながらこれについて語る素材・能力ともに、現在の筆者は有しない。

また、二点目は時期的変化の問題である。これには先述した「幕府の原則」の成立時期やその形成過程の分析なども含まれるが、差し当たっては、本稿で紹介したような広域捜査が、一八世紀前半以降も近世を通じて同様に実施されたのか、という点が問題となろう。これに関しては、若干の見通しのみを提示しておくことにしたい。

牧英正はかつて、触や問答集、幕府の判例などの分析を通じ、幕藩体制下における被差別身分対策につき、

一　貞享年間における非人頭車善七と穢多頭弾左衛門との支配をめぐる争論の結果、弾左衛門による非人支配の公認

二　享保期における制度の整備

三　安永期における差別政策の全国的展開

四　天保期以降の封建体制の動揺から変化の動き

の四期に大別した上で、その第三期において幕府は、「穢多非人など被差別身分に対する全国的な身分統制」を行うと同時に、彼らの警察業務に関しては「不逞の浪人ものの召捕を担当させる制度の全国的展開」、「御料における博奕・三笠附・取退無尽の違反者の逮捕」「御領・私領・寺領における不法の旅僧・修験者・瞽女・座頭の類・物貰いの者どもの逮捕」など、拡大を見せたことを明らかにし、地域によって異同のあった法上の取扱いの均一化が進行したことを指摘した(20)。地域性の問題に立ち戻るならば、「畿内」はこの点において先進地域であったと言うこともできよう。

しかし、牧の分類に従えば第四期に該る天保四（一八三三）年に幕府は、

在々ニおゐて、盗賊悪党もの有之候節差押候様、村役人より○○非人共え申付置候上ハ、無宿者捕押候とも、早速村役人え申立、可任差図儀ニて、自己之取計は致間敷事ニ候、然ルを盗悪事等相聞候とて、百姓等え縄を

掛、相糺候類も有之、不届之至ニ候、既此度右不届ニ及候濃州領下村番非人茂助外二人、村役人等迄夫々御仕置被仰付候、以来右体之儀決て致間敷候、

右之趣、御料ハ御代官、私料は領主、地頭より、不洩様急度可申渡候、

右之通、可被相触候

十月

と、全国に向け、下級警察を担う被差別民が、自己の裁量で召捕・尋問を行う事を禁ずる触を出すとともに、[21] 以後、この触を根拠として、警察業務を行った被差別身分の者たちに対する処罰事例を蓄積するようになっていく。

ただし、こうした傾向は、それ以前から徐々に蓄積されていたように思われる。その一例として、長文にわたるが、以下に文化十四（一八一七）年に越前大野藩と幕府と間で交わされた問答[22]を掲げてみることにしよう。

公事方御勘定奉行江差出候処、御附札写

甲斐守領分、越前大野郡城下其外領分中無宿盗賊類為取締、召捕方古来仕来ニ付、非人頭を用先江帯刀差免シ相廻シ、盗賊或は紛もの召捕一通り下吟味仕、在所役人江差出仕来御座候、然ル処右廻先盗賊或は悪事仕候もの見掛候節、近辺之御代官所江迯去り、其村之役人相勤候者宅江参居候節、御手代等談合も無之村役人等江掛合候而も、是迄於領内悪事無相違無宿之躰之ものニ而も、兎角彼是と申條受取方差支、領中取締ニも相響可申哉ニ付、右之節御代官所御振合、如何御座候哉、相成候儀ニ御座候ハヽ、於領内悪事有之無宿ニ而、御代官所引合も無之ものは、右廻り者より村役人為掛合候儀ニ相成間敷、右御取計難出来御座候哉、如何相心得可然哉、在所役人ともより、以来心得方御問合申上度旨申候、此段奉伺候、以上

二月十一日　　　　　土井甲斐守家来　札　長右衛門

御附札

書面御領分ニ而盗賊無宿之もの、非人頭廻り先ニ而見掛候節、御代官所江迯去、村役人とも之宿江参り居、受取方之儀先方より可相渡旨ニ候ハヽ格別、非人直ニ請取度段、強而掛合筋ニは有之間敷候、右躰他所ニ罷在候ハヽ、聢と見届候節は其処は被預置、引渡之儀右場所之御代官所役人中より為掛合可然候、非人頭江帯刀被差免、又候下吟味いたし候段、仕来之由ニ而候得共、両様とも如何存候、

丑二月

すなわち、越前大野藩では古くから非人頭に帯刀を許し、盗賊などの召捕や下吟味をさせてきたが、無宿盗賊が御料代官所へ逃亡した際、この非人頭が代官所支配の村へ赴き、先方の村役人から直接に逃亡者を受け取る事の可否についての伺いである。これに対し幕府は、藩役所と代官所の役人間の掛合を経た上での引渡を可とするとともに、非人頭による「帯刀」および「被疑者の下吟味」の双方ともに難色を表明する回答を行っているのである。

このような幕府の対応の変化が、被差別身分を駆使した広域捜査のあり方に影響を与えたであろうことは想像に難くない。

翻って紀州藩に再び目を転ずるならば、もちろん藩独自の事情もあろうが、こうした変化と全く無縁ではあり得なかったと考えられる。

牢番頭の手になる御用日記は、現状では本稿で利用した一八世紀前半期のもの以外には、文政三（一八二〇）年五月～八月、文政十三（一八三〇）年一月～天保九（一八三八）年十月、嘉永元（一八四八）年四月～十二月分の三冊が断続して伝存しているに過ぎない。したがって即断は避けるべきであろうが、管見の限り、これら一九世紀前半の日記中に牢番頭らによる他領他支配への広域捜査の記述は見出せない。これに変わって散見されるのが、「幕府の原則」

に則った一連の措置、すなわち、「他国江科人請取御用」や、他領他支配からの召捕依頼への対応（領外役所への移送を含む）であり、これらはいずれも、役所間の正式な「掛合」を経て実施されたものであったことをうかがわせる。

こうした変化がいつどのように生じたかを、現存の史料からは明らかにし得ないが、天保十二（一八四一）年五月、紀州藩は牢番頭仲間による「召捕者并隠密内聞御用筋」を廃止した。少なくともこの時点で、牢番頭のかつてのような広域捜査も、いったん終りを告げたものと考えられる。牢番頭仲間が御用復活に向け請願を繰り返した結果、弘化二（一八四五）年に無宿および在方の「かわた」身分に限定して召捕御用が復活した。その後、安政二（一八五五）年には「在家（有宿の百姓・町人身分）」の召捕御用も、一年更新という形ではあるが復活している。[23] このような牢番頭仲間の召捕御用の時期的変遷が、広域捜査にいかなる影響をもたらしたかも興味深い問題ではあるが、その解明には牢番頭家文書のみならず、紀州藩領の在方史料やその周辺地域史料の分析が不可欠であり、後考に俟たざるを得ない。

註

（1）藤本清二郎「『城付かわた村』体制の解体過程」（『部落問題研究』第一九三号、二〇一〇年）一〇五頁。なお、牢番頭家文書を活用した同氏の論考には枚挙に暇がないが、さしあたり、本稿の主たる素材でもある『城下町警察日記』（紀州藩牢番頭家文書編纂会編、清文堂史料叢書　第一一一刊、二〇〇三年）所収の「『城下町警察日記』の時代・社会研究の到達点——解題・解説にかえて——」、および『近世身分社会の仲間構造』（部落問題研究所、二〇一一年）、『城下町世界の生活史—没落と再生の視点から』（清文堂、二〇一四年）を掲げておく。

なお、筆者はかつて、紀州本藩の刑事政策・刑罰体系・刑吏としての牢番頭の役割などにつき概説する機会を得た（『和歌山の部落史　通史編』、和歌山の部落史編纂会編、明石書店、二〇一五年）が、その際、「紀州藩の吟味筋に牢番頭とその配下たちが果たした役割は極めて大きく、その一連の過程の中で、現時点において彼らの明確な関与が史料上確認しえないのは、刑罰決定のみであると言っても過言ではない（一三九頁）。」と記した。その認識は現在も大きく異なってはいない。

（2）また、近世大坂の非人身分の上層「四ケ所長吏」も、同様に「御用先下聞」業務を担っていたが、その対価として大坂町奉行所により「町々在々で毎年芸能（大黒舞・節季候）の執行により家並から受ける報謝」「年に一度町中竈並に受ける一合の報謝米」の権益が認められていた（すなわち、賃銭は支給しない）ことから、江戸の「目明し・岡引」よりも「公的」性格が強い存在であったと分析される。そういう点から見れば、紀州藩の牢番頭はさらに「公的」性格が強い存在であったと位置付けられよう。

（3）安竹「紀州藩の生命刑と牢番頭――『国律』成立以前を中心に――」（『部落問題研究』第二〇一号、二〇一二年）、「紀州藩の追放刑と牢番頭」（『紀要』第四号、和歌山人権研究所、二〇一三年）参照。

（4）なお、大名の「自分仕置権」を超える事件につき、これを幕府に係属させる手続としてはもう一つ、私人（事件関係者）が幕府の裁判役所に直接出訴する方法（「目安懸」）があった。通常は「出入筋」手続に用いられるこの「目安懸」の、「吟味筋」の他領他支配関連事件への適用に関しては、大平祐一「江戸幕府の刑事裁判と『手続の選択』――『吟味筋』かそれとも『出入筋』か」（水林彪・青木人志・松園潤一朗編『法と国制の比較史』、日本評論社、二〇一八年）、同「刑事事件と『私人による出訴』――江戸幕府の裁判手続――」（『立命館法学』第三七七号、二〇一八年）に詳しい。

（5）ただし、この例外に関し「聞訟秘鑑」には

御府内捕物盗賊方は、途中ニ而捕手家内へ踏込召捕候儀は不相成筋ニ候へ共、難捨置科人有之節、町奉行所え懸合候事も難成ニ付、踏込召捕追込取之積り取計之由、然上は在々権門方領分知行ニ隠居候科人難差延候ハヽ、領主地頭役人え不及懸合踏込召捕、何々之科人追掛参り、御領分村方え逃込候ニ付、無余儀追込召捕候旨、跡ニ而懸合候而も苦かるましく候……（後略）

と、他領他支配の「家内」への踏込召捕を、「追跡の（自領からの）連続性」を主張することで正当化する技法とも解釈しうるような記述も見られる。ただ、その際にも事後の他領他支配との「懸合」は、当然の前提とされていることには留意すべきであろう（牧英正・安竹貴彦「『聞訟秘鑑』その諸写本について（三）」のうち一七〇「牢抜之事」（『法学雑誌』第三五巻一号、一九八八年、二八八頁）。

（6）牧・安竹「『聞訟秘鑑』その諸写本について（二）」（『法学雑誌』第三四巻二号、一九八七年）一三九〜四〇頁参照。

（7）同じく幕府役人により編まれた地方法制書のひとつ「公裁録」には

悪事いたし候ものを召捕候時、他領江逃込候節者、其所之役人江懸合、先方ニ而召捕可引渡旨申聞候ハヽ、請取、小給所ニ而手當不行届候ハヽ、掛合之上附込召捕、其所之者ニ候ハヽ、不取逃様ニ手當之義先方役人江申談預置候とも、又者支配所之もの或者無宿ニ候ハヽ引取、先御届いたし置、直ニ吟味詰相伺……（中略）……重キ御役人之領分、知行江逃込候ものを召捕候ハヽ、支配所之ものニ而も其段早々御届可申事……（後略）

と、先方への召捕・引渡の懸合が原則であること、ただしその能力に欠ける小給所の場合には、掛合のうえ踏込み召捕えてもよいこと、踏込み召捕った被疑者が支配所人別あるいは無宿であった場合、また「重キ御役人之領分、知行」へ逃げ込んだ支配所人別の被疑者を召し捕った場合には、幕府上部組織へ届を提出すること、と記されている。

（8）一七世紀末には、頭仲間は九家へと分家拡大し、以後九株制として定着した。

（9）前掲注（1）『城下町警察日記』。日記は元禄十二（一六九九）年〜寛延四（一七五一）年までの五〇年余りの記録であるが、この期間のうち、宝永三（一七〇五）年八月〜翌六年九月、享保四（一七一九）年〜同六年五月、寛保四（一七四四）年一月〜寛延元（一七四八）年十二月分の日記は現在まで発見されていない。

（10）吉田兵右衛門はその後、御徒目付衆による吟味を経て「死罪」に処せられた。

（11）この事件の経過につき、一般向けに平易に紹介したものに、中尾健次「縦横無尽に張りめぐらされた情報網――紀州牢番頭とその『捜査ネットワーク』」（中尾・黒川みどり編『続・人物でつづる被差別部落の歴史』所収、解放出版社、二〇〇六年）がある。

（12）その後、黒田数馬は同年六月に「急度死刑ニ可申付筈に候へ共、目出度御時節ニ候故、田辺へ被遣候」と言渡され、田辺へ護送された。なお、藤本清二郎は、御用日記中から殺人・暴行傷害に関する事件を抽出して検討を加えた結果、「犯人が『城下』や郡下に逃亡、徘徊する場合、身分管轄をこえて牢番頭に召捕等の指示がなされたといえる」と論じている（前掲註（1）、『城下町世界の生活史』七〇頁）。この身分管轄の超越は、領外逃亡の場合にも妥当したと考えられる。

(13) 牢番頭たちの町奉行所への報告書には、出先の長吏やその配下を「召連」て捜査に当たった――すなわち主導権は牢番頭たちが掌握していた――旨が記されるのが常であるが、現場においても実際にそうであったかは、おおいに疑問の余地が残る。

(14) 大坂町奉行所の盗賊吟味役は、「火付・盗賊・あはれ者之類、怪敷もの」の召捕・詮議に関しては、大坂町中のほか摂・河・播御料私領在々まで担当し、「御尋之者」は他国までも手当捕縛するなど、非常に広範な領域を管轄した。その実効性を担保した要因のひとつには、配下としての「長吏・小頭」の存在があった。この点につきたとえば、拙稿「一八世紀半ば～一九世紀初めにおける大坂町奉行所の捜査・召捕とその補助者」（寺木伸明・藪田貫編『近世大坂と被差別民社会』所収、清文堂、二〇一五年）参照。

(15) たとえば（事例10）においても、牢番頭たちは「且又長吏方へ摂州・河州両国之番太之頭共を召よせ、右之趣随分気つかせ申候得共……」と、長吏を通じて摂・河両国の番太の頭に対し、情報の伝達を依頼している。

(16) 前掲註（3）「紀州藩の生命刑と牢番頭」において筆者は、同藩の生命刑の執行形態に、京都や大坂との類似点が散見される事を指摘し、その理由として「被差別民の日常的な広域連携と、それによる『刑罰圏』とでも呼ぶべきものの形成」を掲げた（八二頁）。

(17) 藤本清二郎は御用日記の分析を通じ、一七世紀末（吉宗藩主時代）に紀州藩が、牢番頭仲間のなかから頭取を任命するとともに、彼らに「内証御用」を命じた事実を発見している。これは配下の長吏・非人改には公開であった。また、その業務内容は、当初は風聞や居所・身分調査などが中心であったが、続く藩主宗直期には、さらに頭取のうち一人に対し、町奉行所組織や牢番頭仲間の監察、城下町生活の監視を主目的とする特別「内証御用」が課せられた。藤本「紀州藩牢番頭仲間の町廻りと内証御用」（『和歌山大学紀州経済史・文化史研究所紀要』第二九号、二〇〇八年）参照。派遣された組の人員構成や、行動の秘匿性から見て、本稿の対象である領外への広域捜査も、「内証御用」の一環であった可能性がある。

(18) 残る一件（事例①）は、正徳二（一七一二）年十月に、吉野の某村（幕府領）の非人番の頭と称する男が、「同村の男が吉野の寺に押入り、坊主を刺殺のうえ逃亡した」として、捜査協力の要請に来たのに対し、応対した長吏が「当方は『御吟味強御国』ゆえ、そのような不届者が城下に潜伏した事はかつてない。他をあたるように」と冷淡な対応をしたものであった。

頭の報告を通じてこれを知った町奉行所では、長吏の対応を称賛するとともに、町廻りを念入りに行うよう命じている。

(19) 平松『近世刑事訴訟法の研究』も「実際には相手方が御料であるか大藩であるかどうか、などによって、必ずしも、かかる規定通りには実行しえなかったのであり、力関係によって左右されたのである」と述べるとともに、「近隣の領主地頭代官が協定して、相互に犯罪者逮捕のため他領他支配に踏込むことを認めることも行われた」と指摘している。九六頁注(8)参照。

(20) 牧「安永期以降における幕府の身分政策」(『身分差別の制度化』第三章、阿吽社、二〇一四年)参照。なお、初出は大阪市立大学同和問題研究室紀要『同和問題研究』第四号、一九八〇年)。

(21)『御触書天保集成』六四九九、「召捕者之部」のうち、下巻八四〇頁。触中の〇〇については注記に「原本漢字二字、故ありて削る」とある。

(22) 時宜指令三八一(石井良助・服藤弘司編『時宜指令・三奉行伺附札　問答集二』創文社、一九九八年のうち三四四〜五頁)

(23) 詳細については、藤本清二郎「紀州藩牢番頭仲間の在方召捕・内聞御用筋——任命・廃止・復活について——」(和歌山地方史研究第五八号、二〇一〇年)参照。

第四章　対馬藩における「交奸」について
――「罰責」掲載の判決の紹介を中心に――

守屋浩光

はじめに

二〇一四年に藩法研究会編『近世刑事史料集2　対馬藩』[1]が刊行されたが、筆者は谷口昭氏（編集代表）とともに編集を担当した。また、筆者は「罰責」掲載の潜商、つまり密貿易に対する処罰について、小論[2]を発表したが、本論文では交奸、つまり日本人と朝鮮人の密通事件について、「罰責」に採録された事件を紹介する。

筆者前掲論文でも付言したが、同書は谷口氏の序言[3]にもあるように、通常の刊行形態では四〇〇〇頁近くにわたるものをその四分の一ほど紙印刷分とし、残り四分の三および史料画像全体をＤＶＤに納めるという形態をとっている。本論文ではＤＶＤ収録分も含め、宝永四年分から明治二年分にわたる『罰責』全体を考察対象とする。

第一節　「交奸」をめぐる対馬藩と朝鮮政府の態度

「罰責」に採録された事件を紹介する前に、先行研究に拠りつつ、交奸（密通）に対して朝鮮と対馬藩がどのような対応を取ったのか概観していくことにする。

釜山に設置された倭館は日本人・朝鮮人双方の女性が出入り・居留を一切認められない場所であった。仮に日本人男性が朝鮮人女性と倭館内で性的な関係を持ったとすると、朝鮮政府は「交奸」として女性及び仲介役の朝鮮人を処罰し、ほとんどの場合は死刑であったとされる。朝鮮人女性の出入りを禁ずる法としては倭館近辺を女人が往来することを禁ずるという規定を含む「朝鮮人禁制」（一六七六年）があるが、それ以前からも何らかの規制が存在していたと推測する研究がある。(4)

交奸に関して朝鮮と対馬藩との間で結ばれた条約としては一七一一（正徳元）年の辛卯約条がある。この約条では①馬島（対馬）の者が倭館の外に出て女性を強奸した場合は大明律により死罪とする、②女性を誘引して和奸に及ぶか強奸しようとしたが「未成」だった者は永遠流配とする、③倭館に潜入した女性を通報せずに奸通した者は「次律」を用いるとしている。(5)日本人男性と朝鮮人女性との間の「交奸」について、朝鮮政府は朝鮮人と同様日本人を死刑に処すること（同律処罰）を対馬藩に要求し、対馬藩がはぐらかすような対応を取っていたが、この条約締結以降、強奸には死刑を適用し、和奸や強奸未遂には流罪を科すという形で犯行態様や既遂・未遂により処罰の区別を付けることが法的に確定した。(6)

第二節　「罰責」採録の「交奸」事件判決

表1は「罰責」に採録された交奸事件をまとめたものである。「罰責」全三〇部のうち、第一冊目と第二冊目は同じ年代の判決を採録したものであり、内容もほぼ同じものである。交奸事件についても同じ判決が載っている。

表1　交奸事件

No.	巻	頁	年月日	被告人身分	罪状	刑罰	備考
1	1	65	宝永06・09・25	町人	両国の出入に及候段不届	流罪	朝鮮之女ニ昵ミ両国之制禁を犯候由対決差渡候得共対決不申付実否難決
2	1	65	元文03・11・19	武士家来	交奸之科	久根村永々流罪	
3	1	65	元文03・11・19	急用水夫子	交奸之科	仁位村永々流罪	
4	2	73	宝永06・09・25	町人	両国の出入に及候段不届	流罪	No.1と同一
5	2	74	元文03・11・19	武士家来	交奸之科	久根村永々流罪	No.2と同一
6	2	74	元文03・11・19	急用水夫子	交奸之科	仁位村永々流罪	No.3と同一
7	6	96	天明07・01・21	下代・大工・木挽・残札・残下	於朝鮮館遊女を呼入令交奸	朝鮮館遊女を呼入令交奸親類中より田舎江差下旅行は素より府内江も為差登不申	禁足差免

前節で述べたように、「交奸」事例は、対馬藩・朝鮮双方にとって関係者の処罰を条約を締結して定めるような、決して軽んずべからざる犯罪であり、また後述するように事件数も必ずしも少なくないと思われるのであるが、「罰責」に採録されている事件は以下に述べる三件にとどまる。ここではその三件を紹介する。

①一七〇九（宝永六）年九月二十五日判決の事件

宝永六丑九月廿五日　　町人
　　　　　　　　　　　白水　源七

右朝鮮之女ニ昵ミ、両国之制禁を犯候由、当春渡海之訳官申出、対決之為彼地江被差渡候得共、彼方何分之存入ニ候哉、対決不被申付候、実否難決候、併日比業作不宜故、名差ニも逢、両国之出入ニ及候段不届ニ付、流罪被仰付候間、親類中ゟ田舎江差下置、他国ハ不及申、府内江も決而為登不申様堅可申付旨申渡ス、(7)

この事件は前述した辛卯約条の締結のきっかけとなったものである。判決によると、白水源七は朝鮮人の女性と密通したため、渡海訳官の申し出により源七を朝鮮に送り、相手と対決させようとしたのであるが、朝鮮側が対決させず、密通の存否が明らかにならなかった。しかし源七が日頃の所業がよろしくなかったこと、また朝鮮から名指しされ、朝鮮・対馬の紛争をもたらしたことは「不届」であるとして流罪を申し付けられた。

②一七三八（元文三）年十一月十九日判決の事件

元文三戊午十一月十九日　　河村太郎左衛門家来
　　　　　　　　　　　　　　　源吾

右今般依交奸之科、久根村江永々流罪被仰付、

同日　　　　　　　　　　　急用水夫竈佐伯善蔵子
　　　　　　　　　　　　　　利右衛門

右同前之依科、仁位村江永々流罪被仰付(8)

この事件については単に「今般依交奸之科」、河村太郎左衛門家来の源吾は久根村に、急用水夫竈佐伯善蔵の子利右衛門は仁位村にそれぞれ永々流罪を仰せ付けられた。

③一七八七（天明七）年正月廿一日判決の事件

天明七丁未年正月廿一日

〔朱書〕「辛亥四月六日幸助親類中ゟ依願之品府内出差免、兄番手小頭利吉方へ家内入申付、」

御賄方改　下代　幸助

〔朱書〕「与良郷鴨居村肝入善吉方江差下、」

〔朱書〕「庚戌八月七日親類共ゟ依願之品曲ケ物手職を以府内拵差免、」

御作事方改　大工　隼助

〔朱書〕「同郷安神村血判庄左衛門方江同断」

〔朱書〕「庚戌七月十三日父御道具藤兵衛勤労を以府内出差免、委細賞典坤之部集ニ記」

御道具藤兵衛倅　木挽　辰五郎

〔朱書〕「佐須郷瀬村百姓清八方江同断」

〔朱書〕「庚戌十一月十日吉蔵儀掛町乙名中ゟ依願府内出差免、」

町改高畠長左衛門残札　吉蔵

〔朱書〕「三根郷志多賀村肝入七之助方へ」

河村太佐衛門残下　平五郎

〃

〔朱書〕「伊奈郷琴村百姓甚兵衛方へ」

〔朱書〕「庚戌拾月七日平五郎儀父八郷宗門改取立清書共数十ヶ年相勤御郡方手代幷掛町乙名中依願府内出差免、」

右之者共於朝鮮館遊女を呼入令交奸候段相顕飛船を以帰国申付候、御制禁を犯不埒至極之者共ニ付、着早速禁足申付置候へ共加宥恕禁足差免、親類中ゟ田舎江差下置旅行は素り、府内江も決而為差登不申様申付ル、(9)

判決によると、下代幸助、大工隼助、木挽辰五郎、高畑長左衛門残札吉蔵、河邑太佐衛門残下平五郎の五名は、倭館に遊女を呼び入れて交奸したことが発覚したため帰国を命ぜられた。帰国後早速禁則を申し付けられたがのちに免ぜられ、幸助は与良郷鴨居村肝入善吉方へ、隼助は同郷安神村血判庄左衛門方へ、辰五郎は佐須郷瀬村百姓清八方へ、吉蔵は三根郷志多賀村肝入七之助方へ、平五郎は伊那郷琴村百姓甚兵衛方へそれぞれ永代奴として遣わされた。

以上、百六十年以上にわたる対馬藩の判例集「罰責」に採録された判決はわずか三つの事件にとどまる。

第三節　対馬藩の「交奸」事件

尹裕淑氏の対馬藩と朝鮮との間の諸約条の研究によると、両国の文献には交奸事件に関する記事が数多く残っており、同氏が調べた範囲でも一六一一年から一八五九年まで交奸事件が対馬、朝鮮双方の史料から十一件を数えるという。(10)「罰責」に採録されている三件の事件もその中に含まれているが、その十一件のうち日本人側の処分に触れているものは、一六九〇年に井出惣左衛門・市山伊兵衛・日高判右衛門・小島利右衛門が朝鮮渡差留となったもの、一七一六年に二人が対馬に縛送されたというもの、一七三八年に利右衛門・源吾など三名が対馬で流罪に処せられたもの、一七八六年に吉蔵・善右衛門・準助・辰五郎・幸助が対馬に縛送されたもの、一八五九年に藤次郎・喜一郎が佐護郷給人の永代奴となったものの五件である(11)。

まず、前節①の事件については、朝鮮人女性甘玉と手引きの朝鮮人男性宋中万が拘束されたとき対馬藩庁は館主に対して交換相手の日本人として疑わしい者を帰国するよう指示しているが、東萊府使からの処罰要請に対して真相不分明を理由に取り合わず、はぐらかすような対応を取った。交奸事件に対する対馬藩の態度は一貫してこのようなものであったようで、一六九〇年の交奸事件の際朝鮮側から日本人への同律処罰（死刑）要求に対して倭館主がはぐらかして沙汰止みになったことについて対馬藩内では「よろしき処置ニ候」と評価していることを指摘する(12)。

しかし、前節①事件をきっかけに、朝鮮は外交正式な外交文書によって交奸問題を取り上げ、対馬藩に交奸に対する厳罰を迫り、幕府にこの問題が知れることを恐れた対馬藩はこの事件の被疑者である白水源七らの取り調べを行うこととなった。源七は拷問にも交奸の事実を認めず、対馬藩は渡海訳官使帰国の際源七を朝鮮に送って女性と対決させることとしたが、相手の女性が証言を覆してしまったこともあって、朝鮮が問題とする論点が当事者の処罰よりも交奸事件の処理を求める礼曹書簡を受理せず、返書も発さない対馬藩の外交態度に対する批判に移ってしまうことになる。対馬藩は返書に代わる書付を送っているが、日本としては他国之女性と性的関係を結んだ日本人を処罰する法はないこと、しかし対馬の場合は朝鮮との境を構え、交流があることもあり、国境を接し人的交流もある隣国の法をないがしろにするわけにも行かないので、明白な罪状がある場合には、交奸を働いた日本人には流罪を科すこととし、以降の定例とすることを表明している(13)。対馬藩としては朝鮮の主張通り、交奸事件の日本人男性を相手の朝鮮人女性や仲介した朝鮮人と同じく死刑に処することを拒否しつつ、朝鮮の法にも配慮し、日本人男性を流罪とし、それを定例化することで妥協を図ろうとしている。朝鮮に送られた白水源七は、問題が対馬藩と朝鮮との外交的対立に移ってしまったことから朝鮮の取り調べを受けることなく帰国し、交奸の罪状は不分明であるが、対馬・朝鮮の紛争を招いたことを理由として、流罪に処せられ、朝鮮では交奸相手の女性と手引きした者が死刑に処せられた[14]。

前節②の事件については、相手の女性守礼（私婢）・崔愛春（良女）を厳刑島配、手引きした田才を梟示に処されたとしている[15]。

前節③の事件では、相手となった徐一月（良女）が定配、手引きをした高甲山が梟示に処せられたとする[16]。

第四節　「罰責」における交奸事件判決の記述と他史料の記述との比較

前節では、先行研究の成果に拠りながら、特に辛卯約条の締結のきっかけとなった第二節①の事件の経過を確認した。「罰責」に採録された判例をみると、①の事件は極めて簡略であるが、被疑者白水源七に対する取り調べからは交奸の事実の存否が不明であったため、源七の身柄を朝鮮に送り、交奸相手の女性甘玉と対決して存否を決しようとしたが、朝鮮側が対決を行わず結局明らかにならなかったことなど、事件究明の経過が記述されている。しかし、②の事件では「今般依交奸之科」という記述にとどまる。③の事件では倭館に遊女を呼び入れたことが罪状として記述されている。

前節で述べたように、「罰責」に採録されている事件は対馬藩で行われた刑事判決のすべてではなく、先行研究にあるように採録されていない事件でも交奸の科で処罰された者が存在する。つまり「罰責」の性質は判決録というよりは先例的価値を持つ事件を選んで編纂した判例集といって良いと思われる。また、先例として後年の裁判の量刑判断に資するものを記録すると考えると、②の事件のような記述はあまり役に立たないように思われるのだが、一七一二（正徳二）年の辛卯約条で、

一　馬島之人、出往草梁館外、強姦女人者、依律文、論以一罪事
一　誘引女人和奸者、及強奸未成者、永遠流竄事
一　女人潜入館中、而不為執送、因為奸通者、用次律事

と明確に構成要件と法定刑が定められているため、特に加重減軽を施さず、法定刑通りの判決を仰せ渡す限りにおいて、犯罪事実を詳述する必要はないとも考えられる。③の事件については、強奸には該当しないことと相手女性が遊女であるということが、量刑を決定する上でのポイントになっているのではないかと思われる。仰せ渡された刑はそれぞれ各村の肝入や血判へ差し下す、つまりおそらくは永代奴とするというもので、辛卯約条二ヶ条目に定める永流よりは減軽された刑が仰せ渡されたものとして、採録されたように思われる。①の事件は被疑者白水源七が交奸については実否不分明であったことから、処罰理由が交奸ではなかったこと、またそれまでの交奸男性に対する処罰は対馬に帰国させた上で朝鮮渡差留に処するのが一般的だったところ、また朝鮮側の交奸日本人男性への厳罰（死刑）要求や対馬藩の「はぐらかし」に業を煮やしての約条締結への働きかけに対応する形で対馬・朝鮮両国に「出入」をもたらしたことを理由として流罪を科していることを明記したものと考えられる。

わずか三つの事件を採録するに過ぎない「罰責」ではあるが、このことから考えるに、約条という「国際法」に基づく処罰とはいえ、対馬藩としては積極的に交奸を摘発し、処罰するものではなく、個別の判決を判例として後年に残すことにも熱心ではなかったのではないだろうか。

第五節　対馬藩内の「密通」に対する処罰と「交奸」に対する処罰

ここで、対馬藩における密通に対する処罰について「罰責」掲載の判決から確認する。

前述したように、日本人と朝鮮人との間の性交渉を処罰対象とする条約は朝鮮側の強い要望によって締結されたものであり、対馬藩として積極的に処罰する考えはなかった。対馬藩庁から館主樋口内記に渡された書状には、

先年交奸之義ニ付、為拷問白水源七被差渡候節、向後対州之者朝鮮之女ニ交通致候ハヽ、永々流罪ニ可申付候間、其旨朝廷方へ申達候様ニと年寄中ゟ崔同知へ真文ニ認相渡候処、其後分明成返答も無之、先其分ニ成り居申候、去年伝使在江戸之内三使ゟ崔同知を以不申聞候ハヽ、向後交奸いたし候者有之候ハヽ、死罪申付可然候、此義朝廷之命を受来候故、若も及違難候ハヽ、登城をも不致、公義へ直訴可申旨左様心得候処ニと可申、其趣短簡ニ相認被指上候、此方ゟ御返答と成り候ハ元来日本之法ニ他国之人と男女交奸いたし候とて死罪ニ被行候法無之候、乍然対州之儀ハ他方とハ違候へハ、朝鮮にて大禁ニ被成候をそのままにいたし置可申様無之、日本之法ニハ無之事ニ候へ共朝鮮ニ対し永々流罪ニ可申付之旨、先年書付を以申入候事ニ候、(17)

とある。対馬の男性と朝鮮の女性の「交通」は朝鮮政府が双方を死刑に処することを強硬に主張し、受け入れられなければ江戸城への登城を拒否し、幕府への直訴も辞さないとしたが、対馬藩は元来日本では他国人との「男女交奸」は死罪とする方が存在しない、しかし朝鮮との交流がある対馬という特殊性に鑑み、朝鮮における重罪を「そのままにいた」す訳にもいかないので、これからは「永々流罪」とすることにする、というのである。まさに、朝鮮に対する配慮としてやむを得ず「日本之法ニ無之」き取り扱いをするという消極的な処罰方針であり、その後「強奸」のみ

を死罪とし、それ以外の交奸について流罪を基本とする辛卯約条が締結される際にも、朝鮮側の「交奸は一律死刑」という主張には一貫して抵抗した。それでは対馬藩内における婚姻外の性交渉（密通）についてはどのように取り扱われていたのだろうか。

『近世刑事史料集2　対馬藩』の解題で鎌田浩氏は、対馬藩では密通は未婚の者同士でも処罰され、夫が密通を働いた場合、相手が後家や未婚の娘であっても処罰されると指摘している。これは他藩と比べてやや厳しい取扱といえる。そこで**表2**で「罰責」から密通の当事者である女性が嫁・後家・下女ではない事件をまとめた。

表2　嫁・後家・下女以外の者の密通

No.	巻	頁	年月日	被告人身分	罪状	刑罰	備考
1	8	32	寛政06・06・25	御駕籠	於田淵町狼藉、御船手妹みつと密通申向、念比	仁位郷銘村給人江三ヶ年切奴	
				御船手妹	好右衛門狼藉みつ	仲間預差免	
3	12	38	文政11・06・16	壱州者	余良郷加谷村名子百姓娘と小船盗取乗出	追返、重而入来堅差留	
				名子百姓娘	壱州者と密通	古川図書三ヶ年切婢	
4	13	13	文政03・06・07	商人	仁位郷鑓川村百姓妹と密通、懐胎	平田帯刀三ヶ年切奴	
				百姓妹	密通、懐胎	三根郷志多賀村給人三ヶ年切婢	

5	14	65	文政11・11・14	武士家来	兼々町人娘と密通	五ヶ年切奴	
				百姓養子	密通町人娘と密通	二ヶ年切奴	
				町人娘	武士家来と密通、夫婦申堅も百姓養子と密通、是又夫婦趣	七ヶ年切婢	親の存意に悖、両人迄密夫を求、我儘の挙動女の志操を乱し、重々不埒
6	16	115	天保05・12・09	庭育	伊予者と兼々密通、逐電	五ヶ年切婢	女之身分右様大胆之挙動不埒
7	19	121	天保14・02・18	浜馬方娘	拝領下男と七、八ヶ年以前無理ニ二三度出会	不及糺、親類差免	女之身分可相嗜儀不埒、曽而申談令密通候事とは不相聞
8	20	78	弘化02・08・13	百姓娘	与良郷黒瀬村百姓と四ヶ年以前より密通	仁位郷嵯峨村給人三ヶ年切婢	女之第一可相慎儀ニ候を如右不行状之次第、不埒者
				百姓	与良郷竹敷村百姓娘と密通	三ヶ年切奴	
9	25	82	安政04・05・10	僧侶弟子	小茂田村足軽娘と馴合密通	豊崎郷比田勝村給人三〇ヶ年切奴	第一出家之身分不義之行状絶言語たる族ニ付
				足軽娘	居村先住職と馴合密通	案書役一〇ヶ年切婢	我儘成心得より有間敷僧徒ニ馴合、第一女之志操を乱重々不埒
10	25	84	安政04・10・25	元庭育	元田代出生と馴合	永代婢	
11	29	41	慶応01・10・01	元百姓	田舎奴申付置処、百姓妹と密通、欠落出国之企、脱牢	元主人新ニ一七ヶ年切奴	
				百姓妹	兼々志多賀村百姓と密通欠落、脱牢	新ニ二五ヶ年切婢	追々不身持欠落により三年切婢被下置

密通に関する判例は決して少なくなく、幕末期に至るまで採録されている。それらのうちのいくつかの判決を紹介する。

①寛政六年六月廿五日判決の事件

甲寅六月廿五日　　御駕篭　好右衛門

右は去ル十九日之夜、於田淵町狼藉致し候付、打廻方ゟ召捕揚屋入申付置、右之次第遂僉議候処、御船手松兵衛妹ミつと申ものへ密通之儀申向候へ共不聞入、手押ニ仕候事も有之、其後ミつ江念比之儀相頼、其通可相心得由ニ付、其主意ニ髪を剪呉候様申向候へ共、断ニ及候ニ依、酒を給右之事情おもひ出し、髪を剪貰度髪剃を持ミつ方江参、酔中ニ而不相覚趣令白状、不興千万無十方ものニ而、殊御奉公をも致居候身分、縄下ニも相成、旁申付方も有之候得共、加用捨御駕篭組被召放、為懲仁位郷銘村給人吉田久右衛門江三ヶ年切奴ニ被成下、

右同日　　御船手松兵衛妹　みつ

右同断、好右衛門みつ方江参り狼藉いたし、是必竟みつ不埒故之儀ニ而不届者ニ候へ共、仲間預差免、(18)

御駕籠好右衛門は御船手松兵衛の妹みつに密通を申し掛けたものの受け入れられなかったが、その後みつが同意したため、その印に髪を切って貰おうと頼んだところ断られた。酒に酔った勢いで再び髪を切って貰うためにみつの家に向かい、狼藉に及んだというものである。好右衛門は御駕籠組を召し放たれ、仁位郷銘村給人の吉田久

右衛門に三ヶ年切奴に、相手のみつについては、好右衛門の狼藉の原因がみつの「不埒」にあって不届者であるとされたが仲間預けを差し許された。

②文政十一年十一月十四日判決の事件
戊子十一月十四日

小田鉄之助家来
嘉　平

右は去三日之夜打廻番所江欠込候付召捕遂僉議候処、三ヶ年以前主人方暇を受令町宅居候処、兼々町人佐々木屋清兵衛娘とよと致密通居、女房も去比相果折柄ニ付夫婦之申堅をもいたし欠込候付召置候処、豊村百姓源之允養子庄次郎と申者是又令密通居、嘉平留守を見立罷越右之女を誘出し他方江預置候処、嘉平罷帰相驚先ツ尋出何分連添度両人一同打廻番所江歎出候段令白状候、親清兵衛口書之趣ニ而ハ兼々庄次郎を致養子娘ニ可取合内存共相聞候得ハ、嘉平ニも存間敷様無之如何程女ゟ相慕候迚猥ニ可呼出訳ニ無之、幾重ニも手数を立穏便之掛合可相尽義ニ候を、畢竟法外之仕形ゟして双方騒立ニ至、終ニハ打廻番所江欠込段々手入を生し重々不届ものニ付、小野六郎右衛門江五ヶ年切奴被成下、

豊崎郷豊村百姓
源之允養子
庄次郎

右は兼而郷夫ニ而令上府今程引替居候処、町人佐々木や清兵衛娘とよと申者小田鉄之助家来嘉平と令密通呼入

置候を、嘉平留守を伺右女を誘出候段打廻番所江訴出候付、召捕遂僉議候処、無妻ニ付右女々房ニ貰請度手寄を以及談合候処、養子ニ致し可取合心組之趣返答有之候処、右之如く嘉平方江呼入残念之余り留守を見立罷越女を誘出し、他方江相預置候を忍出小田鉄之助方江欠込則嘉平ニ便り、共々番所江訴出候ハ兼々申合居候上之所意ニ可在之、庄次郎ニも兼々致密通居候ニ無相違段及白状候、一旦養子取組之内談ニも及居候儀と相聞候得は、幾重ニも手数を立穏便之掛合不相尽して難叶事候を、嘉平留守を見立法外之仕形ゟして双方騒立ニ至、剰及出訴段々手入を生不届ものニ付、村岡近江江弐ヶ年切奴ニ被成下、

町人佐々木や清兵衛娘
とよ

右は幼年之比両親ニ離候付清兵衛娘分にして相育居候処、去ル三日之夜小田鉄之助家来嘉平同然打廻番所江欠込候付、行道遂僉議候処兼々密通いたし居、押詰夫婦之申堅をも致し居候へ共、女房も在之連添候義難相成其儘ニ打過居候内、豊村百姓源之允養子庄次郎と令密通、是又夫婦ニも相成度趣庄次郎申聞候得共、色々断申向無程朝鮮江罷渡、其跡嘉平女房相果折柄ニ付弥連添候之致約束、親共江手数を立貰掛候得共、跡を為継候養子いたし候故望ニ難任段及返答、不得已嘉平方江忍参り候処町内之事故心遣ニ存小田鉄之助方江相預、其後親共ゟ厳重掛合ニ相成、又々嘉平方へ参居候内庄次郎令帰国、立腹之余り此程嘉平留守を見立踏込引連他方江相預候処、何分連添度存念ニ而預先を立出、小田鉄之助方江参り嘉平示談之上一同番所江欠込、助力を承り度相歎候段令白状候、一旦養子ニ可取合内談ニも及居候ハヽ、其意ニ可応義ニ候を親之存意ニ悖り、殊両人迄密夫を求我儘之挙働女之志操を乱し、終ニハ番所江欠込段々手入を生、重々不埒ものニ付樋口勘ケ由江七ヶ年切婢ニ被成下、(19)

小田鉄之助家来嘉平は三年前に佐々木屋清兵衛娘とよと密通し、女房を亡くしたということもあり夫婦の約束をして同居していたが、とよが豊村百姓源之允の養子庄次郎とも密通し、庄次郎とも夫婦の約束をした。庄次郎・とよ双方の親が談合して庄次郎を養子に迎えるということになったが、とよが再び嘉平の許に参ったため庄次郎が立腹し、嘉平の留守の間にとよを連れて他所に預け置き、連れ添いたい旨小田鉄之助宅に行って嘉平と示談の上打廻番所に駆け込んだというものである。

嘉平については庄次郎ととよの縁談がある以上、とよから慕われていたといえども彼女を呼び出すべきではなく、穏便に掛け合うべきであるところ、「法外之仕形」で騒ぎ立て、打廻番所に駆け込むに至ったことが不届であるとして小野六郎右衛門へ五ヶ年切奴に、庄次郎については、養子という形でとよと縁組することになったうえは、嘉平との問題は穏便に掛け合うべきところ、嘉平留守の間にとよを連れ出すという「法外之仕形」で騒ぎ立て出訴に及んだことを理由に村岡近江へ二ヶ年切奴に、とよについては庄次郎を養子に迎えて縁組するという親の意思に悖り、剰え二人の男と密通に走るという「我儘の挙働女之志操を乱」す行為であるとして樋口勘ケ由へ七ヶ年切婢にそれぞれ下された。

二人の男性と共に関係を結び、一方の男を養子に迎えることになったものの、穏便にことをおさめることができずにトラブルになったという事例である。縁談がまとまりつつあるという状況ではあるが、判決をみる限り婚約中であるにもかかわらず別の男と密通したという理由ではなく、騒動を穏便におさめることができなかったことを不届としている。

③ 安政四年五月十日判決の事件

安政四丁巳五月十日

掬水軒
弟子
見山

右は最前小茂田村普門寺住職中不身行之次第有之、本寺より召登当時慎申付置候処、去月三日寺を立出行衛不相知段及案内、此節召捕其次第遂詮議候処、先般田舎住職中同村足軽市左衛門娘とセと申者相煩候節、致祈禱呉候恩義を以毎々寺江立入候内、去年九月比より馴合令密通候段申出、且又此節欠落之始末、全躰不取留儀を以忍而西津屋村迄罷下、今更恐誤入候旨及白状候、就夫田舎下之儀は御法も有之殊更慎之身分猥ニ令徘徊候段、頗不審之筋ニ相見、第一出家之身分不義之行状絶言語たる族ニ付、尚も遂厳責自余出家為見懲重申付方之品も有之儀なから、当節迄は各別之慈悲を加此節還俗、豊崎郷比田勝村給人比田勝内蔵介江三拾ヶ年切奴被成下、

佐須郷小茂田村
足軽市左衛門娘
とせ

右は不埒之次第有之召捕遂詮議候処、此者去年九月比病気差起候節、居村普門寺先住職見山より祈禱を請、其恩義を以毎度寺江立入候内終馴合令密通候段、無相違今更恐誤入候旨申出候、畢竟我儘成心得より有間敷僧徒ニ馴合、第一女之志操を乱し重々不埒者ニ付、猶遂厳責重申付方も有之儀なから、此節迄ハ各別之慈悲を加、案書役財部万右衛門江、拾ヶ年切婢被成下候、(20)

掬水軒弟子見山は小茂田村普門寺の住職に在職中、同村足軽市左衛門の娘とせが病気になった際に祈禱したことをきっかけに寺に出入りするようになり、前年九月頃から密通するようになり、四月三日寺を出奔し行方知れずになっ

たというものである。見山については出家僧侶の身分にありながらみだりに徘徊したことが「不審」であるうえに「不義之行状絶言語」するとして還俗の上豊崎郷比田勝村給人比田勝内蔵介へ三〇ヶ年切奴に、とせについては「我儘なる心得」から僧侶と関係を結び、「第一女之志操を乱し重々不埒者」として案書役財部万右衛門へ一〇ヶ年切婢とされた。

密通の当事者が僧侶であるといういささか特殊な事例ではあるが、密通相手のとせについても女之志操を乱すという文言を用いて処罰理由としていることから、女性側にも密通したことに対する非難が及んでいることが分かる。

以上、嫁や後家、下女といった親以外の者への身分的従属関係にない女性が当事者となった密通事件の一部を紹介したが、本節冒頭で触れた鎌田氏が言及するように、対馬藩に於いては未婚女性の密通が処罰対象となるというのは幕末期に至るまで一貫しているといってよいと思われる。その意味で他藩と比べ対馬藩は厳罰であるということになる。

しかし、以前筆者の論考で検討した潜商（密貿易）の場合、対馬藩は朝鮮から犯人の一律死罪という要求を受け入れず、実際に犯人を死刑に処した事例は潜商以外の何らかの加重事情がある場合に限られ、また死刑以外の量刑が申し渡されている事例については時代が下るごとに寛刑化する傾向が見られる。また、幕府が再三取締令を発しているにもかかわらず、対馬藩は取締りに熱心ではなかったといわれる。対馬藩が刑事裁判の量刑において全般的に厳罰傾向にあったとはいえず、逆に一部の犯罪においては寛刑化の傾向も認められる。[21]

ここで注目しておきたいのは、辛卯約条では日本人男性と朝鮮人女性が交奸した場合は、当事者の既婚・未婚・身分的従属関係（奉公）の有無を問わず死罪（強奸）または流罪（強奸未遂・和奸）とされることである。本稿で紹介したように、交奸に対する判例は決して多くなく、辛卯条約自体が朝鮮の強硬な要求によって締結されたことから分かるように、対馬藩は交奸に関係した者を積極的に処罰しようとはしなかったのであるが、条約で日本人と朝鮮人の交奸が重い刑罰を科せられると規定したことに対し、日本人同士の密通について当事者同士が未婚である場合には不可罰となり得ることは均衡を欠くと判断した可能性はないだろうか。

おわりに

以上、「罰責」に採録された判例のうち、日本人男性と朝鮮人女性との間の「交奸」に関するものを紹介し、先行研究の成果を借りつつ判例として残されている事例が極めて少ないこととその理由について検討した。また、対馬藩内における密通事件の判例から他藩と比べて処罰範囲が広い傾向があることを確認し、その背景として辛卯約条において交奸に対する処罰が未婚・既婚を問わずに行われることになっていることがないかを考えてみた。本稿は史料紹介を一方の軸としていることもあり、諸史料をより多角的に分析する必要があることを自覚せざるを得ない。この点については次稿に期したいと考えている。

註

（1）藩法研究会編『近世刑事史料集2　対馬藩』（創文社、二〇一四年）
（2）守屋浩光「対馬藩における密貿易に対する処罰について　――「罰責」掲載の判決の紹介を中心に――」（名城法学第六七巻第二号、名城大学法学会、二〇一七年）
（3）前掲『近世刑事史料集2　対馬藩』ⅰ頁
（4）尹裕淑『近世日朝通交と倭館』四五頁。本論文では先行研究として尹氏の論考にその多くを負っている。
（5）前掲『近世日朝通交と倭館』五三頁

（6）前掲『近世日朝通交と倭館』五三頁
（7）前掲『近世刑事史料集2　対馬藩』六六頁
（8）前掲『近世刑事史料集2　対馬藩』六六頁
（9）前掲『近世刑事史料集2　対馬藩』ＤＶＤ版「罰責類集　第五番（天明五～同七）」九六頁
（10）前掲『近世日朝通交と倭館』四五頁
（11）前掲『近世日朝通交と倭館』四六頁表1より
（12）『交隣提醒』（泉澄一、水田紀久編『芳洲外交関係資料・書簡集　雨森芳洲全書』三所収、関西大学出版部、一九八二年）七〇頁
（13）宗家文書『分類紀事大綱』三一「交奸集書」
（14）前掲『近世日朝通交と倭館』五二頁
（15）前掲『近世日朝通交と倭館』四六頁表1より
（16）前掲『近世日朝通交と倭館』四六頁表1より
（17）宗家文書『分類紀事大綱』三一「交奸集書」
（18）前掲『近世刑事史料集2　対馬藩』ＤＶＤ版「罰責類集　七番（寛政四～同七）三二頁
（19）前掲『近世刑事史料集2　対馬藩』ＤＶＤ版「罰責　拾四番（文政八～同一一）六五頁
（20）前掲『近世刑事史料集2　対馬藩』ＤＶＤ版「罰責　弐拾六番（安政四）八二頁
（21）前掲『近世刑事史料集2　対馬藩』xxi頁

第五章　熊本藩法制史料の基礎構造
――「刑法草書」との相関性の分析を通じて――

安高啓明

はじめに

熊本藩法制史料のなかでも、「刑法草書」の存在は周知のところであろう。「刑法草書」は、律令や式目等の古代、中世の法典と共通する一面を有しており、また、「明律を本とし旧慣に鑑み、幕律を参考として編成せしものなり」といわれる[1]。そして、明律の影響を受けた近代刑法典としても高く評価されている[2]。

宝暦の改革の一環で編纂された「刑法草書」は、本格的な明律系の法典であることはもとより、他藩に与えた影響も大きいと指摘される。例えば、福岡藩の亀井南冥が著した『肥後物語』のなかでは、宝暦の改革を評価しつつ、熊本藩刑法の秀逸さにも言及をみる。また、会津藩や佐賀藩などにも「刑法草書」は参考にされたといわれ[3]、その結果、「刑法草書」の写本は熊本以外にも散在しており、公事方御定書ほどではないものの、その存在が確認できる。

「刑法草書」に関する研究は、法制史の観点から前述した多くの成果がある一方、近年では、条文構成の検討から法制史的評価が加えられ、近代的司法制度との接続をも意識されている。さらに、「刑法草書」の成立過程についても分析されており[4]、熊本藩の法制史料群のなかでも、とりわけ顕著な研究成果があげられている。

一方、それ以外の熊本藩法制史研究は、個別分析に留まる傾向にある。「刑法草書」が与えた熊本藩刑法の影響を考えると、その他の法制史料との関連性についての検討は必須である。また、法制史料群の全体像からどのような系統分類が可能であるかという史料論（アーカイブ論）的視座も重要となってくる。

熊本藩の法制史研究は、「刑法草書」への偏重がみられるため、それを補完する基礎研究が本論の主目的である。そして、「刑法草書」を核とした法制史料の構造を整理して系統分類をするとともに、個別史料との相関性を分析して、刑法方の法運用にも言及する。また、現用文書と非現用文書を位置付けて、熊本藩の法制史料群の形成過程を検討していくことにする。

一　熊本藩法制史料の系統分類

熊本藩永青文庫資料の構造

現在、熊本大学附属図書館に所蔵されている永青文庫資料は、藩政、経済、法制、思想などで構成され、その点数は約五八〇〇〇点に及び、細川家伝来の歴史資料や漢籍等の書籍、絵図類を含み、かつて熊本藩庁で保管されていたものである。これらは、細川家の熊本入国以来の全ての文書ではなく、紛失や散逸、貸与や売却があった。明治四（一八七一）年以降の永青文庫の文書の状況について、「北岡文庫輯録」（熊本大学附属図書館永青文庫寄託、以下、永青文庫蔵とする）には次のようにある。(5)

廃藩置県ノ際ニ至り更始一新従前ノ簿書類ハ不用ニ属スト云ヲ以テ、或ハ市人ニ売却セラレ或ハ祝融ニ付却セラル丶ト聞キ百方周旋、猶其存スルモノハ之ヲ官ヨリ乞受、又其已ニ売却セラレタルハ之ヲ市ヨリ買取終ニ数千巻ヲ得タリ、完全ニ至ラスト雖共、猶往事ヲ証スルニ足レリ

熊本藩文書類は、廃藩置県の際に不用と判断されたものは市中に売却されたほか、火災で亡失したものさえあった。その状況を聞いて、熊本県から戻してもらうように交渉したり、また、売却されていたものを買い戻したりして、数千巻を取り戻すことができたという。完全ではないといっても、細川家の往事を証明するには十分だったと記している。こうして、散逸していた細川家史料は収集されていき、今日の形態を残しているのである。

これら簿書類は、十分類で管理されており、それをまとめたものが**表1**である。

表1　明治期の文書分類

甲	古帳類	宝暦以前の簿書・触状控
乙	御家譜類	遺事・親類の家筋
丙	土地人民	城郭・邸宅・産物
丁	軍備時変	有馬役以来の一揆の記録
戊	藩臣家筋	寺社や由緒書
癸	機局記録	軍備時変、藩臣家筋に関する記録
庚	諸局記録	同前、大監・監察記録を含む
辛	刑局記録	
壬	雑	各部にまたがる事項・政治・紙図木図器物類
己	龍田引除	各部の複数あるものの要用記録

「北岡文庫輯録」より作成、順番は原本の通り。刑局記録の内容は無記載。

これは明治十一（一八七八）年当時の目録にあたるが、不朽の文書として管理されており、「温故ノ便ニ備フ」ものに相当すると整理された。ここで古帳類とされた「甲」部は宝暦以前の文書を集約しており、細川重賢治世を熊本藩政のひとつの区切りと認識していることがわかる。明治になっても明君重賢の評価は、極めて高かったことを裏付ける。また、「丁」部は「有馬役」（＝島原天草一揆）以降の文書を集積するが、一揆中に遣り取りされた書簡をはじめ、後の論功行賞の証左となる文書などを一括管理している。

これらの文書は、細川家北岡邸内の蔵に納められていた。北岡邸は細川家の菩提寺である妙解寺跡（神仏分離令により廃寺）にあった。昭和三十九（一九六四）年に熊本大学と財団法人永青文庫との間で寄託契約が交わされると、その翌年、「お文庫」史料の約七〇〇〇点を移管。翌々年には、「川端御庫」、「御神庫」、「御宝庫」、「七間御庫」の一部が熊本大学で保管されることとなった。(6)

北岡邸にあった五蔵に資料は分蔵されており、この時の様子について、目録学の観点から収蔵状況が推定されている。「お文庫」（御文庫）は、文庫と書籍を収蔵していたが、「七間御庫」には、主に調度品や道具類が収められていた。一方、「川端御庫」には書画類が多く、「御宝庫」は絵巻や絵本、懸物、法帖類を、「御神庫」は細川家の歴史にかかわる文書、書籍類を収蔵していたとされる。(7)

こうして熊本大学附属図書館に移管された資料は、①藩主御手元史資料群②藩主御手元書籍群③藩政関係史料群④絵図・指図類⑤近代史資料群で構成されている。①藩主御手元史資料群には、中世細川家文書や幕藩関係文書、歴代家譜、故実や絵巻物などが含まれる。②藩主御手元書籍群には和書や漢籍、③藩政関係史料群には、初期藩主裁可文書・記録、藩政諸部局文書や記録類、藩政公式編纂記録がある。④絵図・指図には、国絵図や領内地図、城郭図が含まれている。(8)これは、諸侯の史資料と藩庁公文書の性格を有するもので、公私にわたる資料群で構成されている。

前述した史料的区分に従えば、法制史料は①藩主御手元史資料群や③藩政関係史料群に含まれている。幕府から藩へ下達される重要な公文書が①、後述する刑法方や穿鑿所で作成された公文書が③にあたる。①に関するものには、「御蔵入目録」（永青文庫蔵）で四番櫃に収められている「武家諸法度一巻」や「公儀幷御自分法度書八通」、「生類憐之儀ニ付御書付三通一括」などがある。(9) 四番櫃は御内家へ引き渡され、藩主御手元資料群となった。①と③の中間項に位置するものとして、長崎奉行と遣り取りした文書がある。例えば、唐人や南蛮船の漂流にあたる長崎奉行や長崎目付からの指示書がこれに相当する。また、豊後崩れにあたっての処罰案が作成された禁教政策関係文書もあり、幕府出先機関と遣り取りした文書が含まれる。

熊本藩法制史料群の分類

細川家永青文庫史料に含まれる熊本藩法制史料群は、前述した「北岡文庫輯録」での「辛」部の「刑局記録」として所轄されるものが大半である。旧刑法局の記録は、明治になって熊本県に引き継がれており、細川家家令は熊本県大小属宛に引き渡しを求めている。

今般新律被仰出付而ハ刑法掛にて旧来取用相成居候書類ハ御不用ニ可有之歟ト推察候

これによれば、新律（新律綱領）が明治三（一八七〇）年に公布されたことを受けて、以前、刑法掛で取り扱っていた書類は不用になるのではないかと推察している。そこで不用となるものは、細川家で管理するため、引き渡してくれるように要求している。熊本藩政の公文書類の一部は、県庁に引き継がれており、その返却にあたっても、細川家家令は特段の配慮をしていたことがわかる。結果、旧監察掛の不用の書物は引き渡されることになったが、もし必要が生じた時は、提供するようにと付言されている。

こうして熊本県から細川家に引き渡された旧刑法方文書の主なものは、「口書」や「不慮之儀覚帳」、「御家老中江伺控」、「徒刑以下申渡」、「遠慮帳」、「欠落達」、「日帳」、「牢死帳」、「追放帳」、「参談帳」、「科人参談帳」、「御穿鑿者渡帳」、「御穿鑿所ゟ引取書控」、「当分帳」、「御定法背」、「除墨帳」、「御誕生幷御不例赦一件帳」、「眉無帳」、「江戸ニおいて死刑帳」、「御侘言帳」、「御尋者帳」、「雑（刑条何レ共難決罪状之者）」、「御赦免帳」、「宥死及追放幷払出例書」、「死刑一巻帳」などがあり、その数は六十に及ぶ。なお、これらの文書のなかには、今日、所在不明のものも散見される。これをふまえたうえで、現存する永青文庫史料から法制史料を抽出して整理すると、幕府法系統と藩法系統との二つに分けることができる。なお、特に断らない限り、以下に示す史料は、熊本大学附属図書館永青文庫寄託の史料であり、代表的な史料名を適宜掲出する。

Ⅰ　幕府関係法

Ⅰ-1　幕府法文書群

「武家諸法度」の原本や生類憐れみの令など、幕府から直接、指示された文書がここに属する。幕府法が下達されると、原本とは別に写本も作成され、「公儀御法度之写」などとして残されている[10]。幕府と諸藩との間では、寛永十二（一六三五）年の「武家諸法度」により「万事如江戸之法度」という誓約が交され、法度の整合性が求められていた。これにより幕府法が藩法よりも法的優位性が認められ、諸藩は幕府法の集積に努めていたのである[11]。

そのため、過去に遡り幕府法を収集しており、「元和二年ゟ之公義御法度書」は、元和二（一六一六）年という初期幕府法令から延宝八（一六八〇）年までを収めている。また、「公義幷御時分御法度書類」には、元和から天和年間までの法令類を収めるが、これは幕末期まで及び、「公義御法度書扣」は、元治元（一八六四）年に作成されている[12]。

「公義御制條扣」は、元和元（一六一五）年から宝永二（一七〇五）年までの幕府法を収め、「武家諸法度」はもとより、「禁中並公家諸法度」、「寺院法度」、キリシタン宗門に関する規定も含まれる。公儀の触については歴代将軍の「御制禁」として一括収録された史料がある。

また、秘密法典とされた「公事方御定書」の写本も複数本確認される。さらに、享保元（一七一六）年から宝暦三（一七五三）年までの江戸の町方の判例を集めた「刑法照例」などもあり、熊本藩の積極的な法令収集の意向がわかる。[13]

熊本藩の法令収集は、幕府法に抵触することがないように配慮し、役人たちもその遵守に努めた結果でもある。さらに熊本藩法制の参考にすべく、多方面から関係法令を入手している。「御条目」という史料は、奉行所から各部署の役人たちに伝えた行政規律書だが、この第一ヶ条には共通して「公儀御法度幷国々之法度堅可相守事」とある。つまり、熊本藩法はもとより、幕府法の遵守を家臣に申し渡している以上、幕府法の収集は藩として義務でもあった。熊本藩細川家は、近世初期から幕府や長崎奉行と適度な距離感のもとに良好な関係を続けていたように[14]、幕藩関係のあり方を法制的側面からも詳らかにすることができる。

Ｉ－２　幕府行政法文書群

この文書群は、幕府の示達書や遠国奉行所との遣り取りを通じて規則化されたもので構成されている。遠国奉行でも特に長崎奉行所との伝達文書は、整然と管理されていた。その内容は、異国船対応やキリシタン検挙時の状況などが記されている。また、熊本藩が長崎においた御用聞商人天野屋への指示書も含まれる。

正保四（一六四七）年、ポルトガルの大使シケイラ・デ・ソウザが乗る二隻の軍船が通商再開を求めて長崎に来航する。[15]これには福岡藩や佐賀藩に加え、熊本藩も動員されたが、この時のことは「カリヤン船一巻之写」や「正保四年六月長崎え黒船参候一巻」、「長崎え黒船着岸之節御人数被差越候一件之抜書」として記録された。[16] あわせて、長崎奉行所からの指示などを町奉行に伝える「御在国之時浦触状案幷完所之覚」や「御留守之時浦触状案幷完所之覚」、「所々御番人幷在々御町奉行江被成御渡候御判印有之御書付之扣」には、唐船漂着の対応やキリシタン宗門改などについて藩当局が町奉行、そして番人へ宛てた内容が収められている。また、長崎に限らず、機密間で作成された「探索書」には、江戸や京都、大坂、長崎等で、秘密裏に捜査したことや風説書などが記されている。

キリシタンに関する史料としては、「江戸幕府寺社奉行所掟書写」や「寛永年中ゟ明暦年中迄切支丹幷異国船記録」、「寛永十一年ゟ延宝二年迄切支丹幷異国船」などがある。[17] キリシタン制札の写にあたるものから、豊後崩れにあたっての対処、熊本藩で実施された禁教政策の導入過程を収める。影踏のためにキリシタンの信心具を入手するために、長崎奉行所に宛てた文書などもあり、[18] 長崎奉行所（幕府）と細川藩の政策的距離感を示す文書である。

ここには、幕府や長崎奉行所との遣り取りを規則化したものも含まれ、非常時対応のマニュアルとしても記録されている。異国船対応をはじめとする長崎警備体制や禁教令違反への対応は、原則として公儀の取り扱いとなるため、現場で実質的指揮にあたる長崎奉行所による行政法の範疇として作成された。キリシタン対策も同義と位置付けられるが、これらは幕府法を受容した結果、藩法化したものといえよう。また、「刑法方目録」に所収されている将軍等の恩赦に関する達もこれに相当する。

Ⅱ　熊本藩関係法

Ⅱ-1　刑法典文書群

刑法典文書群は、罪人に刑事罰を与える根拠となった公文書で構成される。熊本藩庁が作成したもので、「刑法草書」はここに含まれる。「刑法草書」（御刑法草書・御刑法艸書・刑法草書）は二十六冊が永青文庫史料に現存し、「刑法例書」や「御刑法例書」という文書もある。ここには堀平太左衛門ら刑法方に関わる役人らによる草案も含まれる。「刑法草書」は、宝暦四（一七五四）年捧呈、同五年に施行された法制史料を代表するものである。これは、第一期編纂で一応の完成をみて、その後、第一次草案、第二次草案を経て、宝暦十一年施行の「刑法草書」が作成された。これが第二期編纂といわれ、運用過程で整合性が図られていった。なお、永青文庫史料ではないが、天保十（一八三九）年成立施行の「御刑法草書附例」二冊（松本壽三郎氏旧蔵、熊本大学日本史研究室蔵）が知られるほか、東京大学法制史資料室（乾坤二冊）、京都大学法学部研究室（上中下三冊）、国立国会図書館（乾坤二冊）などで写本が所蔵される。

「刑法草書」は、細川重賢が堀平太左衛門に刑法典の作成を命じたことを機に、宝暦四年五月に完成、翌五年四月から施行された。宝暦十一年に再編されるが、「草書」という名の通り、以降、加除・修正していきながら、刑法典としての体裁を整えていった(19)。

同じく刑法典に属するものに「律草書」がある(20)。「刑法草書」は堀平太左衛門や清田新助、志水才助らが明律を参照して起草し、先論の通り、明律の影響を受けながら編纂されている。なお、現存する「律草書」には、堀平太左衛門の草稿もあり(21)、「刑法草書」の成立に大きな影響を与えたとされるものである。

幕府の司法制度も、寛保二（一七四二）年に成立した「公事方御定書」によって、一画期となったことは、これまで論じられている通りである。熊本藩では、「刑法草書」の成立がこれに相当し、判例第一主義から脱したものの、「刑法草書」を補完する役割として判例法は引き続き作成されていった。

Ⅱ‐2 判例法文書群

「刑法草書」が成立する以前は、熊本藩でも判例主義の立場にあり、過去の裁判結果に基づいて裁断されていた。「誅伐帳」は、罪人に誅伐を科した記録としてまとめられ、寛永十四（一六三七）年に始まり、以降、慶安四（一六五一）年八月から寛文元（一六六一）年四月まで、同年九月から延宝八（一六八〇）年八月まで、元禄四（一六九一）年から享保二十（一七三五）年まで、元文元（一七三六）年十月から明和四（一七六七）年までの「刑法草書」成立前から作成されている。[22] 以降、文久三（一八六三）年まで継続する判例集であり、「刑法草書」が完成しても、引き続き判例法の必要性から編纂されていった。誅伐は死刑のなかでもっとも一般的であったため、[23] 藩政全期を通じて必要にされたものと推察される。

「誅伐帳」と同じ性格をもつものが「祖父母父母を殺」である。[24] これは、宝暦十一年「刑法草書」の編目「人命」第二条に相当するもので、天和二（一六八二）年から安永二（一八五五）年までの父母や祖父母の殺害を罪状とする事件をまとめたものである。これにより、「刑法草書」以前からこの罪状が意識されていたことを反映しており、編目として成立した後も、個別に編集されていったのである。また、「追放帳」も享保十（一七二五）年から同十七年まで、そして、同十八年から元文元（一七三六）年までを収めている。[25] 追放刑は「刑法草書」成立を機に原則的に撤廃されたが、[26] それまで重要な判例集的役割を果たしていた。追放に関しては、「口書」の編目として残され、**表2**でも示したように、宝暦五年以降も「追放帳」は作成されていたことから、判例法として認められていたのである。

「刑法草書」が成立したことで、その構成編目に従った判例集がつくられていった。例えば、宝暦十一（一七六一）年「刑法草書」には、「盗賊」・「詐偽」・「奔亡」・「姦犯」・「闘殴」・「人命」・「雑犯」が項目別に収められるが、これに相当する個別判例集が作成されている。さらに、「例」という宝暦五年から慶応二（一八六六）年までの七冊が編纂されている。その内容は、第一冊には、老人幼少之犯事／自罪状を訴出／二罪以上／追放／親戚相互ニ罪人を掩匿／御刑書ニ無之稜を収める。これは、宝暦十一年の「刑法例書」（刑法草書）の六条目にある「老人幼少之者犯事」などの判例であるとともに「刑法草書」を補完する機能を有した。なお、後述する「口書」もこの文書群に属する。

Ⅱ-3　行刑規則内部文書群

熊本藩に下達されてこれが規則化したものや、「刑法草書」の成立を契機に定められた訴訟手続・行刑手続がある。いわば、領民に公告するものではなく、司法に携わる役人で共有する内部文書であり、法曹法も含まれる。

藩庁内の役職における褒章規定があり、それは、「諸職考績之格草書」として八冊が現存する。(27)これは、宝暦八（一七五八）年から文化六年までのもので、免職褒章をはじめ、奉行や奉行副役、目付などの昇進・転身にかかる褒章規定である。これは、機密局に属する考績方の職務に関するものである。「官職制度考」に「此局に属す三年にして考績ヲ是内外文武の官吏淑慝考課を掌る根取の調なり」とあるように、その役務執行で、参考にされた行政文書である。このように藩政部局に対応する職務規定が作成されていった。

「萬覚帳」は、宝暦六年に刑法方で内部規則を集成した文書である。下部にあたる穿鑿所から稟議書があがってからの対応等が記されている。「穿鑿所引取書達扣」は、天保七（一八三六）年から文久元（一八六一）年までに穿鑿所で吟味した結果の上申書などを収めたものである。(28)また、「刑法方定式」は、寛政元（一七八九）年頃に作成されたもので、徒刑や刺墨刑を含めた刑法方が掌る施行細則を収録している。(29)これらは刑法方の職務に直接関係する文書群で、自らの司法行為を裏付けるものである。

罪人を監督する牢番らの職務規定が「牢屋番人囲番人下行持荒仕子勤様之覚帳之扣」である。これは享保六（一七二一）年に奉行連印で本牢番人へ申し渡されたものであるが、宝暦七（一七五七）年に刑法方奉行から伝えられている。なお、新牢番人にも同様の申し渡しがなされている。また、「御城近所出火之節籠舎之者支配之儀幷籠番江申渡之覚」も、火災時の対応（人数配置や持ち物等）について記した職務規律である。(30) このように、藩政部局である刑法方、そしてその配下にあたる警吏、牢番等を含めて、それぞれの職務行為の根拠となる申渡書がここに属する。

Ⅱ-4　記録台帳文書

法令として運用されたというより、記録や台帳として作成された文書群である。藩で重要と判断された事項は「刑法草書」成立以前から文書として編纂されており、幕末維新期まで継続した。藩のアーカイブ的性格をもった文書で、前述してきた現用文書とは区別して作成されたものと思われる。

「窺帳」は、中老・家老からの伺書の原本を集成したもので、宝暦七（一七五七）年から明治三年まで三一七冊にわたっている。(31) これは僉議した内容を上申したものだが、このなかには、出奔などによって家中に遠慮や逼塞、減俸などが申し渡されたものも含まれている。「窺書」を用いた法運用がなされたというよりは、非現用文書としてアーカイブされたといえる。

「籠舎之帳」は、寛永十年から慶安四年までの記録だが、ここには、入牢者の管理簿としての性格がある。(32) 入牢者がその後どうなったのか、例えば磔、誅伐、下行切手遣、出牢などといったように量刑後の処分までを収める。「死刑一巻帳書抜」は、寛永元年から天保十二年までの間で死刑になった人数や刑罰（死刑・火罪・梟・磔・斬・刎首）、その場所（井手口・下河原・新牢囲・手永）など、後年になるほど内容は詳しくなっている。(33) 「小盗笞刑」も同種の記録文書であり、「盗賊」所収の判例から二十笞以下の「小盗」に相当し、かつ「笞刑」に処されたものを選別して収めている。(34)

「除墨帳」は、寛政二（一七九〇）年に、藩による公定の除墨制度を受けて編纂されたものである。除墨とは、入墨（腕・額）となったものが釈放後、模範的な生活をしていれば、五年以上経過したことを条件に入墨を除くという制度である。庄屋から惣庄屋、さらに郡代に申請書を提出し、申請を受けた刑法方奉行が審議して決を下す。その文書が本史料であり、「刑法草書」の「雑犯」にある「刺墨を除ク」とは異なる。「除墨帳」には、現用文書として運用に資するために作成されたのではなく、決裁文書として一義的に記録し、必要性が生じて利用される半現用文書であった。

このように、永青文庫史料のなかから法制史料を検討すると、第一に現用か非現用文書かに分けられる。非現用文書は後世のために記録管理されており、遡及的に確認する際の重要な根拠とされた。また、その中間的なものに半現用文書があり、これらをそれぞれ峻別しながら熊本藩の文書は管理されていったのである。

二　刑法草書成立と法制文書の編纂

刑法方部局の分掌と文書作成

延享四（一七四七）年に熊本藩主となった細川重賢は、藩政の抜本的見直しを図る宝暦の改革を断行し、職制にあわせて司法制度の再編にも着手した。宝暦元（一七五一）年には、これまで徒士が担当していた罪人の取り調べを、知行取家臣の二名（平野権九郎・村上市右衛門）にあたらせる穿鑿上奉行を新設する。これは、宝暦六（一七五六）年に穿鑿頭と改称、罪科を明らかにすることを任務とする専門的部署として創設されたのである。(35)

文化八（一八一一）年成立「官職制度考」によれば、穿鑿頭には二名が就いた。これ以下、目付（二人）――穿鑿役

（八人）――横目（二人）――書記（三人）――拷問役（五人）――手伝（三人）――荒仕子（三人）が穿鑿所に所属し、その分掌は次のようにされた(36)。

此府ハ又推鞠訴獄弾糺罪名、其勧帳ヲ以刑法方奉行ニ達ス、是穿鑿所ハ罪人ヲ換閲シ、其情ヲ得ルヲ要トシ、刑法局ハ其ノ罪状ヲ弾糺シテ罰ヲ行フ、推鞠与治罰ト両断ナリ

穿鑿所は、訴状をうけて罪人を取り調べ、罪状や刑罰を推定し、「勧帳」（口書）によって刑法方奉行に上申する。穿鑿所は罪人を吟味してその状況を把握することを責務とし、刑法局は罪状をさらに糺して罰を執行する。このように、穿鑿所と刑法局では権能が弁別されており、「萬覚帳」によれば、口書を受け取ると、受理した日から十五日以内に決裁しなくてはならないと規定される。罪人の取り調べが終わり、刑を申し渡すことになったら口書に付札をして関係者に通達している。

穿鑿所は、文化九（一八一二）年八月の「旧章略記」（永青文庫蔵）によれば、次のようにある(37)。

一御穿鑿所之儀者御城内ニ一ヶ所、高麗門牢屋囲内ニ一ヶ所有之候処、両所ニまたけ候而ハ支かましき儀有之候由、御穿鑿上奉行達ニよつて宝暦四年四月当時之御穿鑿所出来いたし候事

従来、穿鑿所は熊本城内に一ヶ所、高麗門にある牢屋内に一ヶ所と、計二ヶ所があった。双方にまたがる案件は支障をきたすので、穿鑿上奉行の指示により、宝暦四（一七五四）年四月に穿鑿所の新設に至っている。こうして取り調べ機能が統一され、刑法局に属する機関として整備されたのである。

刑法局については、「官職制度考」によれば、次のように規定される(38)。

此局ハ罪人ヲ治罰スル事ヲ掌リ、国中ノ刑訟及徒隷ノ句覆刑罰ヲ断ズ、刑法方奉行ノ府ナリ、簿書策書此府ニ蔵ス、非義ヲ構ヘ闘諍・窃盗及礼節違背スル者ハ、奉行ノ指揮ヲ奉テ廻役ヲ遣テ追捕スル

刑法局は、罪人を取り締まり、罰を与えることを職掌とする刑法方奉行の役所である。簿書（帳簿）や策書（辞令書）を管理し、闘争や窃盗など礼節に違反するものは、刑法方奉行の指揮によって廻役を派遣し捕まえることを本務とする。刑法局には、根取一名と書記二名が配されており、廻役は五十名（足軽格の本職十四名、受場廻三十六名）だった。

刑法局と穿鑿所の業務上の関係について知り得る内容は「旧章略記」に記されている。

一御刑法方僉議寛延比迄ハ御穿鑿所ゟ口書達ニ成候上、御奉行・御目付寄合にて僉議相決、御家老・御中老江差廻候与相見申候

刑法方の取り調べは、寛延期（一七四八〜一七五〇）迄は、穿鑿所が作成した口書の提出をうけて奉行と目付が寄合で僉議したうえで決定していた。それを家老や中老に上申する手続きをとっていたことがわかる。罪人の取り調べは穿鑿所が担い、その内容を上申し、審議および決裁を刑法方に仰いだのである。罪人の口書は穿鑿所で作成されたが、自白を得るためには拷問も行なわれた。これには慎重な対応が求められ、恣意的な行使は許されなかった。

一拷問ハ縄扠・拷木挟ミ拷問・釣拷問・水問、罪人之軽重ニ因り仕候、拷問ハ詐偽仕居候与見察迄ニ而者先ツハ不仕、詐偽之証跡等有之候ニ無体ニ陳シ、白状不仕候時用申候事

これは、「旧章略記」の一節だが、熊本藩の拷問には、縄扠、拷木（器）挟、釣、水問の四種があった。そして、詐偽行為を察見（目視で確認）しているだけでは、すぐに拷問してはいけない。詐偽の証拠や痕跡があるにもかかわらず無実を主張し、白状しないときにだけ用いるようにとされた。拷問の乱用を防ぐ目的で申し渡されているのであろうが、これは江戸とも共通する。幕府の強権的な取り調べに牢問と拷問があるが、人的・物的証拠によって罪科分明であるのに供述をかえたり、自己や共犯者の犯罪事実を否認している場合に実施されていたが、拷問には消極的で、勘定奉行の決裁を要することもあった[39]。天領長崎でも基本的に江戸と同じ運用だが、殺人・火付・盗賊で死罪相当の

者に実施するという制限が科されていることに比べると[40]、熊本藩は詐偽を想定しているため拷問の運用は規則上、広範になり得るものだった。

天保六(一八三五)年に刑法局は刑法方に替わり、根取三名、物書四名と増員されている。また、穿鑿所には、目付(三名)――横目(三名)――穿鑿頭(二名)――穿鑿役(十名)――物書(四名)――拷問方頭取幷御昇之者(十三名)――手伝(六名)が配属され、組織としては増員となった。また、穿鑿所に所属する役人として、居物斬(八名)――新牢支配役(四名)――廻役(十三名)――牢番(三十名)――牢舎幷眉無小屋見扱(三名)――刑法仕手頭取(一名)が属する体制に変更された[41]。

刑法方の文書管理の実態

刑法局・刑法方の下部に設置された穿鑿所で、「勧帳」(口書)が作成されると、刑法方奉行に提出される。口書に下札をつけて返答され、案件が結審すると刑法局で「簿書」として管理される。つまり、刑法局によって帳簿が作成されるが、現存する「口書」はこれに相当する。その基本的な雛形を寛政十一年の「口書」でみてみると、「就御穿鑿仕上口書」という供述内容が記された最後に署名捺印がされる。これが立会人から、穿鑿所役人・横目(全てに押印)、さらに刑法方に宛てられた。最終的に罪状が口書に基づき確定されると、適用される「刑法草書」の条文、量刑が記される。

熊本藩の「口書」は、被疑者の供述書の原物が、藩政部局で具体的な処分を決裁する際の起案書の一部として評価される[42]。また、諸官庁で審議・決裁を経た原文書(=原議)がそのままの形態で綴じ込まれ、簿冊形態をとって保存・管理されていたとも指摘される[43]。そればかりか、量刑判断が困難な時に参照される最終的な判例法としての性格も看過できない。詳しくは後述するが、各種判例集の欠陥を補完するとともに、その基幹となった法制文書である。

刑法局の「簿書」は刑法方にも引き継がれたが、それは「御刑法方御帳目録」から知ることができる。(44)「御刑法方御帳目録」は、天保四（一八三三）年五月に刑法方で管理されている文書調査をまとめたものである。これは、現用文書以外に、「古諸帳」・「当分物」・「書物箱ニ入置諸帳」とに分類され、刑法方における公文書管理の実態がわかる。このなかで、現用文書と推知される一覧が次の**表2**となる。

表2　刑法方の文書管理

	文書名	年代	冊数	備考
1	籠舎入帳	宝永三（一七〇六）～享保一四（一七二九）年	1	天保九年一〇月坤御櫓入
		享保一四（一七二九）～明和八（一七七一）年	1	
2	籠舎出帳	元禄六（一六九三）～宝永三（一七〇六）年	1	天保四年時不明
		享保一四（一七二九）～明和八（一七七一）年	1	
3	役割所囲明間町籠差紙控	正徳元（一七一一）～享保四（一七一九）年	1	
		享保四（一七一九）～同二一（元文元）年（一七三六）年	1	
		元文二（一七三七）～明和八（一七七一）年	1	
4	籠舎出入差紙控	明和九（一七七二）年より	1	天保四年時不明
5	役割所囲明間出入差紙控	明和九（一七七二）年より	1	天保四年時不明
6	本牢指紙控	明和九（一七七二）年より	1	
7	役割所差紙控	安永九（一七八〇）年より	1	
8	讃談帳	貞享三（一六八六）年～元禄三（一六九〇）年	1	
		元禄一三（一七〇〇）年～正徳五（一七一五）年	1	
		延享三（一七四六）年～安永元（一七七二）年	1	
		安永二（一七七三）年～天明四（一七八四）年	1	

9	御家老中伺控	宝永二(一七〇五)年~享保二〇(一七三五)年	1	
		元文元(一七三六)年~延享四(一七四七)年	1	
		寛延元(一七四八)年~宝暦一二(一七六二)年	1	
		宝暦一三(一七六三)年より	1	
10	追放帳	寛文一〇(一六七〇)年~元禄一二(一六六九)年	1	
		元禄一二(一六六九)年~正徳元(一七一一)年	1	
		正徳二(一七一二)年~享保九(一七二四)年	1	
		享保一〇(一七二五)年~同一七(一七三二)年	1	天保四年時不明
		享保一八(一七三三)年~元文元(一七三六)年	1	
		元文二(一七三七)~延享二(一七四五)年	1	
		延享三(一七四六)年~宝暦五(一七五五)年	1	
		宝暦五(一七五五)年~同一三(一七六三)年	1	
		宝暦一三(一七六三)年~明和四(一七六七)年	1	
		明和五(一七六八)年~同八(一七七一)年	1	
		明和九(一七七二)年中	1	
		安永二(一七七三)年中	1	
		安永三(一七七四)年中	1	
11	徒刑以下申渡帳	安永三(一七七四)年より	1	
12	御穿鑿者渡帳	寛保元(一七四一)年~明和五(一七六八)年	1	
13	御穿鑿渡帳	明和五(一七六八)年~寛政一一(一七九九)年	1	天保九年一〇月坤御櫓入
14	誅伐帳	元和七(一六二一)年一二月~同九(一六二三)年四月　小倉分	2	この内一冊は写
		寛永年中	1	天保四年時不明
		慶安四(一六五一)年八月~寛文元(一六六一)年四月	1	
		寛文元(一六六一)年~元禄四(一六九一)年	1	
		元禄四(一六九一)年~享保二〇(一七三五)年	1	
		元文元(一七三六)年~明和四(一七六七)年	1	
		明和五(一七六八)年より	1	

15	牢死帳	元禄一六(一七〇三)年~明和二(一七六五)年	1	天保九年一〇月坤御櫓入
		明和三(一七六六)年より	1	
16	欠落帳	寛政四(一七九二)年~文化一〇(一八一三)年	1	
17	萬遠慮帳	元禄九(一六九六)年~安永元(一七七二)年	1	
		安永二(一七七三)年より	1	
18	江戸京都大坂長崎状控	天明三(一七八三)年より	1	
19	御穿鑿所江之達控	寛延四(一七五一)年より	1	
20	廻役江諸達控	宝暦五(一七五五)年より	1	
21	触状控	明和四(一七六七)年より天明六(一七八六)年	1	
		天明七(一七八七)年より文化六(一八〇九)年	1	天保九年一〇月坤御櫓入
22	手紙控	元禄一三(一七〇〇)年~宝永元(一七〇四)年	1	
		宝永元(一七〇四)年~同二(一七〇五)年	1	
		宝永三(一七〇六)年~同六(一七〇九)年	1	
		宝永七(一七一〇)年~正徳元(一七一一)年	1	
		正徳二(一七一二)年~同四(一七一四)年	1	
		正徳五(一七一五)年~享保三(一七一八)年	1	
		享保四(一七一九)年~同五　(一七二〇)年	1	
		享保六(一七二一)年~同八(一七二三)年	1	
		享保八(一七二三)年~同一一(一七二六)年	1	
		享保一二(一七二七)年~同一四(一七二九)年	1	
		享保一五(一七三〇)年~同一六　(一七三一)年	1	
		享保一七(一七三二)年~同一八(一七三三)年	1	
		享保一九(一七三四)年~元文元(一七三六)年	1	
		元文二(一七三七)年~寛保三(一七四三)年	1	
		延享元(一七四四)年~同四(一七四七)年	1	
		延享五(一七四八)年~宝暦五(一七五五)年	1	

		宝暦六(一七五六)年～同九(一七五九)年	1	当年より御刑法方日帳ト改ル
		宝暦一〇(一七六〇)年～同一三(一七六三)年	1	
		宝暦一四(一七六四)年～明和四(一七六七)年	1	
		明和五(一七六八)年～同八(一七七一)年	1	
		安永元(一七七二)年～同三(一七七四)年	1	
		安永四(一七七五)年～同六(一七七七)年	1	
		安永七(一七七八)年～天明元(一七八一)年	1	
		天明二(一七八二)年～同五(一七八五)年	1	
		天明六(一七八六)年より	1	
23	御侍中家来幷百姓追放等之儀控帳	宝暦五(一七五五)年より	1	

天保四年時点で行方不明となっている文書が把握されるとともに、天保九（一八三八）年十月に「坤御櫓入」となったものも記されている。**表2**は、天保六（一八三五）年の職制改革により公文書が整理されるなかで、刑法方で管理されたものに位置付けることができる。

表2で享保十（一七二五）年から同十七（一七三二）年までを収めた「追放帳」は、「御刑法方御帳目録」では行方不明とされたものの、現在は、熊本大学に寄託されている。[45] 刑法方とは異なる部署で管理されていたため誤認が生じ、藩庁で統一化された文書整理がなされていなかったことを示す。また、「手紙控」という文書は、元禄十三（一七〇〇）年から刑法方で管理されていたが、宝暦六（一七五六）年には「刑法方日帳」と改称、以降、保管されていた。「刑法方日帳」は現存していないが、公文書名称変更は、職務上の公私弁別を企図した宝暦の改革の一環と思われる。それは、「機密之間日記」や「御役所日記」、家老や中老への「窺帳」などが作成されていることからも推知される。宝暦期に藩政アーカイブの意識が醸成され、業務日誌を作成させる文書主義の徹底が図られたのである。

表2から熊本藩の法制文書の性格を①籠舎文書（入牢・出牢・牢死者記録）②調書・裁判文書（裁判・審議記録）③刑罰文書（量刑前後記録）④伝達文書（上申・部署間連絡）とに分類することができる。これは、「御刑法方御帳目録」にある「古諸帳」や「当分物」、「書物箱ニ入置諸帳」にも当てはめることができる。

「古諸帳」は、寛永・正保年中から文政七（一八二四）年までを収める文書群である。①に相当するものが「牢屋之儀付而覚帳」、②が「木挽町金右衛門御穿鑿之趣覚帳」や「御庄屋中富喜兵衛口書」、③には「科人之家財闕所之覚帳」や「死罪被仰付候日柄之覚帳」、「除墨帳」、④には、「御穿鑿奉行衆江相渡候控帳」や「御法事之節大赦被行候付科人御免且又将軍　宣下付而右同断江戸取遣控帳」がある。ここには、一個人に関する単独文書が多く、これらを非現用文書として管理していた。また、④に相当するものに恩赦文書があるが、「常憲院」（徳川綱吉）の三十三回忌法会や寛延三年四月二十日「大猷院」（徳川家光）の百年忌法会、寛延四年の「有徳院」（徳川吉宗）の初法会、延享元年十二月二日「松向寺」（細川忠興）百年忌法会などにあわせた熊本藩で出された恩赦文書があり、幕藩双方での赦の実施形態が記録されている。

「当分物」とは、正徳元（一七一一）年から文化四（一八〇七）年までの文書で構成された半現用文書に位置付けられる。①には「籠舎之者名付帳」、②に「公邊江懸候不念之儀ニ付差控等之儀控帳」、③に「誅伐者書抜帳」や「徒刑以下之者書抜帳」、「徒刑以下之者在所書分帳」、④に「非常之赦被仰付候ニ付御刑法宥者共書抜帳」がある。特に、③を多く収めており、「例帳」や「盗物本主江渡帳」もある。

「書物箱ニ入置諸帳」は、寛永元（一六二四）年より天明八（一七八八）年までの文書群で、現用文書の類といえる。①には「若火事之節牢屋之者支配仕様之覚帳」、「籠屋囲番人並下行持之荒仕子勤方誓詞前書控帳」、②には「相談帳」や「参談帳之内書抜」、文化二年からの「参談帳」、③には「科人追放之儀付而之覚帳」や「古宥死及追放並払出例書」、「遠慮帳」、④には「御飛脚番小頭江相渡候覚書」や「御郡代諸達之覚」などがある。ここには、職務上の法規となる文書が管理されており、宝暦五年の「御刑法定式沙汰帳」や「御刑法定式」、「御高札之写」、「壁書控」など熊本藩刑政の基本となる文書が納められていた。

三　熊本藩法制史料の相関性

口書の史料的性格

熊本藩法制史料には、幕府法や藩法、中国律に関する文書が含まれるものの、これは、「御条目」や藩法研究の方向性に従った法令集積意向が反映された結果でもある。また、熊本藩の法概念形成の中核をなしたのが「刑法草書」であり、文書編纂にも影響を与えている。その象徴的なものが、「盗賊」・「詐偽」・「奔亡」・「姦犯」・「闘殴」・「人命」・「雑犯」といった、「刑法草書」の編目名がつけられた文書であろう。これらは、確定罪状ごとにまとめられ、刑法方穿鑿役の利用に資するための配慮がみられる。この一方、量刑ごとに詳細に編纂されたのが「口書」である。「口書」は全一三一冊からなる史料で、おおむね縦が約三一・〇cm、横が約二三・〇cmからなる規格定型化された竪帳である。[46] 一般的に口書は、下僚が作成にあたり、口書案を当事者に読み聞かせ、異議がない時は、爪印（武士の口上書の時は捺印）させ、裁判の時に奉行から口書に異議がないかの確認がとられ、承認されてはじめて有効な口書が成立する。[47] 換言すれば、供述調書であり、量刑確定の根拠となっていた。

熊本藩「口書」は、宝暦五（一七五五）年から慶応三（一八六七）年に至るまで編纂されている。つまり、「刑法草書」成立と同時に編纂され始めており、一冊目の小口には、「従宝暦五年　至同十三年　口書　二冊之内」と記されている。この記載は文書を整理するなかで後筆されたものと考えられ、藩の文書管理の実態が垣間みられる。

「口書」は、これまで作成されていた「追放帳」が原型である。[48]「追放帳」は享保十（一七二五）年から同十七年、同十八年から元文元（一七三六）年、正徳二（一七一二）年から享保九（一七二四）年、元文二（一七三七）年から延享二（一七四五）年、延享三（一七四六）年から宝暦五年までの計五冊が現存するが、**表2**により寛文十（一六七〇）年には編纂されていた定式化した公文書である。これが名称変更され、「口書」として作成されていくようになる。

「追放帳」に所収される内容は、御国幷在所追放者之事／他所江被送遣者之事／科人被成御免御開所江被遣者之事／科人之女房娘上リ者ニ成候者幷百姓之女房ニ被下候者之事／出牢被仰付候者之事である。これらは一概に追放と認定できないものを含むが、判例集の形態をとっている。居住地・氏名にはじまり、供述内容をふまえた事件内容が記され、最後に量刑を明記する。なお、冒頭の氏名上には確定量刑が朱書きされている。

これは、宝暦五年から作成された「口書」との継続性をみる。「口書」は供述調書を上申する形態を維持しながら作成されたということは前述のとおりである。これは、「追放帳」の系統のもとで新しい法制文書として創出され、形式化されて編纂となったのである。なお、「追放帳」は消失したのではなく、「口書」と併存していたことは**表2**からも明らかである。「追放帳」から派生する形で「口書」の編纂が開始され、「口書」の作成意図から洩れる死罪関係は「誅代帳」として別帳化されていったのである。

熊本藩「口書」は、一定期間を経て、仕立て直されながら保存管理されていた。前述した「追放帳」三冊、ならびに「口書」一〜二冊目の表紙見返しには、共通して次の文字が記されている。

文政八年四月御手入　細工人諸帳支配兼帯　小佐井又蔵

立会御物書　吉田牛蔵

これら「口書」は、文政八（一八二五）年四月に手入れがなされている。ここには細工人諸帳支配兼帯の小佐井又蔵、立会物書役の吉田牛蔵が仕立て直す手入れをしたとある。諸帳方とは、原局から引き継いだ文書記録の整理と管理を基本的な業務としており、半現用文書を含めて管理・保存をおこなっている役方である(49)。先の記述により定期的に公文書が整理されていた実態が示される。

口書は切紙で作成され、伺いに対しては付札により返答されたことは前述の通りである。熊本藩刑法方（局）は、その文書原本を引き継ぎつつ追記して、「簿書」にしたためて「口書」なる文書を編纂した。そのため、原則、時系列の案件ごとに供述内容、上申書を所収し、付札についてもその旨が記載されている。最終的な量刑までを収めていることから、判例法的性格が強い公文書である。

被疑者が口書に印を押して証拠としたが、熊本藩「口書」には、その個所に「○」「△」と記されたり、なかには無印、花押のものもある。また、単に、供述調書というばかりでなく、上申している体裁を残した稟議書としての性格を有しており、口書という本来の供述調書としての体裁を意識しながら、簿書仕様の「口書」が編纂されたのである。

宝暦五年から同十三年までを収めた「口書」には、入墨幷笞之事／奪刀之者笞幷入墨追放／笞幷追放之事／出牢幷贖刑之事／御境目追放之事／姦罪之事／眉無幷無眉ニ而入墨之事／笞之事の八分類となっている。これが以降の基本原則となっているが、安永四（一七七五）年以降には雑戸が加わり、他の項目は加除統合されているものもある。このように、「口書」は、当該年の量刑を基本に編纂していき、これとは別に「追放帳」や「誅伐帳」が作成された。これに「人命」や「盗賊」などといった「刑法草書」の編目に従った便宜的な判例集、さらに一次的に利用される付けられる。

「例」が作成されたのである。その内容から「口書」が司法文書の基幹となり、関係文書が編纂されていったと位置

法制文書の利用体系

裁判過程のなかで供述調書の「口書」が作成されるが、この時、適宜「刑法草書」などが参照され、しかるべき量刑確定に至って、「口書」（＝簿書）として集約される。その審議過程では「刑法草書」はもとより、明律や清律も参照されていたが、安永三（一七七四）年六月にこれが改めるように指示される。「参談書抜」によれば、(50)

一御刑法方寄合之節、明律清律出シ候ニ不及旨、平太左衛門殿被申聞候事

安永二（一七七三）年に定日寄合での量刑審議となったが、その際に、明律・清律を根拠として報告するまでは求めていない。換言すれば、それまでは、「刑法草書」にあわせて、明律・清律の根拠も求められていたことを裏付ける。「刑法草書」と同時に、依然として中国法にも依拠した二重に適法性を確認して刑罰を決定していたのである。そこには「刑法草書」の不安定さを刑法方役人が認識しているかのような姿勢さえ看取される。

先に挙げた「参談書抜」は、「参談帳」や「日帳」、「口書」などから抜き出して編集したものである。(51)「参談帳」は、明治三（一八七〇）年作成「御刑法草書附例」（国立国会図書館蔵）の「自ら罪状を訴出」の項目の例書には「僉議之趣参談帳書抜ニ録之」、「倉庫幷堅完之所を破る」の項目の例書に「委参談帳ニ記録いたし置候事」、「牛馬を盗」の例書部分に「右之通相究候趣委参談帳ニ記録有之候」や「参談帳ニ記録」とあり、「参談帳」との併用性が随所に認められる。

さらに、「口書」と個別判例集との相関性も同じように確認することができる。例えば、前述した「例」という判

例集があるが、これは、「刑法草書」の編目に従いつつ、第一冊には「御刑書ニ無之稜」が項目立てられており、「刑法草書」の補完的な判例集と位置付けることができる。

「例」は罪人を裁くにあたり最初に用いられる現用文書である。それは、「例」に補足的に記されている文言からも伺い知れる。例えば、「例」第一巻の明和四（一七六七）年九月十九日の窃盗犯の大次郎の判例の一部をみてみよう。

十五歳以下都而御刑法之通笞刑被宥、窃盗之類ハ御刑法場見せしめ叱ニ可被定置段、天保十三十月坂下手永鍋村岩吉僉議ニ相究候付而ハ此例引用難成方ニ可有之因而以下之　類例ニも〇此合印を付置候事

全ての十五歳以下の者は刑法の通りに笞刑を宥免とし、窃盗であれば刑法場で見せしめて叱とする。これは、天保十三（一八四二）年に坂下手永の岩吉の僉議で決定したことなので、今後はこの例を引用しないようにと記している。大次郎は、三十五匁五分程の盗みをしたうえ、「言懸」したとして七十笞となっている。以降、これを判例として裁くことがないように指示しており、刑法改正にともなって、当該判例を用いないように書き加えられたのである。大次郎の判例のほか、金三（十三歳）が四十笞になった判例や、林平や太次郎、松蔵などの判例にも「〇右同断」や「〇此例引用難成哉之趣口ニ記ス」とあり、引用しないようにと付記される。これからは、「例」が裁判にあたって引用されていた判例法としての性格をあらわし、現用文書としての判例集であったことがわかる。また、天保年間に追記がみられることから天保十年の「刑法草書附例」との関連性も意識されている。

「例」を引用するにあたって、詳しくは別の文書をみるようにと記されていることも多い。例えば天保六（一八三五）年の市太郎の判例の末尾には、「例書之僉議幷此節相究候趣其委敷ハ参談帳ニ書抜置候事」とあり、「参談帳」に詳細が記してあることを付記している。「参談帳」には、「出奔」（明和二年）の足軽谷村嘉次郎の但書に「嘉次郎儀十六才ニ相成候付被宥趣ハ参談帳ニ有」と記され、「参談帳」との相関性が示される。このように、事件が生じた時、

刑法方役人は、まず「例」を以て過去の判例を選定し、さらに、詳しい状況を知る必要があれば、「参談帳」や個別判例集を参照していたのである。

以上をふまえたうえで、〝ちよ〟（十五歳）の事例から具体的に文書活用の実態を検証していきたい。〝ちよ〟を取り上げるのは、「口書」以外に、「例」や「盗賊」、「小盗笞刑」にも所収されているためである。

〝ちよ〟の「口書」は、安永九（一七八〇）年七月八日に作成された。ちよは、安永八年十二月十九日に盗みを罪状に穿鑿をうけることになる。冒頭部には、ちよの生い立ちや盗みを行なった当時の状況が記される。そして、母親とも八～九年前に離別してしまう。ちよは物貰の母親から聞いたところによると、二歳の時に父親を亡くした。そして、虚言しながら各所で奉公をつとめ、小野猪右衛門宅で奉公稼ぎしている時に盗みを働く。盗み取ったものは後で質入するつもりで隠していたところ、小野猪右衛門の息子、宇内が室内の衣類等がないことを不審に思う。脇指を片手に、ありのままに話さなければ斬りつけるとちよに厳しく詰問すると、隣に住む坊主の義正から頼まれたと話した。

そこで、義正を呼び出し聞き取りすると身に覚えがないという。十二月十九日に廻役に引き渡して取り調べが続けられ、義正は拷問にかけられるも「不存」の由を申した。結局、ちよの義正への「申懸」（「言懸」）と判断された。ちよが盗んだのは役者染木綿綿入などで、品代は一四〇匁五分だった。これを裁くにあたり、次の判断が下される。

白紙付札

此女当年十五歳罷成申候、御刑法草書之内十五歳以下之者徒刑以下を犯候ハヽ、贖を以宥之と有之、十五歳迄贖刑被仰付方と相見申候明律をも見合申候処右之通御座候、然処無宿之女ニ而贖刑力役ニも難被　仰付御座候、然処田迎手永御物庄屋江被引渡候ハヽ、手永内江在付ヶ申度由申出候段、内達有之候付、其通被　仰付ニ而可有御座候得共盗仕候者一通ニ而被引渡候迄ニ而ハ難相済可有御座候、贓数十五貫文以下六十笞相当御座候得共、根元贖

刑可被　仰付者ニ付、贓数ニ無拘十笞可被　仰付哉と僉儀仕候事

ちよの事件は、まず「刑法草書」を参照し、十五歳以下の者が徒刑以下の罪を犯したら贖刑にして宥免する根拠を求めた。さらに、「明律」も見合わせており、慎重に適法性を検討していることがわかる。前述で明律での検討は無用とされながらも、現場では依然として明律に依存していたことがわかる。この行為からも、「刑法草書」を裁く根拠としながらも明律を照合して法的整合性を現行で認めていたことがわかる。結果、ちよは贓数六十笞相当ではあるが、無宿であることや田迎手永庄屋へ引き渡すことなどが考慮されて、贓数に関係なく十笞となった。

この概要をふまえたうえで、関連する法制史料から、ちよの記録をみると、まず、「例」の老人幼少之者犯事の項に収められていることを確認できる。

無宿之女　ちよ　十五才

○此例引用難成哉之趣此口ニ記ス

同年二月五日

右者致盗候処隣江居候坊主義正勧ニよつて盗取候段無実之儀申遣候、十五才迄者贖刑可被仰付者ニ有之候処、無宿之女贖刑力役茂難被仰付無味ニ指置儀も難成候間、贓数無拘十笞

ちよは盗みをしたことを隣に住む坊主の義正に勧められたという虚偽を供述した。十五歳までは贖刑を仰せつけるところであるが、無宿の女であるため、贖刑や力役（徒刑）を下すことが難しい。そのため贓数に関係なく十笞にすることとなった。ここには、簡潔明瞭に記され、まさに判例手引書の形態をなしている。続いて同判例は、「盗賊」に次のように記されている。

無宿之女　ちよ　十五才

同十年二月
右者小野猪右衛門与申者方へ奉公いたし、家内留守之節衣類盗取隠置候処相顕候ニ付、隣へ居候坊主義正勧ニて盗取候段義正へ相渡候段申出ニ付、義正被召込候処、盗之申懸いたし候付贓数之笞刑可被仰付処、十五才以下ニ付十笞

基本的には、「例」と同じ内容が記されているものの、相違点として次の五点がある。それは、①奉公先の記載②窃盗時の状況③窃盗品④共犯容疑の義正の取り調べ状況⑤ちよの「申懸」の確定である。これは「口書」の簡易版ともいえるもので、窃盗時の状況から被害物品、盗み以外に「申懸」という罪状までも記している。本来は、贓数相当の笞刑となるべきところだったが、十五歳以下ということで十笞となったことがわかる。これは、事件の概要から量刑までの流れが首尾よくまとめられている。「例」には、十五歳までは贖刑であること、無宿者に対する贖刑の検討など、量刑判断の材料が記されていたものの、「盗賊」は状況を含めて要点をまとめた内容となっている。

次に「小盗笞刑」に書かれている内容は左記の通りである。

無宿之女　ちよ　十五才
同十年二月
右者小野猪右衛門と申者方江奉公いたし、家内留守之節衣類盗取隠置候処相顕候付、隣江居候坊主義正勧ニ而盗取候段義正へ相渡候段申出候に付、義正被召込候処、盗之申懸いたし候付贓数之笞刑可被　仰付処、十五才已下ニ付十笞

これは、「盗賊」とほぼ同一文言となっている。その内容からは、「盗賊」を筆写したものと思われる。「小盗笞刑」は、天保十年の刑法草書を編纂するなかで、小盗みを罪状として笞刑となった者だけを収録したものである。

「刑法草書」で「窃盗」は、宝暦十一年に「一窃盗既に行ひ候共、未盗得者ハ笞二十」とあったものが、天保十年では「一窃盗既に行ひ候共、未盗得者ハ軽重に依て十笞或ハ二十笞」と変更された。これにより、十笞にするか、二十笞にするかの判断基準を明確にするために、「小盗笞刑」が作成された。そのため、十笞となった〝ちよ〟の判例がここに収められたのである。

なお、ちよの裁きは異例のものであった。それは、「例」の冒頭で引用しないようにと記されていることからも裏付けられる。特異な例ではありながらも、盗賊を罪状としたり、笞刑の量刑判断の材料として情報が管理されていったのである。これらの相関性のある文書からは、事件が生じた際にまず「例」を引用することに始まり、より詳細な情報が必要となれば個別判例集を参照する。さらに吟味することになれば「口書」を参考にするという段階を踏んだ運用がなされていたことがわかる。

むすびにかえて

熊本藩法制史料群は、幕藩双方に重層性が認められるとともに、相関性を持ち合わせて構成されている。現存する熊本藩法制史料は散逸などにより一部に過ぎないものの、そこからは幕藩体制を反映した公文書が集積されていたことがわかる。当初から、現用文書・半現用文書・非現用文書を意識しながら、種別ごとに管理されていたのである。

熊本藩法制史において、「刑法草書」の成立は一画期というべきものである。宝暦の改革による司法制度の改編は、穿鑿所の設置などによって具現化されていった。つまり、司法に携わる法曹役人（専官）の創設は、藩政機構の再編を象徴するものだった。彼らが活用した「刑法草書」は、中国明律を参考にしていたことは先論の通りであるが、その運用にあたっても、明律は影響を持ち得ていた様子が詳らかになった。「刑法草書」が参考にした中国法を遡及的に認めていたのであるが、それは、「刑法草書」の未熟さを示している。つまり、熊本藩法圏は、幕府法・藩法・中国法といった三重構造による体系を築いていたのである。

また、法曹役人は、「口書」から抽出して便宜的にまとめられた「人命」や「盗賊」などといった個別判例集や「例」を作成する。それは、司法業務の効率化のためであるが、その一方で、適法性には注意が払われていた。ここに収められた判例法を活用するにあたっては慎重にするよう所見まで記されている。そこには、刑法方という司法専官としての能力に裏打ちされた動機付けがあり、時宜の法に従った合法的な裁きを実現するための文書主義に立脚した体制を希求する意図があった。そして〝更新性〟を意識した文書を編纂していたことも看過できない。

刑事事件を審議するにあたっては、罪状にあった判例集と「例」を選定する。そして、「刑法草書」や中国律を参照するとともに、「口書」を用いながら適法性を精査して量刑を導き出し、最終判断が下された。こうした経緯で編纂された「口書」自体が最終的な判例法としての性格を有することになった結果、基幹的な文書として定着していった。熊本藩庁では、「刑法草書」かつ「口書」に依拠しつつ、多くの個別判例法を作成し、そこに汎用性を考慮しながら縦横断的に文書を編纂していったのである。

註

（1）池辺義象『銀台公』（吉川弘文館、一九〇七年）七九頁。小林宏「刑法草書と式目と律令と――前近代の法典編纂」（『創文』三八一号、一九九六年）一〜五頁。

（2）金田平一郎「熊本藩『刑法草書』考」（『法政研究』一二、一九四二年）をはじめ、八重津洋平「『刑法草書』を中心とした熊本藩の刑罰体系について」（『法と政治』八号、一九五七年）などで指摘をみる。

（3）高塩博『日本律の基礎的研究』（汲古書院、一九八七年）四二四～四二六頁。
（4）高塩博「熊本藩『刑法草書』の成立過程」（『國學院大學日本文化研究所紀要』六五～六九号、一九九〇年～一九九二年）。のちに小林宏・高塩博編『熊本藩法制史料集』（創文社、一九九五年）に載録。
（5）史料請求番号文―下―四四。熊本県の罫線紙に記入されている。
（6）森田誠一編『永青文庫　細川家旧記・古文書分類目録』正編（細川藩政研究会、一九六九年）。
（7）森正人「永青文庫熊本大学寄託和漢書の蔵書構成」（森正人・稲葉継陽編『細川家の歴史資料と書籍』吉川弘文館、二〇一三年）一三〇頁。
（8）稲葉継陽「熊本大学寄託永青文庫細川家史資料の構成と歴史的位置」（森正人・稲葉継陽編『細川家の歴史資料と書籍』前掲書）四～五頁。
（9）史料請求番号一〇―一―四。
（10）史料請求番号八―五―一三―一―一、八―五―一三―二。寛永十二年六月の武家諸法度の写本が作成されている。
（11）安高啓明「幕藩制国家と地域支配」（出口雄一ほか編『概説日本法制史』弘文堂、二〇一八年）二六一頁。
（12）史料請求番号「元和二年ゟ公義法度書書」は文―二三、「公義幷御時分御法度類」は文―下―五一、「公義御法度書扣」は一〇―九―七。
（13）安高啓明「『公事方御定書』の伝播過程」（『法史学研究会会報』第22号、二〇一九年）六八～八六頁。
（14）安高啓明『踏絵を踏んだキリシタン』（吉川弘文館、二〇一八年）一〇九～一二二頁。禁教政策を通じて、細川忠利は長崎奉行との関係を密にしながら幕府法を遵守する姿勢を示した。
（15）山本博文『鎖国と海禁の時代』（校倉書房、一九九五年）一四二～一四四頁。
（16）史料請求番号一二―二三―三三～三五。
（17）順に史料請求番号二六―一―二―一一―一一、文―下―四〇、文―下―四一。
（18）安高啓明『踏絵を踏んだキリシタン』前掲書、一一〇～一一一頁。

(19) 小林宏・高塩博編『熊本藩法制史料集』前掲書、一二六四頁。
(20) 史料請求番号一三―九―二―一一。
(21) 小林宏・高塩博編『熊本藩法制史料集』前掲書、三三二～三五頁。
(22) 史料請求番号一三―一〇―一～一〇、一三―一一―一～四、一三―一一―五―一。
(23) 鎌田浩『熊本藩の法と政治』前掲書、二九一頁。
(24) 史料請求番号一三―一二―一六。
(25) 史料請求番号一三―一一―六～七。
(26) 鎌田浩『熊本藩の法と政治』前掲書、三〇〇頁。「刑法草書」成立以降も追放願などで執行されており、完全になくしたわけではなかったとの指摘をみる。
(27) 史料請求番号一〇―五―二六―一～三、一〇―五―二七―一～二、一〇―五―二八―一～二。
(28) 安高啓明・川端駆「御穿鑿所引取書達控」(二)(『永青文庫研究』第二号、二〇一九年)一〇五～一二八頁。二冊からなる。
(29) 「萬覚帳」は史料請求番号一一―七―二二、「御穿鑿所引取書達扣」は一三―九―二一、「御刑法方定式」は一三―九―一一。
(30) 史料請求番号一三―九―二六―一、一三―九―二四。
(31) 史料請求番号一〇―一三―一―一～一〇―一五―一五。明治年間のものは江戸期のものとは性格が異なる。
(32) 史料請求番号一三―九―二九。
(33) 史料請求番号一三―九―一四。なお、ほかの死刑一巻帳目録には、幕末期の事例を収めている。
(34) 史料請求番号一三―九―一八。宝暦五(一七五五)年から文政八(一八二五)年までを収める。
(35) 鎌田浩『熊本藩の法と政治』前掲書、二九八～二九九頁。
(36) 武藤厳男・宇野東風・古城貞吉編『肥後文献叢書』(二)(歴史図書社、一九七一年)一二三頁。「官職制度考」は、奉行所根取の垣塚文兵衛成章が著した奉行所の分職録である。
(37) 史料請求番号神番外一―二。

(38) 武藤厳男・宇野東風・古城貞吉編『肥後文献叢書』(一) 前掲書、一二三頁。なお、受場廻は十二人ずつで昼夜巡回してまわり窃盗を捜索することを本務としていた。
(39) 平松義郎『近世刑事訴訟法の研究』(創文社、一九六〇年) 七七八～八〇四頁。罪科分明の程度に関する法的根拠がないこともあわせて指摘する。
(40) 安高啓明『近世長崎司法制度の研究』(思文閣出版、二〇一〇年) 三〇一～三〇二頁。
(41) 鎌田浩『熊本藩の法と政治』前掲書、一一八頁。
(42) 今村直樹「近世後期の手永会所と地域社会」(稲葉継陽・今村直樹編『日本近世の領国地域社会』吉川弘文館、二〇一五年) 一九七頁。
(43) 吉村豊雄「熊本藩宝暦改革の歴史的位相」(稲葉継陽・今村直樹『日本近世の領国地域社会』前掲書) 七七頁。
(44) 史料請求番号一三―九―一。
(45) 史料請求番号一三―一一―七。
(46) 熊本大学文学部附属永青文庫研究センター編『熊本大学寄託永青文庫資料総目録』歴史資料編3 (熊本大学文学部附属永青文庫研究センター、二〇一五年) 九三二～九三八頁。
(47) 石井良助『日本法制史概説』(創文社、一九六〇年) 四七七～四八一頁。口書は、百姓、町人にだけ用いられ、武士、僧侶、神官には口上書といった。
(48) 熊本大学文学部附属永青文庫研究センター編『熊本大学寄託永青文庫資料総目録』歴史資料編3前掲書、九三二頁。
(49) 高橋実「熊本藩の文書記録管理システムとその特質 (2)」『国文学研究資料館紀要 アーカイブズ研究篇 (3)』(国文学研究資料館、二〇〇七年) 三一～三二頁。なお、諸役方が設置された時期は不明とする。
(50) 小林宏・高塩博編『熊本藩法制史料集』前掲書、八二四頁。
(51) 小林宏・高塩博編『熊本藩法制史料集』前掲書、一〇五頁。

第六章　熊本藩「結果責任主義」克服の歩み

山中　至

はじめに

『刑法草書』は罪を犯す意思に着目して犯罪を類型化している。殺人の罪について概観すれば、予謀の有無によって、謀殺と故殺を区別して、人命編「謀殺」条と「闘殴し及故らに人を殺」条に規定する。「謀殺」条によれば、謀殺の造意者は全く実行行為を行なわなくても「首」（＝正犯）であり（第一項）、実際に手を下して殺害した者（＝加巧者）は「従」である。造意者は実際に参加しなくても「斬即決」であり、加巧者の「刎首即決」より加重された死刑である（第二項）。謀殺の未遂犯は闘殴編「闘殴」条を準用して、相手方が負った傷害の程度に応じて量刑するが、同条の法定刑に三倍加重する。廃人となれば造意者は「刎首」、加巧者は「刺墨笞百徒三年」、加巧しなかった者は「笞七十」である。故殺は予め謀ることなく故意をもって人を殺す罪であり、「闘殴し及故らに人を殺」条に、故らに人を殺害した者は「斬」（秋後決＝秋分から春分までの期間に死刑執行する）とある。故殺の未遂犯については法条がないが、謀殺未遂の場合に「闘殴」条を準用していることを勘案すると、同じく同条を準用したと考えられる。闘殴殺（＝暴行致死）については、「闘殴し及故らに人を殺」条に「刎首」とある。数人申合せた闘殴殺であれば、致命傷を加えた者が「刎首」、造意者は「刺墨笞百徒三年」、それ以外の者は「刺墨笞百」である。傷害致死は「故らに人を傷る」

条に「刎首」とあり（第一項）、闘殴殺と同刑である。本条は傷害罪について（傷害罪は「笞八十」以上である）「闘殴」条（暴行罪と暴行致傷罪に関する規定）を準用しており、傷害致死罪については闘殴殺条に準じたと言うこともできよう。

他方で、幕府刑法典である『御定書』は、殺人の罪について、加害者と被害者の間に主従・親族・師弟・支配関係がない場合（＝「通例之人殺」）は、「人を殺候もの、下手人」とする。「巧」と「与風」の区別（＝謀殺・故殺にあたる区別）はあまり問題とならず、殺人の故意（「可殺心底」、「可殺所存」）が「通例之人殺」の成立要件として必要であるとも言えない。『御定書』では行為の結果が重視され、「行為が人を殺す」、「事実が人を裁く」という結果責任主義が妥当し、それ故に未遂は処罰されなかった。(1)

以下、本稿では、熊本藩刑事判決録である『人命　宝暦五年～天保五年』(2)（全三冊）の中から、重要な判決例を精選して、『刑法草書』における「結果責任主義」について考察する。

一　闘殴殺の故意（「初より殺候造意は無之」）について

1-1 判決1 「文化十四年七月廿二日　伝兵衛、幸助致死一件」であるが、伝兵衛が酒に酔って幸助と口論に及び、打擲したところ、追って幸助は相果てた、とある。

（奉行副役・松村英記僉議）　この伝兵衛の罪状は口書の通りであり、「最初より打殺候造意は無之」、酒に給酔立腹の余り何の思慮もなく打擲したところ、相手幸助は追って相果てた。「御刑書ニ人を殴因て死を致候ハ、手足他物を不分並ニ刎首と有之候間」、勿論「刎首」と見込んでいるが、軽からざる儀につき念のため類例吟味したところ、別紙の通りで「死ニ入候例」もあり、又「死ニ入不申例」もある。「死活之境迷蒙仕候、已来心得ニも相成候間御衆議可被下候事」。

（奉行・大河原次郎九郎僉議）　松村英記僉議にある類例（先例）の中で、刎首を被宥（減軽）された判決例を批判。

（ⅰ）寛政十二年十二月教悦支配物貫・宇平次については、過酒による余病引発の疑いあることを減軽事由とすべきでない。闘殴殺傷の多くは過酒によるものであり、減軽となれば自然と民も知る処となり殺傷事件が増加する。

（ⅲ）文化六年十二月池田手永柿原村・磯右衛門については、「初より殺候造意ニてハ無之」を減軽事由として、死一等を宥ているが、如何程の意味があるのか疑問である。闘殴殺条には「人を殴テ因て死をいたし候ハ丶、手足他物を不分並ニ刎首」とある。また人命編「故らに人を傷る」条第二項には、「故らに人の家屋を指て瓦礫を投候類、因て人を傷候ハ丶、闘殴条ニ因て論（シ）、致死候ハ丶、刎首」とある。この「故らに人を傷る」条項は素より「初より殺候造意」有るべきようがなく、特定人を目当にしていないが死に至れば刎首に決まるとある。この場合は闘殴条を準用して「刎首」としており、ここから本来闘殴して死に至れば（＝闘殴殺）「刎首」に処することは明白に理解できる。朱子の説もこの御刑書の考えと符合する。

（大奉行・島田嘉津次僉議）　次郎九郎僉議については異論はないが、ここで取り上げられた例書（先例）は容易には非例とは究め難く、以後共に「生死之境」（減軽するか否か）は精々念を入れ、刑条の文言だけでなく「情緒」を勘案することが大事である。古説等はある目的のために説かれた所もあり、説かれることは多様であるから、自説の補強のため引用するときは能々考えるべきである。

（奉行副役・松村英記総括）「此伝兵衛儀、最初より打殺候造意ハ無之候得共、相手死ニ至候間闘殴殺因て刎首、但右之類被宥候例有之、甚疑惑仕候間衆議仕候処、別紙之通ニ付本行之通僉議仕候事」。

文化十四年七月廿二日（伝兵衛）判決の僉議において、論点の一つは、闘殴殺で「初めより殺候造意ニては無之」

は減軽事由になるか、である。この論点に関する僉議の結論（奉行副役・松村英記総括）としては、「初めより殺候造意ニては無之」は致死事件の減軽事由とはならないということであった。闘殴殺は闘殴致死のことであるから暴行・傷害の故意で足りるものであり、「初めより殺候造意ニては無之」でも闘殴殺は成立するのである。闘殴殺罪では「初めより殺候造意ニては無之」場合なのであるから、それを減軽事由にする先例はそもそも誤判ではないかと考えられよう。人命編「故らに人を傷る」条第二項「故らに人の家屋を指て瓦礫を投候類、因て人を傷候ハ、闘殴条ニ依て論シ、死をいたし候ハ、刎首」は、刑法草書では故意・過失を犯罪の成立要件としていることを勘案すれば、未必の故意の問題を孕んでいると考えられるのであるが、ここでの僉議では未必の故意論への展開は窺うことができない。他方で、闘殴殺条を準用する「故らに人を傷る」条第二項の解釈から、図らずも闘殴殺条は殺人の故意を必要とするものでなく、暴行・傷害の故意で足りるということが明確となった。

・・・・・

資料／【判決１】（**整理番号一四三**）(3)

文化十四年七月廿二日　中村手永中村　伝兵衛

「病死ニ付穢多取捨」

右は酒ニ給合内田手永菰田村幸助と及口論致打擲候処、追而幸助儀相果候、

松村英記筆

此伝兵衛罪状口書之通ニ而、最初ゟ打殺候造意は無之、酒ニ給酔立腹之余何之思慮も無ク致打擲候処、相手幸助は追而相果候、御刑書ニ人を殴因而死を致候ハ、手足他物を不分並ニ刎首と有之候間、勿論刎首之者と見込候得共、不軽儀付為念類例吟味仕候処、別紙之通ニ而右等之類死ニ入候例も有之、又死ニ入不申例も有之候、書ニも惟刑之恤知と有之候間、外々之罪科ニ候ハ、例有之候

上ハ譬不軽ニ失し候共生路之僉議可致候得共、相手既ニ死亡いたし候而は容易ニ生路僉議も難致、依而深川手永道場村弥右衛門・廻江手永中宮地村物貫清助列ニ因而刎首之僉議可致哉、又ハ教悦支配卯平次・柿原村磯右衛門例ニ因生路僉議可致哉、死活之境迷蒙仕候、已来心得ニも相成候間御衆議可被下候事、

英記自筆

此伝兵衛儀、最初ゟ打殺候造意ハ無之候得共、相手死ニ至候間闘殴殺因而刎首、

但右之類被宥候例有之、甚疑惑仕候間衆議仕候処、別紙之通ニ付本行之通僉議仕候事、

例

（i）寛政十二年十二月　教悦支配物貫　宇平次

（ii）文化九年十月　深川手永道場村　弥右衛門

（iii）文化六年十二月　池田手永柿原村　磯右衛門

（iv）文化九年十月　廻江手永中宮地村　清　助

分職外大河内次郎九郎自筆

本紙伝兵衛儀ニ付御僉議之旨趣ハ有之候得共、例御吟味之処死活双方之例有之、不軽事ニ付御衆議ニ被懸との儀候間懸意左之通、活路ニ相成候ニ例得度解兼申候、（i）教悦支配宇平次焼酒給候ニは相違無之相見候処、夫ニ付腹内申分ニ因而果候哉と申儀如何程ニ可有之哉、是を以活路ニ被付候儀ニ候ハ、十ニ七八活セさるハ有之間敷、闘殴して及殺傷候程之儀は多クハ過酒ゟ起、ケ様之所を以被宥候ハ、自然と下ニ意味も通闘殴殺傷次第ニ相増、仁之如ニして不仁之方ニは趣キ申間敷哉、

一（iii）柿原村磯右衛門僉議之内――死刑可被処哉之処、初ゟ殺候造意ニ而ハ無之相聞候間、右躰之者追々死を被宥候例ニ因而死一等を宥候と有之候、何程之意味ニ有之候哉落付兼申候、則御付紙有之通人を殴テ因而死をいたし候ハ、手足他物を不分並ニ刎首と有之、亦故らに人の家屋を指て瓦礫を投候類因而人を傷候ハ、闘殴条ニ因而論、致死候ハ、刎首と有之候、此条素ゟ初ゟ殺候造意可有之様無之、其人を目当ニ不致事なから死ニ至候得は刎首ニ極ルと相見申候、然ハ闘殴して死ニ至レハ刎首ニ処る儀明白ニ

相分候様御座候、朱子之説之由承申候、定而御覧為被成ニて可有之候得共記申候、
今人説軽刑者只見所犯之人為可憫而不知被傷之人尤可念也、如劫盗殺人者多為之求生殊不念死者之為無辜是知為盗賊計而不為良民地也、若飢荒窃盗之類猶可以情原其軽重大小而処之、
御存之通私儀は不学文盲ニ候へハ得度解も不致候得共、味有之様御座候、尚御考可被成候、此説と御刑書之意と符合いたし、例ハ合兼候得共此例は安直申候、尤相手幸助儀医者之容態書ニは酒毒之様ニと之由候得共、口書通ニ候へハ幸助ハ夫迄不快之様子も相見不申、却而伝兵衛を介抱いたし候処、荷イ棒ニて打倒され面部ゟ破血いたし候所ニ而重容態と相見候由、打候者ゟ申出候儀御座候得ハ、殴レ候而死ニ至候儀無相違儀と相見候間、伝兵衛儀刎首ニ被処方ニ可有之哉、
但不及申不容易儀ニ思慮も無之臆説故、勿論得度御考議可被成候事、
島田嘉津次殿付札
此僉議は存寄無之候、然処例書之内容易ニ非例ニは究かたく已後共生死之境ハ精々入念、刑条計ニ因不申情緒を尋ね可申事ニ候、古説等も段々さし所有之為ニする所有之、被説置候儀多有之、自分説ニ引合せ自分説之力ラニ取込候躰之儀当時は有之候へ共、古説を引立候時ニハ能々可考事と存候、

◇**引用先例**

（i）（**整理番号〇六五**）(4)

寛政十二年十二月　　教悦支配物貰　宇平次

右は同支配定平・善次郎・岩松・磯吉と申者共半夏堀ニ罷出、追々ニ出逢御馬下小屋之酒屋ニ立寄、定平・善次郎三人ニ而焼酒壱升五合調給候而戯居候内、茶売通り掛り候付茶売り之真似いたし候処、立留り茶売ニ何用有之候哉と咎候付早速相断候処、定平・善次郎ゟ相手ニ罷成候由ニ而仕掛候付押留、左候而猶又下之酒屋ニ而酒五合飲合、三人共前後不覚ニ相成、前条茶売と喧嘩不為致比興もの抔と頻ニ悪口いたし候付酔之余腹立棒を以打擲いたし候様薄々覚居、翌日岩松・磯吉猶半夏堀ニ参候付、前日之次第尋候へハ棒を以定平を六ツ七ツ打擲いたし、定平儀其後水堀ニ転込候様子等承り驚、定平儀定而善次郎方え止宿いたし居可申と三

人同道参居候処、途中ニ而定平妹ニ行合定平儀今朝高平村三宮社門前ニ而相果候段申聞候事、

此宇平次――定平儀打擲ニよつて相果候哉、余計之焼酒を給候ニ付腹内申分ニよつて果候哉、両様之内不分明疑罪之者ニ付解死人ニは難被仰付可有之哉、別紙例書之見合を以て額刺墨百笞徒三年之処、惣貫ニ付額刺墨百笞、

例

「前条記置候」寛政十一年九月　　南関手永肥猪村　茂三次（**整理番号〇六三**）

「此例相当と見候事」

安永九年九月　　御長柄之者　喜右衛門（**整理番号〇一六**）

（ii）（整理番号一二五）⑸

文化九年十月廿七日　　深川手永道場村　弥右衛門

右は蔵満村代平次と申者商之為持越候猪肉を求、代銭不払之処ゟ申分ニ相成、代平次儀鍬之柄を以打懸候付、荷棒を以手強及打擲手疵を負せ候処、代平次儀追而相果候、闘殴殺之条ニ就刎首、

例

文化四年十月　　南関手永野田村　庄右衛門（**整理番号〇八八**）

（iii）（整理番号〇九〇）⑹

文化六年十二月廿一日　　池田手永柿原村　磯右衛門

右は酔躰ニて同村和平次ゟ被蹴候を怒り、和平次を捕水除ニ投候処、気絶いたし無程相果候、初ゟ殺候所存ニてハ無之候得とも強儀之及仕形候処ゟ死ニ至候、

白石清兵衛自筆

此磯右衛門儀闘殴之条ニ因強儀之取計いたし相手死ニ至候付、死刑ニ可被処哉之処、初ゟ殺候造意ニてハ無之相聞候間、右躰之者追而死被宥候例ニ因死一等を被宥、額ニ刺墨百笞徒三年之刑ニ可被処哉之処、徒刑被差止候付額刺墨百笞之刑可被処哉、但重而犯候ハ丶、死刑可被仰付哉、

例

宝暦十年二月　菅尾手永西竹原村　金右衛門（**整理番号〇一一**）

寛政十二年　教悦支配　宇平次（**整理番号〇六五**）

宝暦九年七月　上益城中嶋村　惣左衛門（**整理番号〇〇九**）

（**iv**）（**整理番号一二四**）(7)

文化九年十月廿七日　廻江手永中宮地村物もらい　清　助

右は途中ニ而名不存物貰ニ出逢、右之者村内ゟ笠壱枚持越候付、如何いたし手ニ入候哉と相尋候得は盗取候段申答候付、物もらい之身分ニてハ盗不致共諸人ゟ疑れ、吟味ニ逢候儀間々有之候付可相慎旨申聞候へハ、彼者ゟウスカ丶モウナト及返答候間、酒ニ酔居候間直ニ拳ニ而致打擲候へハ、彼者立腹いたし及過言候間、井杭を以及打擲候処村方之者相宥候付見合置候へとも、怒気相止不申猶又杭木ニて致打擲候付逃去、道端ニか丶み居候を見受、不埒返答いたし候趣申聞、四五及打擲候間倒候付夫限ニいたし相別候処、右之者ハ相果候、

小山門喜自筆

此清助儀、盗之異見いたし候儀ハ其分之事候処、杭木を以強及打擲候処より死ニ至候付、別紙例ニ因闘殴殺之条因而刎首可被仰付哉、

例

寛政三年十二月　菅尾手永稲生村義平下人　伴　蔵（**整理番号〇四八**）

1-2　文化十四年七月廿二日（伝兵衛）判決と同様に、判決2「天保五年十一月十八日　八百八、紋平致死一件」でも、人命編「故らに人を傷る」条第二項を援用して、闘殴殺条を解釈する。人命編「故らに人を傷る」条第二項について、「（奉行・佐田右平再議）家屋ハ人之居候所ニて万一誤て人を殺傷すへき瓦礫之類は堅ク投へき所ニて無之、然るを故らに其仕形ニ及ひ因て人を殺傷いたし候ハヽ、初より殺傷之造意有無不抱書面之通刎首之刑被処儀と相見申候」。そうであるならば荷棒で故らに人を打擲、因って致死させた八百八は、「初より殺傷之造意無之」（当該事件は致死事件であるから、殺傷の造意ではなく殺の造意というのが正しいと考えられる）と言うを以て、御法会の赦で死を被宥することはできないと僉議する。被宥は「御法之緩（み）」になるし、御法会は稀なることでその有無で死活の幸不幸となるのは落着兼ねる。

・・・・・

資料／【判決2】（整理番号一二五四）(8)

天保五年十一月十八日　　出京町人数ニ而池田手永宮内村ニ居候　八百八

右は、新桶屋町人数ニ而同村ニ居候紋平と申者と酒給合候末、同道罷帰候途中、互ニ和厄をいたし合候内紋平ニ仕懸、双方髻を取摑合喰付なといたし候を、同道之者ゟ引分、両人道を替差帰シ候処、八百八儀立戻り、荷棒を以紋平頭上を手強ク致打擲疵を負せ候処、一旦気絶いたし無程生気ニ相成候得とも、其夜傷ニよつて相果候、

佐田右平自筆

此八百八儀、人命条人を殴因而死を致候ハヽ、手足他物を不分幷刎首と云を以、八百八儀刎首之刑、本行之通ニハ候得共、八百八儀紋平とハ平日至而心安兄弟同前ニ相交り兼々意趣遺恨等勿論無之、殺害之造意等猶更無之、畢竟酔態ニ而精神朧ニ相成居候処ゟ先は前後不覚夢中同然之仕形ニ及候儀と相聞、情ニおゐてハ重畳可憐ものニ有之候間、別紙御長柄之者弥八例ニ就死一等可被宥哉と重畳考議仕候得共、弥八儀ハ兼々異ル大酔いたし、其節之儀も一通り之大酔ニて無之、始末之儀

ハ一向覚不申囲ニ被召籠酔醒候上ニ而、自身仕形始而承り相驚候由、八百八儀も途中ニ銭預帳面抔取落し、或ハ米屋伊八より魚代銭相渡候節も、八百八酔態之躰無心元、同道之牛八を証人ニ立鳥目引渡候程之事ニ而、其外始終之儀先は夢中同前之躰とも可申哉ニ候得共、紋平と戯之末荷棒を以同人を殴、牛八ゟ早ふ迯んかと申聞せ、迯候跡より紋平追懸参候様ニのミ覚へ候との申出、実事ニハ些相違いたし候得とも、紋平を殴候儀ハ全覚之通相違無之事ニ候へハ、例之弥八同様には難被宥相見申候間不得止本行之通ニ御座候、乍然猶活路も可有之哉御衆議を仰申候、

松野匡殿自筆

情に於ゐて可議類ハ重き　御法会之節死一等を被宥候先例有之候付、此八百八儀も於情ハ可憐ものニ付、当月重き　御法会（「霊感院様五十回御忌也」）ニ被為対、例書之天保二年八月増次郎同様死ハ被宥、額ニ刺墨百笞徒三年之刑被処候而ハ如何程可有之哉、

佐田右平再議

本行八百八儀ニ付御附帋之趣承知仕候、右躰情ニおひて可議類ハ重キ　御法会ニ対し死一等被宥候例、別紙之通追々見合有之儀ニは候得共、何レ之例も八百八見合ニハ難取用、不得已事本行之通詮議仕候、乍然御附帋之趣ニ付別紙（i）（「天保二年八月」）御長柄之者増次郎例猶又照し合せ、重畳考議仕候処、同人儀ハ相手ニ疵負せ血ニ成候躰を見受、相驚脇御小屋ニかけ込直ニ自殺を遂候得共、介抱ニ因而不慮ニ蘇生いたし候儀、死を以死を償ふの情可議といふを以、御法会ニ対し死一等を被宥候、八百八儀も酔さめ候後相手死ニ至るへき程之容躰と承り相驚候ハヽ、差寄前後不覚之所為と申儀を重畳相断、直ニ附添介抱をも致し不申候而は難叶、既ニ死ニ至候ハヽ、死を以責を償ふ之外、更ニ処分ハ有之間敷処其儀無之直様迯去、追而訴出候儀ニハ候へ共、殺傷姦犯之類ハ自首いたし候とも当罪を以論決と有之候へハ、自首ニ因而可被宥筋も無之、其外増次郎見合を以可被宥程之儀何分ニも相見不申候、尤八百八儀其節之儀先ハ夢中同前（然カ）狂疾之所為ニも類し可申、情ニおゐて可愍者ニ御座候間、強而被宥筋ニも有之候ハヽ、別紙（ii）（「文政十一年九月」）御長柄之者弥八例ニも可被就哉ニ候へ共、弥八儀ハ全遍前後不覚之所為ニ而聊も覚居候儀無之、八百八儀ハ全ク棒を以殴候儀覚居候ものニ有之候得は、強而弥八例ニハ難被就可有御座哉、御刑書人命条ニも故らに人の家屋を指て瓦礫を投候類、因而人を傷候ハヽ、闘殴之条ニ因而論し、死を致候ハヽ、刎首と有之、家屋ハ人之居候所ニ而万一誤而人を殺傷すへき瓦礫

之類は堅ク投へき所ニ而無之、然るを故らに其仕形ニ及ひ因而人を殺傷いたし候ハヽ、初より殺傷之造意有無不拘書面之通刎首之刑被処儀と相見申候、左候得は棒を以故らに人を殴、因而死ニ至り候八百八躰之もの、初ゟ殺傷之造意無之といふを以　御法会ニ対し死を被宥候而ハ、万一御法之緩ニハ相成申間敷哉、其上　御法会は稀なる儀ニ而其有無ニ因而死活之幸不孝有之儀も落着兼申候間、この旁以此節八百八躰之者ハ右之例ニハ無拘、弥以本議之通闘殴殺之条へ就而刎首之刑被処ニ而可有之哉、如何程ニ可有御座哉、

此八百八儀、於情ハ重畳可憐ものニ而候へ共、何分ニも可被宥筋相見不申候間、弥以前議之通闘殴殺之条ニ就刎首之刑、

◇**引用先例**

(i)(**整理番号二四一**)(9)

天保二年八月廿九日　　御長柄之者　増次郎

右ハ江戸え相詰居候処、仲間甚作と申者え当番相頼候得共請合不申、其儘御門外いたし酒ニ給酔罷帰候処、甚作ゟ当番請合も不致ニ罷出とふらくもの役ニ不立なと、、種々致悪口候付、酩酊之余り致立腹切ルそと申聞候処、切るなら切れと甚作ゟ脇差を持詰懸候得とも、切懸候躰ハ相見不申、外ニ人も居不申候ニ付甚作持居候脇差を取揚鞘打いたし候処、鞘抜離候哉甚作血ニ成候躰を見候而相驚、直ニ駈出余人之御小屋に参り自殺致し損シ候、甚作儀ハ右疵ニて相果申候、

楯岡七左衛門自筆

此増次郎儀、人命条人を殴因而死を致候ハヽ、手足他物を不分並ニ刎首といふに就、①(「享和元年六月」)新古川町惣吉例ニ因刎首可被仰付哉、

但例之惣吉は給酔居、人を殺候儀一向覚不申と申出候得共、斟酌之僉議相見不申、此増次郎は酒を給居候得共前後不覚と難申、既ニ甚作致怪我血ニ相成候を見、直ニ自殺いたし候処を以相考候得は、取失候トハ相見不申候間本行之通ニ御座候、

稲津久兵衛自筆付札

此増次郎儀、闘殴御刑書ニ被因候而も死例被因候而も死迚も活路無之、尤例之内②(「文政十一年九月」)御長柄之もの弥八酩酊

而て傍人ニ手疵を負せ、其疵ニ因而相果、前後不覚夢中之如キ致方と申処ニ而被宥候例相見、増次郎儀も酩酊ニ而之致方は同様ニ候得共、甚作血ニまミれ候を見請相驚、脇小屋え駈込致自殺始末不覚とハ難被申、此例ニも難被就を以新古川町惣吉例ニ被因刎首之御僉議相当ニ可有御座、然処打返シ致考議候得は、初発ゟ致殺害候造意聊無之、甚作ゟ之過言酒気ニ乗し居候折柄、怒気発動切ルそト申聞候処、切るならきれと脇差を持詰懸候処より不得止致方も無之、同人持居候脇差を取揚鞘打いたし候処、鞘走り疵を負血まミれニ相成候を見請相驚、直ニ脇小屋え駈込致自殺絶入、翌朝介抱ニよつて生気付き療治を加候処、存外急所を迦し活命を得、疵口之様子江戸表問合ニ相成、腹幷胴二ケ所ニ而八月中旬ゟ翌正月ニ至り平癒いたし候由、其処を以相考候得ハ実ニ致自殺候所存之処、適不幸ニして活命を得候ニは相違も無之、左候得ハ過を悔死を以責を贖候覚悟之処は、却而弥八幷一例添置候新三丁目之安次郎夢中之如き致方は其分之事候得共、醒後直ニ捕れニ就候共不相見、重キ人命を絶候事ニ付如何様卆処分も可有之処、手を拱して捕エニ就候儀、可憐情態ニ相見右之通死を以死を贖候上は、仮令活路を被令得候ても死者之親戚遺念は有之間敷、且人命を絶候者容易如是類ニ而被宥候ハヽ、一時申訳之ため虚偽之自殺をいたし、真偽難見究悉ク御免議之沙汰ニ相成候様有之候而ハ、忽チ御法之弛と可相成哉ニ相見候得共、実ニ死を決候疵と一時申訳之ため急所を迦し空腹體之儀は、御吟味之節に至り顕然可致、何分ニも此増次郎法ニおゐてハ人命条、容易ニ可被宥ものニ無御座候得共、前後之次第ともニ情ニおゐては可憐事ニ付、本議は死ニ被究置此節之御法会ニ被対死一等を被宥候ては如何程ニ可有之哉、死活之境不容易議ニ付猶御考議ニも可相成と致付紙候、如何程ニ可有御座哉、

楯岡七左衛門自筆

此増次郎儀、闘毆条ニ就刎首之致僉議置候処、猶御考議之趣御付紙致承知候、前条ニも顕置候通甚作血ニ相成候を見請驚致自殺候処は、酒は給居候得共本心取失居候トハ相見不申、前後不覚之酔躰ニ而人を殺候ものハ死被宥候例も有之候得とも、此ものハ前条之通ニ有之、死ニ可被入と致僉議置候事ニ御座候、併付紙之趣を以猶相考候得は、勿論最初ゟ殺候造意は無之、甚作より致悪口詰懸候付酒気ニ乗し怒気発出、脇差を取上致鞘打候処、甚作血にまみれ候を見請早速駈出致自殺候処仕損助命ニおよひ候、惣躰事柄は重ク候得共於情緒は可憐処有之ものハ、御法会ニ被対追々助命被被仰付候見合も有之、旁此ものも此節重キ　御法会ニ被対被

宥、顙刺墨百笞徒三年刑可被処哉、

（引用先例）

①享和元年六月　新古川町　惣　吉**（整理番号〇六九）**

②文政十一年九月　御長柄のもの　弥　八**（整理番号二一二一）**

（ii）（整理番号二一二一）[10]

文政十一年九月廿五日　御長柄之者　弥　八

右は酒給酔仲間仁三郎と申ものニ所々手疵を負せ候処、同人儀右手疵ニ因而追而相果候、人を殴因而死を致候ハ手足他物を不分並刎首と云を以刎首可被処哉、然処兼而致過酒候得は気荒ニ有之候ニ付、仲間共ゟ為扱方縛置打擲等もいたし候得共、酔覚候迠一向覚不申程ニ有之、右之手疵を負せ候節も前後不覚之大酔ニて始末之儀一向覚不申、囲ニ被召籠酔覚候上、右之次第承り甚相驚候由、右之儀ハ其身申出迠ニ而も無之、其場ニ居合もの幷仁三郎存生之中相話候次第も符号いたし候様子候得ハ、一通之酔狂とハ相聞不申、先ハ不本心夢中之仕業も同然ニ而、勿論殺害之造意有無之論説ニ及候筋とハ相見不申、右躰情ニおゐて可議類ハ、重キ御法会之節死一等を被宥候先例則相添置候、別帋之通ニ御座候間、右弥八儀も事情ハ打変候得共、於情可宥旨趣ハ委細前文之通ニ付、当二月重キ　御法会之訳を以死一等被宥顙刺墨笞百徒三年、

二　闘殴殺の減軽事由について

2-1　文化十四年七月廿二日（伝兵衛）判決の僉議におけるもう一つの論点は、闘殴殺（＝致死）事件における軽減事由の曖昧さであり、死活の境（軽減事由）を明確にさせるということであった。判決3「文化十三年八月廿七日　用助、庄助致死一件」では、奉行副役・松村英記僉議の中で、闘殴殺の減軽事由をまとめている。（1）良賤の

分にて（被殺者が賤民であれば二等減）、（2）理直成るにより（闘殴編「互に相殴」条に「逼て後に手を下シ、且理直なるハ二等を減」とある）、（3）余症差添えたる哉にて（闘殴の傷ではなく、その後破傷風などの余症を引発しての致死が疑われる場合、一等減）。

・・・・・

資料／【判決3】（**整理番号一三六**）[11]

文化十三年八月廿七日　中富手永久野村　用　助
正院手永宮原村穢多　喜平次

右は用助儀、宮原村穢多安右衛門屋敷前を罷通候処、庄助・安喜と申者共え出会商之品売渡、左候而同村寿七と申者罷越、久野村之者共ハ誰ニ而も打テト呼り候間、喜平次も罷り越銘々木刀等を以致打擲候へ共、多人数之相手に而其内安喜と申者中入いたし候付、任其意宿本え罷帰候、右庄助儀用助を打たり不申抔所々ニ而致悪口候由承、弥以不快ニ存候内、大迫と申所ニ而庄助え行逢、先達而打擲致而已みならす悪口をもいたし候由、本心にて申候哉と相尋候処、庄助ゟ直ニ打チ懸候間、猶又被致打擲候而は恥辱も重り可申と存六尺棒を以手強致打擲候処、庄助儀追而相果候、

但致打擲候儀は去十二月二日之事ニ而、正月四日相果候、右は必死之症共相見不申候へ共殊之外重キ容躰ニ付、追々診察いたし十二月廿八日迠は余症差添候様子も無之候処、五日斗も不快ニ而診察不致相果候期ニ至候而ハ、如何程ニ有之候哉不奉存段療治懸之医師ゟ申出候、

松村英記自筆

此用助儀、去六月正院手永宮原村へ商ニ罷越候節、同村寿七と申もの指図ニ任、何之訳も無之儀ニ右寿七幷穢多庄助・喜平次と申者三人ニて用助を致打擲候付、右之儀を遺念ニ存居候内、同十二月不斗右庄助へ行逢前条之旨趣相尋候由、良賤之分旁程能可申断哉之処却而打かゝり候由、又候穢多ゟ打擲ニ逢候而は恥辱を重ね候と存、六尺棒を以手強打擲いたし候付、追而庄助ハ相果候、

穢多之身分といいたし両度迄右之次第重畳不届之仕方ニ付、打擲いたしも無余儀筋ニ相聞候得共、人命ニ係り候而は不軽儀ニ付、闘殴殺之条ニ就刎首可被仰付哉之処、良賤之分ニて減等被仰付候例追々有之、其上最初ゟ打殺候造意ハ無之、既ニ打擲いたし候儀は十二月十二日、果候儀は正月五日ニて、日数二十日余過候而果候へハ余症差添たるも難斗、全闘殴殺とも難究、其上御刑書ニ遍而後ニ手を下し且理直なるハ二等を減と有之候間、彼是之訳を以本罪ニ四等減し笞九十徒二年半、

但別前例は余症ニ而果候間難取用、且本行減等之儀良賤之分ニて一等、理直成ニよりて二等、打擲いた後数日いたし果余症差添たる哉ニて一等、都合四等減本行之通、

例

（ⅰ）寛政十一年九月　南関手永肥猪村　茂三次

（ⅱ）文化十一年十二月　高森手永吉田村　和右衛門下人　仁　八

御中老・大御奉行兼嶋田嘉津次殿自筆

此用助儀、穢多ニても打殺候ハ軽からさる儀ニ候へ共、用助身ニ成り候ハヽ、如何処置いたし候時は適当と可申哉、初無躰ニ庄助儀三人ニて致打擲、其後庄助ゟまだも用助を打様足り不申と所々ニて致悪口候を承、憤居候折柄途中ニて庄助ニ行逢、無躰ニ致打擲候事等を申候へハ、直ニ打懸候へハ用助ゟもたゝき合候外仕形も無之候、たゝき合候内死ニ抔いたり不申様ニ程能打候と申事も出来兼可申然時は迯候へハ宜と申ニ可有之哉、下人ニてハ有之候へ共男之事ニて、穢多ゟ打タレ迯候を能心得共被申間敷哉、いつれ之所罪すへき所業ニて可有之哉、唯々人命之所ニて可有之、是も士席已上斗致慮外候へハ人命ゆるし被置候へ共、刀を帯候已上之者下人ゟ無躰ニ手込ニ合候を打果候へハ、重キ御咎メ無之例も有之哉ニ覚候、何分九十笞徒二年半之刑ニ居候所、不安心ゟ尤彼方無故とハ乍申人命ニいたり候ハ又其儘ニも難相済可有之、仍而軽キ所ニ罪科之根を居られ候方ニてハ有之間敷哉、

本紙用助儀ニ付、御書付且請口達之趣ニ而打返相考、猶例も吟味仕候処、少々宛異同は有之候へ共闘殴殺ニ因死を被宥候ハ多クハ一等ニて、用助ハ相手穢多と申無余儀訳有之候間四等減僉議仕置候、尤日数二十日余過候而余症差添たる哉疑敷所ニて尚一等減、笞八十徒二年之刑可被処哉、

本行之通被仰付候ハヽ、赦付而五等減笞八十、

此喜平次儀、宮原村寿七指図ニ任せ前後之訳をも存不申、穢多之身分といたし良民を打擲いたし、他物を以人を殴候もの笞四十之刑可被処哉之処、良賤之分を以貴キ方一等被減候例追々有之、右は追々之例と表裏いたし候間一等を加五十笞、

右は去六月之犯事ニ而赦ニ因初犯百笞已下全御免、

◇引用先例

（i）（整理番号〇六三）[12]

「牢死帳」

寛政十一年九月　　南関手永肥猪町　　茂三次

右は同町藤左衛門・七右衛門・相谷村茂七と申者共と茂三次方ニ而酒を飲合居候処、相谷村忠治罷越染代遣候様才足いたし候へハ、染代ハ父夫平ゟ仕向相すミ候由茂三次ゟ及返答候処、受取不申由ニ而色々申分ニ及ひ、忠治持参之帳面を吟味いたし候処帳面は消居、右之通ニ而閉口可致処却而不埒之申分いたし候付、忠治を押倒三度踏候処外之者共宥候内忠治迯去候、同日暮時分右藤左衛門留守え罷越、妻ニ逢酒ニ給酔候由を申暫ク休五時分引取候由、其節は痛所等これ有之様子ニは見受不申由、然処忠治儀翌七日之早朝宿本へ罷帰候処致着用候衣類手足も泥ニ汚居、腹痛いたし候由を申、漸罷帰候様子ニて打臥候間、致介抱候内容躰指迫り医師も間ニ合不申果候、兼々大酒いたし候へハ毎腹痛候ニ付定而右之持病ニ而可有之と最初は存候由、忠治妻申出候事、

此茂三次――忠治儀踏蹴ニより果候と相見候へハ御法之通死刑可被処哉之処、忠治儀兼而大酒いたし候へハ腹痛いたし候由ニ付、此節も右持病指添候と相聞候間、死一等を被宥額刺墨笞百徒三年、

猶付札

此茂三次儀僉議付札之通候処、御家老衆御存寄ニ而額刺墨百笞雑戸ニ被仰付候事、

例

宝暦十年二月　　南郷竹原村　　金右衛門（**整理番号〇一一**）

安永九年　神代清右衛門預御長柄　喜右衛門（整理番号〇一六）
（ii）（**整理番号一三〇**）[13]
文化十一年十二月廿三日　高森手永吉田村　和右衛門下人　仁　八
右は草刈ニ罷出居候処、穢多共四人連草刈ニ罷出候様子ニ而、牛馬ニ乗なから虎松と申もの草ハ何把切候哉と申聞、馬ニ乗なから不届者と立腹いたし、草刈鎌を振上ケ候へハ何れも逃出候間、追懸恵吉を鎌之柄ニ而腕幷横腹ニ懸致打擲候へハ、藪之中ニ逃込其外之者をも打擲いたし候処、恵吉儀相煩六日目ニ相果候、
宮本伝右衛門自筆
此仁八儀相手穢多ニ而無礼を振捌候付、立腹いたし候段は無余儀様子ニも相聞候へ共、強儀ニ及打擲其内一人相果候と御座候得は、勿論筋ニ因候ては屹ト重キ御刑法ニ可被処ものと相見へ候得共、右一人相果候儀は全余症ニ而有之段療治懸之医師ゟ申達明白仕、其外及打擲候者共も手疵軽不日ニ平癒仕候由ニ付、旁以闘殴条他物を以殴疵を成候ハヽ、笞五十之刑ニ可被処哉之処、前文之通相手も穢多之身分ニ而御座候事ニ付、右之所を以軽一等を被宥四十笞、
嶋田嘉津次殿自筆
たとへハ足軽躰之者郡市籍之者慮外を咎及打擲候様成ルハ、其事柄次第には其儘ニ被閣候儀も有之候様覚候、良民穢多を打候儀右ニ似寄候様成ル宥議之例等は無之哉、尤余症とハ乍申九日ニ打擲六日目ニ果候者も有之、十日位は疵平癒不致者も有之候へハ、輙可被宥ものとハ見不申候得共、似寄候例御吟味有之度候事、
御付紙之旨承知仕猶又吟味仕候へ共、相当之例は見兼申候、尤別紙相添置申候書抜之趣、其人之相手身分に而は何分難忍情態相見、此者儀ハ相手不埒ニは御座候へとも一旦之事ニ付左程強儀ニは不致候共、可相済儀御座候処、至而卑賤之者とハ乍申手強及打擲手疵をも負せ候事ニ付、右同様には難被仰付可有御座哉、乍然郡市籍之者相互之喧嘩ニて疵等負せ候もの同様ニ被仰付候而は、其分チ無御座候間、前議之通ヤハリ一等減に而四十笞、

例

天明二年三月　足軽　太田伝之允（『人命』未収録）

2-2　保辜限期条例

闘殴殺の軽減事由の中で、余症の疑いがある場合は闘殴行為と致死の結果の因果関係の判断が困難となる。判決4「天保五年二月十日　善七、甚作致死一件」では、実行行為と結果の発生との間に因果関係が存在するかの判断に、清律保辜限期条例が法源とされている。この判決4は、後に刑法草書「闘殴し及故らに人を殺」条の「例」に追加された。(14)保辜限期条例に、（1）傷軽く、数日を経て破傷風で死する、杖一百流三千里。他病死、疵と干渉なきは辜限であっても殴傷条による。風によって死する類、疵致命の部位でなく、又極重の傷でない場合は前条の例で弁理する。（2）致命の部位でも疵軽く、或は疵重くても致命の部位でなく、余限十日経過後の死であれば流罪に軽減。致命の部位であれば、余限十日経過後の死であっても死刑。（3）正限二十日後、余限十日以内の致死は、杖一百徒三年。余限十日経過後の致死は、殴傷条による、とある。判決4では、善七は給酔して悌七の頼みを請合い甚作に投傷を負わせ、甚作は九日目に破傷風に変じ、翌晩に相果てた。奉行・下津久馬は、保辜限期条例（1）により、「顙刺墨笞百雑戸」と僉議している。

・・・・・

資料／【判決4】（**整理番号二五一**(15)）

天保五年二月十日　鯰手永井寺村「牢死」善　七

右は井寺村悌七と申者、不筋之頼ニ付一旦相断、其後酒ニ給酔居候節猶亦悌七ゟ頼候、よつて酔ニ乗し不図請合、櫛嶋村甚作と申者を強ク投傷を為負候処、右疵膝壱寸七歩深サ三歩、又六歩深サ弐歩五厘都合二ケ所被投候節石之角等ニて打切候ニ而も有之候哉、致命之傷ニ而も無之少々宛癒合居候内九日目より破傷風ニ変し、翌晩相果候、

同手永井寺村　悌　七

右は密通之末櫛嶋村甚作と申者え遺恨有之、善七え甚作ニ喧嘩いたし懸、少々こなし呉候様再応相頼、左候ハヽ、留メ候振ニ而自身も殴可申と申談、右善七投付押へ居候を一ツ二ツ拳を以打擲いたし候、

木倉手永北田代村　文　作

右は善七列甚作を投候節、勢ニ乗し留メ候清作を拳ニ而強突遣り候、

下津久馬自筆

此善七儀、申合倶ニ人を殴因而死を致候ハヽ、致命之傷を致候者刎首と有之条ニ就、甚作死するを以刎首ニも可被仰付哉之処、此善七殴殺之造意無之酒ニ酔不図受合一時之事ニて、同謀倶ニスル之形ニは候得共、前条之始終翌朝ハ朧ニ而はきと覚不申位ニ有之、於情緒ハ尋常之闘殴も不異候、且甚作も漸々快キ方ニ趣破傷ニ変し数日を経死ニ至り、全ク殴殺とは難申候、清律保辜限期之条例を考申候ニ、(1)原傷軽クして死ニ至へからす、数日を経て後傷風ニ変し因而身死する之類、殴打之人死罪を免し杖一百流三千里、其他病を患て死シ、疵と干渉なき者ハ辜限之内ニありといへとも殴傷之法ニ因而論談すへし、風ニよつて死する之類元之疵致命之処に非す、又極重之傷にあらさるは惣而前条之例を照し弁理すへし、(2)若致命之処ニしても疵軽く或ハ疵重クしても致命之処にあらすして死十日之外にあれは奏聞を遂て流罪に処することをゆるす、若致命の処にして傷重く、或ハ致命の傷にあらすといへとも骨損骨断ルに至り而ハ死、又十日之外にあるといへとも本律に依り死刑、(3)若亦既ニ正限之二十日を過余限十日の内に死するは、惣而人を殴て廃疾ニ至ル律ニ依杖一百徒三年、正限の二十日を踰へまた余限の十日をも過て後死するものは唯傷の罪に依科断すへしと有之候付、右例ニ因り甚作非極重之疵数日を経て風に因り死するを以、死一等被宥顙刺墨笞百雑戸之刑、

此悌七儀、少々こなし呉候様頼候付、善七も右之仕形ニ及、其末人命ニ係り造意不届者ニ付、申合倶ニ人を殴因而死を致して致命之傷を致し候者刎首、造意之者刺墨笞百徒三年と云条ニ就其通ニも可被仰付哉之処、善七儀破傷ニ而甚作死ニ至るを以死一等被

宥候ハ、、此悌七儀も造意之者たるを以雑戸より三等減し刺墨笞九十徒二年半之刑、

此文作儀、手足を以人を踏殴いたし候もの二十笞と云ニ因り、従之者其上纔一度突遣り候間、旁被宥壱貫文之収贖、

（空所・行間に補筆されている「例」）

（i）「余症差添」　文化五年七月　河原手永木柑子村　左平次

（ii）「右同」文化九年七月　山鹿手永長坂村　茂　平

（iii）「闘殴殺」　文化十四年七月　中村手永中村　伝兵衛

（iv）文化十三年十二月　五町手永野出村　嘉　平

◇引用先例

（i）**（整理番号〇八六）**(16)

文化五年七月廿七日　　河原手永木柑子村　左次平

右は板井村左助と酒を給合及酩酊双方拳ニ而打合、左次平ゟハ道ニ落居候木切を以打擲いたし突候処、左助ゟ耳を突切たるそ覚テ居れと申、夫成ニ相別、左助疵所破血いたし療治いたし候処、少快相成近辺迄ハ罷出候処、右疵ゟ破傷風ニ相成果候、

宮本伝右衛門自筆

此左次平儀、相手ニ手疵を負せ、追而其者相果候上ハ御法之通死刑可被処哉之処、根元酔狂と相聞、喧嘩之主意も不相分候程之儀御座候へハ勿論初より殺害之造意に有之儀共相見不申、其上右手疵ニて及即死たるニても無之、既ニ一旦ハ近辺迄も罷出候程ニ快相成候処、其後病症ニよつて相果候事ニ付、肥猪町茂三次例を以死一等被宥、額刺墨百笞雑戸之刑可被処哉、

例

寛政十一年九月　　南関手永肥猪町　茂三次　**（整理番号〇六三）**

同九年十二月　　池田手永京町村　九　助　**（整理番号〇五九）**

享和二年十二月　　御長柄之者　平　八　（整理番号一四三）

（ii）（整理番号一二二）[17]

文化九年七月廿七日　　山鹿手永長坂村　茂　平

右は中富手永郷原村清三郎へ忰所持之駒売渡候処、代銭皆済いたし不申、同村祐七へ仕向候鳥目有之、頻ニ及催促候付清三郎方え罷越、折節酒を給気荒ニ有之、右馬代弐百六拾目今日相渡候様、左無之候へハ馬を率帰候段申向候処、弐百三拾目ニ極置候を三拾目申懸いたしぬすとゝ申候間、馬代不埒之上及過言候付、夫ゟ清三郎を土間ニ引卸候処、清三郎ハ藁打槌を振廻候間壁ニ押付踏候処、家内之者共相宥候処、打殺と喚候付其儘引取候、翌日ニ至打擲之跡頻ニ相病、九日目清三郎相果候、背中ニ壱寸四方余腫居破血いたし、右は引卸候節揚段ニ角ノ木を据置候稜ニ当り候疵と相見、其外摺疵等有之候、清三郎儀已前風湿相煩候而相躰虚弱ニ有之、右背中之疵口ゟ破傷風ニ相成、次第ニ差重致病死候段療治懸医師達、

此茂平儀及口論候節、清三郎え疵を負せ追而破傷風ニ相成果候付、死刑ニも可被処哉之処、殴殺之造意は相見不申、畢竟清三郎儀馬代を不埒いたし居却而及過言候ゟ強儀之致取計候へ共、聊之疵ニて余症差添致病死候付、別紙ニ例も有之右之見合を以額刺墨百笞雑戸、

例

文化五年七月　　河原手永木柑子村　左次平　（整理番号〇八六）

寛政十一年九月　　南関手永肥猪村　茂三次　（整理番号〇六三）

（iii）文化十四年七月　　中村手永中村　伝兵衛　（整理番号一四三／既出判決1）

（iv）文化十三年十二月　　五町手永野出村　嘉　平　（『人命』未掲載）

三　故殺と闘殴殺の区別

3-1 判決5 「文化十年八月廿三日　角右衛門、清兵衛殺害一件」、角右衛門は清兵衛から所々かきさかれたとして、はみ切り包丁で所々切付けて殺害した。角右衛門は清兵衛の娘と密通しており、清兵衛が離異の含みで異見したことに遺恨があった様で、密通と今回の殺害は一体のことである。奉行副役・小山門喜は闘殴殺で「刎首」と僉議する。それに対し、奉行副役・服部武右衛門（太門）は明律訳義「闘殴及故殺人」を引用して、かきさかれたからとはみ切り包丁で所々切付けるのは、「殺さんとおもう心」がなければ出来ない所業であり、角右衛門は「斬罪」と僉議した。明律訳義は故意の差異によって、闘殴殺（初めより殺さんと思う心なく口論・立腹して相互に打擲・致死）、故殺（本より殺すべきと思って殺）、謀殺（前方よりたくみて殺）を区別している。

・・・・・・

資料／【判決5】（整理番号一二九）[18]

文化十年八月廿三日　湯浦手永百木河内村　病死ニ付穢多取捨　角右衛門

右は天草之者清兵衛娘やひと致密通、追而清兵衛親子四人致同居候処、及争論ニ清兵衛を殺害いたし候、

小山門喜自筆

　此角右衛門儀、闘殴殺之条ニ就て刎首、

分職外服部武右衛門自筆

　明律譯義　闘殴及故殺人

闘殴は殺さんとおもふ心なくた丶きおふ内に、打所悪敷歟手疵が重くて先の者を殺を闘殴殺と云、本ゟ殺へきと思てたたきおふて殺を故殺と云、一殺へきと覚悟してた丶きおふて殺時ハ、其者を斬罪ニ行ふ、前方ゟたくみてすれハ謀殺と云、是ハ其座ニて論なとし依之立腹し打殺さんとおもふて打合ふて殺を故殺と云、

右書抜之通候得は、河内村角右衛門は故殺ニは有之間敷哉、最初清兵衛ゟ山かうしを以て取て懸候訳より見渡候へハ、闘殴殺に附候と相見候へ共、其節は闘殴ニ至不申内右山かうしハ常平ゟ取揚、一旦相済候と相見候、然処座中のもの迯去候跡ニ至り又々事起、清兵衛ゟ掴ミ懸所々かきさき候由之申出ニも候へ共、此儀は証人も無之儀と相聞、事実如何程有之たる哉も難斗、仮令申出之通ニしても、根元容易ニ死ニ至間鋪程の品を以打合も候ハ丶、闘殴ニ可有之候得とも、かきさかれ候とてはみ切包丁持参所々切候儀は、殺さんとおもふ心なくしての所行ニ無之候へハ故殺ニは附申間敷哉、

一重ニ就候而密通之方は可論ニ而可有之、然共別罪ニも無之元密通ゟ事起り、清兵衛ゟ之異見を兼々不快存居候上、清兵衛ゟ離異之含を以申談之筋ゟ又々事起、全遺恨之意相見、其上清兵衛を殺娘を奪取、殊ニ劫し弥以遂強姦最初ゟの志をとけ候形ニ相見、一ト貫キの事ニ付造意重ク相見、譬へハ人を殺し其□之ものを盗取候ニ情緒加白相替申間敷様ニも相考申候、如何程可有之哉、

大御奉行島田嘉津次自筆

本庄手永西無田村要右衛門例とも大概致符合候間、旁斬罪ニ而可有之哉、

例

（ⅰ）寛政八年十一月　本庄手永西無田村　要右衛門

◇**引用先例**

（ⅰ）（整理番号〇五六[19]）

寛政八年十一月　本庄手永西牟田村　要右衛門

右は当三月十九日之暁、公役ニ罷出候途中ニ而豊田角太夫悴豊田角平婦人を連河尻之方角を尋、最早夜明ニ相成候付運呉候様ニ強而たのミ候付宿本え運置、長崎え罷越可申由ニ付船セ話いたし高橋迠連越候、左候処運置候儀を聞付有之哉、婦人之縁家より呼

ニ参候付、欠落いたし長崎え尋参候処、角平ハ中嶋徳次郎と申兄之方え落着居、女は茂木ニ而追手かゝり連帰候由、角平ゟ咄滞留いたし候内、角平を徳次郎ゟ何故か烈敷叱り其儀不快ニ存候様子ニ付、徳次郎所持之品々盗出し要右衛門を連立退、南郷野尻を志シ罷越、布田手永喜多村ニ而刀は要右衛門え持せ途中休候処、角平ゟ追々強儀ニ申聞候を遺恨ニ存、角平後え廻刀を抜切付候得は立物二三間追参候得共、其儘倒候付首を討落、角平荷物を持宿許え帰り忍居候処、被押候、

此要右衛門儀――故らに殺といふを以斬罪可被仰付哉、

3-2 判決6 「文化十四年十一月七日　庄吉、嘉十郎殺害一件」、庄吉は、病体にて庭で打ち臥している嘉十郎を戸外へ押出し、割木で打擲したところ、追って相果てた。奉行・服部太門は、「故ニ殺候得は斬ニ相当候へ共、初より殺候所存は無之様子ニ付」、闘殴殺で「刎首」と僉議する。「初より殺候所存は無之」・致死であれば、闘殴殺罪が成立する。「相手より蹴候故ニ手を下シ」、「持病差添」など被宥すべき情緒がなければ「刎首」である。「初より殺候所存ハ無之」は軽減事由ではないのである。

・・・・・

資料／【判決6】（整理番号一四一）(20)

文化十四年十一月七日　無支配物貫　庄　吉

右は阿蘇十四里木側山番宅ニ而酒焼酒を給、虚無僧も一人罷越居候付ひかりいたし、畢而六部一人参庭ニ打臥候を亭主留守に付立退候様、虚無僧ゟ申聞候得共、病躰ニ而立出候儀面倒ニ有之候故、庄吉ゟ戸外ニ押出割木を以致打擲候付、右傷差重候と相聞右六部追而相果候、且又自分ハ拳ニて少々及打擲候処、虚無僧ゟ割木を以稠敷打擲いたし傷請候段申懸をもいたし候、

但虚無僧は士席浪人江嶋清助、六部は芸州阿坂村嘉十郎と申者也、

服部太門自筆

此庄吉儀、人を殴因而死をいたし候ハ、手足他物を不分並ニ刎首と云を以刎首、但初ゟ殺候所存ハ無之様子ニ付、如是は為被宥例は無之哉吟味仕候処、別紙両通之通被宥候例も有之候得共、右は何れも争論ゟ事起、或は相手ゟ蹴候故ニ手を下シ、或ハ持病差添たる哉、打擲一篇にて果候共難究類之訳ニよつて被宥候処、此者ハ何之罪も無之旅人を面倒なり迚、理不尽ニ打擲いたし其虚ニ乗シ旅人之品物も拾取、其上江嶋清助えは重キ申懸をもいたし、物貰之身分別而不届ニて可被宥ケ条何分相見不申候、尤故ニ殺候得は斬ニ相当候へ共、初ゟ殺候所存は無之様子ニ付、本行之通可被仰付哉僉議仕候、如何可有御座候、

例

（i）文化六年十二月　池田手永柿原村　磯右衛門

（ii）寛政十一年九月　南関手永肥猪町　茂三次

◇**引用先例**

（i）文化六年十二月　池田手永柿原村　磯右衛門（**整理番号〇九〇／既出判決1の引用先例iii**）

（ii）寛政十一年九月　南関手永肥猪町　茂三次（**整理番号〇六三／既出判決3の引用先例i**）

四　謀殺罪の従と加功に関する論判

判決7　「天保六年四月九日　清四郎・利吉、次郎次殺害一件」では、利吉が次郎次と取合い組み伏せているうちに兄清四郎が駆け付け斧の柄で打擲して、次郎次を殺害した。以前、兄は次郎次から打擲に遭っており、この日も次郎次の過言から喧嘩となった。

（大奉行・楯岡七左衛門僉議）利吉は「人を殺候もの丶従ニして加巧之責は難遁有之候」であり、謀殺条「謀て人を殺候者、造意之もの斬、従にして加巧之者刎首、各即決、無加巧者ハ笞百徒三年」により、刎首。（謀殺罪＝従・加巧）

（奉行・安野形助僉議）「利吉儀初ハ同意いたし居候様子ニは無御座候得共、兄より打擲いたし死ニ至候迄押付居候へハ、加巧之者ニハ相違無之」、「然共利吉罪状御刑書幷律文（＝明律）等ニて考候得ハ、従之一字は難付儀ニ付、右之儀を以論候ハ、被宥候筋ハ無之とも被申間敷哉」、また被殺者の倅次郎助兄弟による復讐も避けられないであろう。「因て熟考仕候処利吉儀前条之意味も有之候ニ付、永被召籠自然後年一統御赦宥等被仰付歟、又ハ重キ御法会等之節たり共出牢ハ不被仰付方ニ可被究置哉」。（加巧者であるが、謀殺罪の従ではない）

「右之通一旦永牢之僉議相決、利吉儀文政八年以来入牢之儘被閣候処、十ケ年を経天保五年猶取起ニて僉議左之通」。

（文司・水津熊太郎僉議）「右俚解之通清律彙纂謀殺条之内ニ相見、右等之意を考へ因て利吉口書を照シ申候ニ、兄清四郎儀、謀殺之本条に的当仕候儀ハ勿論之儀ニ御座候処、利吉儀ハ唯其場に立合加勢仕候迄ニ付、右条例載候助勢共可申哉、然るに右之助勢と申ハ謀殺之従ニて不加巧者之科ニ相当候者ニ御座候」、利吉は初めより謀状は全く知らず、不図急難を見て加勢したまでで、兄清四郎とは罪状初めより別途のものである。「是ハ自ら闘殴殺之御刑条、同謀て共に人を殴因て死を致と有之候条ニ依、情実を被度罪を可被科者ニてハ有御座間敷哉と奉存候事」。（利吉は、闘殴殺条「若申合倶ニ人を殴、因て死致候ハヽ、致命之傷を致候者刎首、造意之者刺墨笞百徒三年、其余ハ各刺墨笞百」によるべきものである）

（奉行・下津久馬僉議）本議（＝楯岡七左衛門）幷安野付紙之趣共、「死活之境明白之論判は無之」、論点は謀殺の従と加巧であるが、論判は謀殺の域にとどまっている。「利吉口書を以見亙候得ハ別紙御刑法方見込之趣も相添置候通、初より兄清四郎造意之筋は於其身毛頭存不申」（共謀・従でない）、「併利吉儀殺候加巧迚ハ聊も無之」（共謀・加巧者でない）、そうであれば「同謀共殺之条」（＝謀殺条）を以て利吉を判処することは何分にも落着兼ねる。「利吉儀清四郎と同断之者ニ付致同謀之形ニ相見候得共、情緒ハ甚清四郎と異り情を考御刑法ニ判擬仕候得は、申合倶ニ人を殴因て死を致と云条ニ就候方、於利吉は相当仕候ニてハ無御座哉」。そうであるならば「闘殴殺之条内若申合倶ニ人を殴因て死を致候ハ、致命之傷を致候もの刎首、造意之者刺墨笞百徒三年、其余は各刺墨笞百」とあるをもって、利吉は造意・致命傷を成すものでないので、それ以外の者「刺墨笞百」となるが、事件後兄と共に他国へ出奔していたので「境を踰致出奔候重ニ就、刺墨笞六十徒一年之刑」に処せられるべき哉。但し、死刑が宥められることになれば、次郎次悴共にとっては、利吉が組み伏せていなければ次郎次はその場の死は免れることができたと遺恨は晴れないであろう。「安野再議無余儀永牢之議有之候も偏ニ此所ニ難被黙止様子相見、重畳尤之儀ニ相聞申候」。「因て法之正を得民之情義を被養候両全之論は、別紙書付之趣ニ斟酌を加、徒之年限満候上相応之金銭被下何方えそ有付候様被仰付、他境え払出可被仰付哉」。そうすれば安野再議の主意（＝復讐の回避）も活き民の情義（＝子の孝行心）も涵養することができる。

（付紙・僉議総括）本行の趣猶反復考議するところ、文政七年以来十一ヶ年程召籠ており、永牢同様のことで存命であることこそが此節の幸である。そこで別段を以て徒は被宥では如何であろうか。尤もそうなると笞六十限にて払出ということになり、刑法としては軽過ということになるので、「闘殴殺余人は各刺墨笞百之本条より取出可被仰付哉」。だが刺墨があっては在付向けで忌嫌難渋となるであろうから、折角路資（＝七両ほど）をも給付となるので猶別段を以て、刺墨は被宥百笞の刑仰付らるべき哉。

・・・・・・

資料／【判決7】（**整理番号二五七**）(21)

天保六年四月九日　　生所池田手永池上村之内平村之者ニ而致出奔候　利　吉

右は、兄清四郎ゟ博奕を催候段申聞連出候節、右申談之於場所出京町次郎次・新出町利右衛門と申者共と及争論候ハヽ、双方相宥可申処以前次郎次ゟ兄打擲ニ逢候上、其節同人過言之儀を憤可致打擲と存、次郎次と取合組伏居候内、清四郎駈付斧之柄を以致打擲次郎次死候ニ付、兄と倶ニ致欠落数年他邦え相滞居候、

楯岡七左衛門自筆

此利吉儀——口書之通ニ而先年於新南部村兄清四郎ゟ出京町次郎次・新出町利右衛門を及殺害候節、初ゟ申含殺候存念ハ無之由候得共、利吉儀次郎次を押付居不申候ハヽ、迯去も可致処、清四郎ゟ打擲いたし死ニ至候迠差留候儀も無之、人を殺候ものゝ従ニして加巧之責は難遁有之候、因而御刑条之通刎首可被仰付哉、

右は即決可被仰付ものニ候得共、秋斬之時候ニ付河尻岡町喜助例ニ因一同ニ御誅罰可被仰付哉、

安野形助自筆

利吉儀ニ付格別御存寄ハ無之候得共、御不安意之場も被為在候間尚相考、得斗申談候様御口達之旨ニ付、相考候儀左之通、

御刑書

謀て人を殺候ハ造意之者斬、従にして加巧之者刎首、加巧無キ者ハ笞百徒三年、

明律

凡謀殺人造意者斬、従而加巧者絞、不加巧者杖一百流三千里殺訖坐、

註、造意者区画定計之人、加巧者助力下手之人、従謂随順造意者之指使也、造意者斬所以厳首悪也、加巧者絞所以重同悪也、造意不必親殺致死実由加巧雖以数命抵一命亦情法応然也、若雖共謀同行而臨時不加巧者猶有畏縮之心止杖一百流三千里、

右之通ニ而、利吉儀初ハ同意いたし居候様子ニは無御座候得共、兄ゟ打擲いたし死ニ至候迠押付居候へハ、加巧之者ニハ相違無之、御刑書従ニシテ加巧之者ハ刎首、加巧無キ者ハ笞百徒三年、律ノ註造意不必親殺致死実由加巧雖以数命抵一命亦情法応然也ト有之候ニ付、加巧と申ハ重キ儀と相見、其上次郎次忰次郎助等御穿鑿所御呼出之節、利吉ゟ次郎次を組伏居不申候ハヽ、次郎次儀殺害ニ逢候儀ハ有之間敷と存候得は、利吉ニ対し遺恨晴候儀も無御座候段申出、尤之儀と相聞、左候へハ利吉儀死罪ニ被為処可然者ニ可有御座哉、然共利吉罪状御刑書幷律文等ニ而考候得ハ、従之一字は難付儀ニ付、右之儀を以論候ハヽ、被宥候筋ハ無之とも被申

間敷哉、乍然若是等之儀を以先被召籠置、追而重キ御法会等之節助命被仰付出牢いたし候共、次郎助兄弟之者共数年来心懸、江戸ニ而利吉兄弟之住所聞出、復讐之儀願出候程之者共ニ付、是非打果存念を遂申ニ而も可有御座哉、殺人而義アル者ハ令勿讐トスル事、讐之則死スと有之候得共、利吉兄弟之者不埒之儀ニ而殺候得は、復讐之儀御差留ハ難相成、自然打果候儀抔有之候ハ、一旦助命被仰付候事ニ付、次郎助兄弟之（者欠カ）共も其分ニは難差置儀ニ而、御取扱も甚六ケ敷可有御座哉、因而熟考仕候処利吉儀前条之意味も有之候ニ付、永被召籠自然後年一統御赦宥等被仰付歟、又ハ重キ御法会等之節たり共出牢ハ不被仰付方ニ可被究置哉、左候へハ死不被処御旨趣も相立、往々御取扱之害も有之間敷哉と奉存候、事情は異り候得とも永被召籠置候儀ハ見合も御座候間、右之通被仰付候而は何程ニ可有御座哉、

右之通一旦永牢之僉議相決、利吉儀文政八年以来入牢之儘被閣候処、十ケ年を経天保五年猶取起ニ而僉議左之通、

……中　略……

分司水津熊太郎筆

清律謀殺条之条例に曰、凡謀殺之人犯を勘向するに果して詭計陰謀あるものにして造意を以て斬に処し、果して殴傷するは重きものにして、加巧を以て絞罪に論す、ゆめ〳〵一言の端に拠て造謀となし、殺害の場所に立助勢いたしたるを以て加巧とハなすへからすといへり、其訳は謀殺ハ重科なり或は二三命を以て一命を償ふ、これ人命案之内止むことを得すして設けたる法に付、恐らくハ聴獄の苛に失んことを、ゆへに此例を設讞獄者に告るよし見へたり、

一　乾隆三十一年江蘇におゐて芮漆なるもの、蒋金といへる者を謀殺し、既に刀を以て咽喉弐ケ所を傷け蒋金既にこれを以て命を損するに足れり、鄭葱といへるものハ初より芮漆と同謀の人にあらす、唯其場ニ居り合芮漆か為に逼られ、又刀を取て蒋金を斬傷す、此傷蒋金が息断る後にあり、然るに江蘇におゐて芮漆を以て謀殺之律に因斬に擬し、亦初より謀状を知らす唯後に於て斬傷する鄭葱を以て加巧之律に当、絞罪に論す、是大に律意に叶すとて鄭葱ハ改て余人の律を照すへしと刑部に於て改正せしよし見へたり、

余人之律ハ闘殴殺条の其余ハ各刺墨笞百といへる条なり、

一　同十八年広東に於て鄧奕中といふ者、造意を以て鄧科大といへるものを溺殺する時、鄧亜二といふ者其場ニ在といへ共、初より

謀状を知らす唯鄧奕中に逼られ鄧科大が足を縛り、其儘其場を迯去溺殺する、加巧ハ不致ことゆえ此鄧亜二謀殺之加巧を以て論すへからす、末減に従ひ威力人を制縛下手の人ハ一等を減シ杖七十といふに就論すへきよし、刑部にて論駁有たるよし、

一　同二十一年安徽省にて李禿子なるもの仇を挟ミ、王二と云へる者を謀殺す、黄三といふ者ハ初同謀する人にあらす、後李禿子に逼られ共に王二を殺害す、是同謀加巧と異りとて加巧之律より一等源し、杖流に処せしよし、

右俚解之通清律彙纂謀殺条之内ニ相見、右等之意を考へ因而利吉口書を照シ申候ニ、兄清四郎儀、謀殺之本条に的当仕候儀ハ勿論之儀ニ御座候処、利吉儀ハ唯其場に立合加勢仕候迠ニ付、右条例載候助勢共可申哉、然るに右之助勢と申ハ謀殺之従ニ而不加巧者之科ニ相当候者ニ御座候、利吉儀ハ初より謀状聊存不申、不図急難を見加勢仕候儀ニて、兄清四郎とハ罪状初より別途に出居申候得は、是ハ自ら闘殴殺之御刑条、同謀て共に人を殴因て死を致と有之候条ニ依、情実を被度罪を可被科者ニ而ハ有御座間敷哉と奉存候事、

下津久馬自筆

本紙利吉事、先年分職安野形助再議仕置候通ニ而、死活之境明白之論判無之、且利吉兄清四郎殴殺之次第次郎次悴共ゟ利吉え対し、遺恨ハ晴不申御裁許之御模様ニ寄候而は復讐ニ及候も難斗、万一利吉死を被宥出牢被仰付候末、右之者共ゟ同人を殺害にも及候節は、御取扱之処甚六ヶ敷、因而当時之通被差置候ハヽ、死を被宥候旨趣、且万一之節御取扱之煩も無之と云を以、先御決議ニは相成居申候得共、於其身未夕如何様共不被仰付、於御刑法方も未夕口書之片付等不仕、右一件に追々牢内ゟ願出候筋も有之、且利吉儀謹方宜敷牢中之扱ニも相成候由牢番共ゟも願出、第一は右僉議之趣御刑法方におゐて不安意之次第見込候趣共、委細別紙書付之通ニ而、於私も同意之事ニ御座候、併御衆議ニ而御決議ニも相成候儀を今更議候は不憚次第奉存候得共、又不容易罪状之もの御判決之処不安意ニ御座候而其儘黙居候は尚更恐多事ニ付左之通、

本議幷安野付紙之趣共都而論判之取出し、謀殺之従加巧と被見候ゟ被取出候様ニ相見候、尤安野論説之内ニは謀殺之従とは難見究を以死を被宥候一端ニも被取用候様相見候得共、死活之境明白之論判は無之、矢張謀殺之加巧と被見候域は離レ不申、此処甚不安意ニ御座候、利吉口書を以見亙候得ハ別紙御刑法方見込之趣も相添置候通、初より兄清四郎造意之筋は於其身毛頭存不申、兄清

四郎え次郎次ゟ及過言、其末用人ゟ取懸候様子見受候而は、兄弟之間於情其儘難忍、且其以前清四郎儀打擲ニ逢候段も承り居、旁憤ニ不勘次郎次え取懸候迠ハ格別不埒共相聞不申、其後ハ互ニ取合闘殴ニ及ひ、利吉も弥怒気ニ乗シ次郎次迯去候を追掛組伏せ居候処え、清四郎参り斧之柄ニ而強打死ニ至候、右打擲いたし候儀も口書之通ニ而は火急之間と相見申候得共、其場ニ至利吉儀留不申儀ハ不届之至ニ御座候、併利吉儀殺候加巧迚ハ聊も無之、左候得は前文之通最初ゟ清四郎造意之筋ハ毛頭存不申、忽急難を見其場難去前条之及仕形候得は、同謀共殺之条を以利吉を被判処候儀は何分ニも落着兼申候、利吉儀清四郎と同断之者ニ付致同謀之形ニ相見候得共、情緒ハ甚清四郎と異り情を考御刑法ニ判擬仕候得は、申合倶ニ人を殴因而死を致と云条ニ就候方、於利吉は相当仕候ニ而ハ無御座哉、左候得は闘殴殺之条内若申合倶ニ人を殴因而死を致候ハ、致命之傷を致候もの刎首、造意之者刺墨笞百徒三年、其余は各刺墨笞百と有之を以、利吉儀造意且致命之傷を成候ものニ無之候付、刺墨笞百可被処哉之処、境を踰致出奔候重ニ就刺墨笞六十徒一年之刑可被処哉、尤不容易犯罪之者ニ付御衆議可被下候事、

　但本行之通刑ニ被処候而次郎次忰共も少しハ憤を洩可申哉、且又利吉儀罪状明白之上相当之御刑法被仰付候儀ニ付、最早次郎次忰共ゟ復讐可致道理無之段、（i）文化二年七月大津地筒南物七え被仰付候例を以、支配方ゟ精々加教諭候様可被仰付儀は勿論之事ニ候得共、利吉組伏居不申候ハヽ、其場死は免れ可申と、夫を存出候而は遺恨ハ晴申間敷、次郎次忰共ニおゐてハ為子ものゝ至情実ニ難忍儀ニ而、安野再議無余儀永牢之議有之候も偏ニ此所ニ難被黙止様子相見、重畳尤之儀ニ相聞申候、因而法之正を得民之情義を被養候両全之論は、別紙書付之趣ニ斟酌を加、徒之年限満候上相応之金銭被下何方えそ有付候様被仰付、他境え払出可被仰付哉、左候へハ安野再議之主意民之情義を養候道も相立可申、万一其上ニも次郎次忰共附慕致殺害候儀も有之候ハヽ、無致方其節之模様ニ応し相当ニ可被仰付哉、

付紙

　本行之趣猶反復考議仕候処、末条詮議之通り徒之年限相済払出被仰付議ニも御座候ハヽ、文政七年以来ハ十一ヶ年程被召籠置、先ハ永牢同前之身分存命罷在候こそ此節之幸ニて有之候間、別段を以徒ハ被宥候而何程ニ可有之哉、尤右之通ニ而は笞六十限ニ而払出と申ものニ相成、御刑法ニおゐて軽過可申候間、闘殴殺余人は各刺墨笞百之本条ゟ取出可被仰付哉之処、刺墨有之候而は在付

向ニ而被忌嫌難渋可致方ニ付、折角路資をも被給儀ニ候ハ、猶別段を以、刺墨ハ被宥百笞之刑ニ而末条附紙之通可被仰付哉、

末ニ付紙

他境え被払候例、御国ニ而は近十年無之候得共、於江戸は罪状次第間々有之候付、他境え被払候ハ、此例を用ひ　公辺御届等可有之、尤此節罪状ニ而之追放とハ訳違之儀ニ付、他境有付之僉議ハ可被下置哉と本行之通、

御刑法方付紙　高橋弥四郎執筆

御本文之通御決議ニ相成候ハヽ、御刑法方集銭之内七両程も可被下置哉、尤利吉儀御刑法即日払出被仰付候ハヽ、次郎次忰共承付如何成変ニ至可申哉も難斗、其上御払出之儀は御咎外之儀ニも御座候間、直ニ御払出被仰付候ハヽ、落着向等之心当も無之、差寄路頭ニ立可申哉、因而御刑法相済候上暫徒刑小屋ニ被差置、東西参り向其身弁理ニ任せいつとなく払出被仰付而ハ如何程可有御座哉、

佐田右平付紙

本紙ニも顕置候通、此節不得止両全之論を以払出被仰付候事ニ付、右払出被仰付候段ハ徒刑於小屋申渡、御旨趣も不洩様ニ申聞せ可申事、

◇引用先例

（i）文化二年七月　大津地筒　南物七（**『人命』未収録**）

五　判例法の形成（法の創造）

判決8　「天保六年五月十七日　熊次・新助（倅）・栄八（甥）、十平致死一件」では、十平は先妻れをと離縁後も密通していたが、争論に及び殺害の存念があってか剃刀を持ち先妻に飛びかかった。驚き止めに入った熊次娘に手傷を負わせたため、熊次は十平を引き倒し組伏せたが面部にも負傷し、危急のところを倅と甥の助勢で力を得て、薪

で打擲したところ、追って十平は致死。

（奉行副役・西村半助僉議）　熊次が薪で打擲したのは「闘殴とハ情緒全異候処」であり、「事柄は違候得共夜中無故して潜ニ他人之家内ニ入候を、抑者を相拒互ニ相殴て因死ニ至候は強盗を殺ニ准と云条を以相考候得は」、十平は刃物を携え暴悪の振舞に及び、取押えに手向かい数人に刃傷を負わせ捕者を拒む情緒は、窃盗捕を拒むと同様であり、罪状は十平の方が返って重く見えるのであり、「窃盗捕者を相拒相殴て因て死ニ至候ハ、強盗を殺と云条ニ因り、熊次儀は無御構可被差置哉」。

ここでは盗賊編「夜中無故して他人之家ニ入」条（「夜中無故して潜に他人之家内に入候者笞四十、主家即時致打擲候は無構、因て死に至候ハ、笞八十、……但捕候者を拒互に相殴て死に至る候ハヽ、強盗を殺に准す」）、人命編「強盗を殺」条（「強盗を殺候ハ無論、……」）を準用して、刃物で切り付け数人に手傷を負わせた凶悪者を致死させた熊次の行為は罪に問わないとしている（但、十平が弱っても打擲した心得違いで「叱」）。刑法草書に規定がない一般的な正当防衛の法理を判例で創造したものとして評価できよう。熊次の倅新助と甥栄八についても、危難の場に臨み熊次を救うために薪で十平を打擲したのであり、致死となったが闘殴とは事情が異なり、熊次と同様に無構とある（但、強打した心得違いで「叱」）。また十平離縁の妻は和姦罪で「五十笞」とある。

・・・・・

資料／【判決8】（整理番号二五六）(22)

天保六年五月十七日　　野尻手永木郷村之内今村　熊　次

右は、同手永中村十平と申者剃刀を以熊次娘わさえ手疵を負せ候ニ付、取抑可申といたし候処、自身えも所々手疵を負候ニ付手強打擲いたし候処、十平儀追而死ニ至候、

西村半助自筆

此熊次儀、十平を致打擲四日を経而死ニ至候付、闘殴殺を以僉議も可仕哉之処、十平儀離縁致先妻れをニ相通居、其末及争論殺害之存念ニも為有之哉剃刀を携飛懸り、れをを捕可申といたし候付、熊次娘わさ相驚止メ可申と十平ニすかり付候を刃傷を負せ候間、熊次取押可申と十平髪を握引倒組伏せ候処、面膚其外ニも刃傷を負ひ、流血目口ニ入働も成兼危急之場ニ候処、忰新助・婿栄八薪を以打掛り相救候付、力を得是又薪を以十平を致打擲、其節は炉火も消暮頃ニ而家内暗ク殊面膚之疵に而目も相見不申、何方との目当も無之致打擲居候処、大作駈付死ニ至候は如何可致哉と差止候付其分ニ致置候由、畢竟十平右之通之振捌いたし候間、素手ニ而取押可相成様も無之、薪を以致打擲候儀ハ不得止時宜ニ而闘殴とハ情緒全異候処、事柄は違候得共夜中無故し而潜ニ他人之家内ニ入候を、抑者を相拒互ニ相殴て因死ニ至候は強盗を殺ニ准と云条を以相考候得は、十平儀右之通刃物を携暴悪致振舞候ニ付、取押ニ懸り候処致手向、数人ニ及刃傷捕者を相拒候情は、右窃盗捕を拒候も同様之儀ニ而、罪状は十平却而重ク相見候間、窃盗捕者を相拒相殴て因て死ニ至候ハ、強盗を殺と云条ニ因り熊次儀は無御構可被差置哉之処、十平弱候而も打擲いたし候儀は心得違之事ニ付、其儀は叱可被仰付哉、

但本行之通熊次列十平を致打擲居候処、大作駈付候得共、是以素手ニ而搦取候儀出来兼、薪を以押候上市右衛門縄を懸候様子を以相考申候は、格別弱り候躰ニも相見不申、何れも差押候存念は顕然と相分申候間、別紙相添置候（ⅰ）「文政七年十二月」上岩村茂助事柄ニ大抵致比類候付、旁本行之通僉議仕候、如何程ニ可有御座哉、

天保六年五月十七日　熊次忰　新　助

右は父熊次儀中村十平ゟ刃傷を負候付、薪を以同人を致打擲候処、追而死ニ至候、

西村半助自筆

此新助儀――祖父母父母人ニ殴るゝに因而子孫其人を殴候ハゝ、無論、因而残疾以上ニ至候ハゝ、闘殴之条ニ三等を減と云ニ就僉議も可仕哉之処、熊次十平を取押候筈之処、刃物を以相拒刃傷を負せ、危難之場ニ付素手ニ而相救候儀可相成様も無之、薪を以致打擲候儀ハ其分之儀ニ而、其末死ニ至候得共是以闘殴とハ事情相異、熊次取押候儀も致助力候処十平儀手向、右之次第ニ付熊次同断

之条ニ就無御構可被差置哉之処、強致打擲候儀は心得違之儀ニ付叱可被仰付哉、

天保六年五月十七日　　野尻手永木郷村之内今村　市右衛門養子　栄　八

右は前条熊次儀、十平ゟ刃傷を負取押候儀出来可申見込無之、甚危難之場ニ而救不申候而は熊次命分も無心元候ニ付、薪を以十平を致打擲候処同人儀追而死ニ至候、尤栄八儀も傷を負ひ候、

西村半助自筆

此栄八儀――十平を致打擲候処、刃物を以致手向、刃傷を負せ廃疾ニ至、十平儀も追而相果候間、闘殴殺之条ニ因僉議も可仕哉之処、親戚（「熊次ハ叔父ナリ」）之急難を相救暴悪之者を取押候事情ニ相見、十平儀ハ捕を相拒及手向右之次第ニ付、前条同断之条ニ就新助同様可被仰付哉、

天保六年五月十七日　　菅尾手永中村之内尾崎村　喜太郎娘　れ　を

右は先夫十平と離縁後致密通居、其末争論ニおよひ死傷之者も致出来候、

西村半助自筆

此れを儀――和姦は笞五十と云を以五十笞ニ可被処哉、

◇引用先例

（i）（整理番号一六三）[23]

文政七年十二月四日　　南関手永上岩村　茂　助

右は娘つる儀、山鹿手永津留村之内え使ニ遣候処、夜ニ入候而も帰不申候付尋ニ罷越候処、中村手永中村善七と申者つるを致同道居候由途中ニて承り候段申聞付、如何様之子細ニて同道いたし候哉心遣ニ存候得共、住所不定何方を尋可申哉と工夫致居候内、右善七儀つるを連熊本え致滞留居候処、つる儀帰り度由之伝言相届候付、早速迎人指越候付連帰候、其後つる村内之井戸ニ水汲ニ参居候処、前文善七連越ニ参候由知せ候付井戸場え参見候処、甥只助ハ善七髻を握押臥居、つるハ背筋ニ手疵負倒臥、悴右衛門も

肩先面膚ニ手疵負ヒ破血いたし候を手ニて押付居候を見候より、両人之子供死ニも至り可申と甚指迫り、鍬を以善七両足を三ツ四ツ致打擲候内、頭百姓両右衛門参相宥候付其分ニ指置候、然処善七儀容躰悪ク相見候間医師三人え懸療治を加候得共、其夜相果候、

南関手永上岩村　夫　助

右は同村ニ居候従弟金右衛門幷同人妹つるを、前条善七ゟ手疵を負せ候付、指押候ため払倒候儀ハ其分之事ニ候得共、其末同人足鍬を以一ツ二ツ打擲いたし候、

同村茂助悴　金右衛門

右は前条善七ゟ手疵を蒙候付、取押可申と組臥取押候儀ハ其分之事ニ候得共、夫助致所持居候鍬を取善七足を手強ク打擲いたし疵を負せ候付、死ニも至り候、

右茂助娘　つ　る

「(朱書)強姦之部ニモ出ル、」

右は山鹿手永津留村之内え使ニ参候途中に而前条善七え行逢候処、自身女房ニ相成可申と申聞候付相断迯去り候処、追懸胸を取り是非女房ニいたし熊本え連行可申と刃物を見せ、申分ニ随不申候得ハ其分ニ不指置と申聞候付、進退指迫り不得止事申分ニ随候間、直ニ熊本え連越今京町ニて用助方え滞留いたし居候内、通合相暮居候処、兼而存居候山鹿平山村光右衛門右用助方え参り候付、善七連越候次第相咄宿元え帰度、迎を指出候様取計呉候様相頼置候付、村方親類共迎ニ罷出候間、用助取斗ニて迎之者同道罷帰候、然処其後村中之井戸え水汲ニ参居候処、善七脇差を帯罷越尚又連行可申と胸を取り申聞候付、迯去候儀も難成色々相断候内兄金右衛門駆参候付、善七儀胸之手を放シ候間迯出候処、同人儀帯居候脇差を抜背筋ニ切付候間倒気絶いたし候、其末兄金右衛門えも手疵を負せ候付、父茂助右金右衛門ゟ善七を致打擲候付死ニも至り候、

服部太門自筆

此茂助儀、中村善七を及打擲死ニ至候付、闘殴を以可論哉之処、善七儀茂助娘を劫シ連去姦通いたす而已ならす、悴幷娘ニ刃傷を負せ重畳不届之振舞、畢竟其場ニ参懸子供両人死亡ニも及可申と指迫り、鍬を以足を打擲いたし理直ニ有之、其上左右之足打殊

ニ医師数人指遣療治を加せ候処ニても殺害之造意無之儀ハ相分、且事柄ハ違候得とも窃盗を捕候節手向ニおよひ互ニ打因而死ニ至候ハヽ、強盗を殺ニ准スと云之条より推シ候得は、娘を劫シ奪取而已ならす子供両人ニ及刃傷取押之親類共えも及手向候者を、窃盗之手向いたし候者を打候ゟ重キニ被処訳ハ有之間敷哉ニ付、無御構可被指置哉ニも候へ共、茂助参候節ハ最早只助ゟ押伏せ居、手ニ余り候折柄ニハ無之候得ハ、取押相違上裁を受可申処、猶手強ク及打擲候処ゟ死亡ニも至り、心得違之段ハ叱可被仰付哉、

金　助

右は善七ゟ刃傷を負ヒ、取押可申と打合候儀ハ其分之儀ニ候得共、既ニ組伏せ候上ハ取押上裁を受可申処、尚手強ク足を及打擲候儀ハ心得違ニ付、右同断、

夫　助

右は従弟両人を及刃傷候善七を指押候ため払倒シ押付候処、善七乍伏脇差之柄を取候付、鍬を以同人足を一ツ二ツ致打擲候ハ左も可有之儀ニて、不埒相見不申候ニ付、無御構可被指置哉、

つ　る

右は被劫不得止事とハ乍申納得致密通候ニ付、和姦ニハ難就、全ク強姦之婦女を以も難論、的条例相見不申候、

明律譯義ニハ左之通

刁姦ハ威勢抔ニていやといふ事のならぬやうニして引出シて姦するを云、是も女之和せはならぬ事故男女共ニ杖一百、

右之通相見候得ハ、此者ハ刁姦之婦女ニ相当可申哉ニ付、無斟酌笞刑ニも可被処哉にも候得とも、一通り威勢抔ニて納得せしめ候とハ違刃物を以劫シ候事ニ候得ハ、強姦ニ格別不相替程之儀ニ有之、其上重刃傷をも負候事ニ付、旁無御構可被閣哉にも候得共、不得止事とハ乍申致納得候処ゟ死傷之者も出来いたし候事ニ付、叱可被指置哉、

むすびにかえて

以上、『刑法草書』による裁判事例を取り上げて「責任主義」について考察したのであるが、判例の積み重ねの中で、「初より殺候造意は無之」は闘殴殺の構成要件要素・責任要素へ昇華し、闘殴殺では「情緒」がある場合に減軽される。減軽事由となる「情緒」は、(1)良賤、(2)理直、(3)余症であり、死刑が減軽された。(3)における実行行為と結果との因果関係に関しては、清律保辜限期条例によった。『刑法草書』では予謀の殺意と一時の殺意はそれぞれ謀殺罪、故殺罪の構成要件要素・責任要素であり、闘殴殺のそれと区分される。『御定書』は結果責任から過失責任主義への移行期にあると考えられるが[24]、『刑法草書』は加害者の可罰に故意を要件とする段階にあり、『御定書』よりも結果責任を排斥する近代刑法に一歩近づいた段階にあると評価できよう。

ここでは責任主義に関して興味深い八判決例を取り上げたが、結果的に文化十年八月から天保六年五月までの時期に集中した。だが、このことは偶然のこととは考え難い。この時期は刑法典改正・再編の改革期に当たるのであり、僉議が活発化し、判例法理が展開・深化した時期であった。(1)天保年間に、『刑法草書』(宝暦十一年十一月施行法)改正が開始され、僉議による決定事項(=「例」)、参考とすべき判例を収集整理して、『清律彙纂』を参考に『刑法草書附例』(八編九六条目一五三条)が編纂され、天保十年十二月から施行された[25]。(2)天保九、十年ころ刑法草書の各条文のあとに、宝暦十一年六月から天保八年十一月までの熊本藩刑事裁判例と高瀬喜朴『明律訳義』の関連箇所を摘録した『熊本藩刑律和解及御裁例』が編纂されている[26]。(3)文化期には、奉行・白石清兵衛が、徒刑囚は徒刑小屋収監中に却って悪風に染まり更生・改善の効果は疑わしい、他方で徒刑費用は多額の歳出となっており、財政緊迫の中で教育刑として実効性の乏しい徒刑は停止すべきである、と具申する。ここに徒刑停止の僉議が始まり、刑法方からは徒刑停止は徒刑を主たる刑罰とする刑法全体にかかわる問題であるから熟議すべきであるとの要請もあったが、奉行・島田嘉津次の指示で徒刑満了・在付者の更生調べの結果を踏まえ、文化二年正月に徒刑停止が決定された。徒刑停止期間は約十年間に及び、文化十一年七月に旧復の仰付があった。(27)

「文政十一年九月廿五日　宇土家中被官　嶋田岩太、新助殺害一件」再議付札に、「宝暦・安永之比ニ立戻り、於御刑法方数十日例をも吟味仕候へ共、已前は寄合決議之上夫々御咎等被仰付候と相聞、僉議書等無御座、依御刑法ケ様ニ被仰付候との記録迄ニて、見合ニ可相成例相見不申候、」(整理番号二二二)(28)とある。宝暦・安永期ごろは寄合決議で判決を下しており、犯罪事実と罰条・刑罰の記録のみで、僉議書は作成されていなかったようである。その後、寛政期ごろから家老・奉行等による評議記録書である僉議書が作成されるようになり、このことは判例主義(先例主義)の裁判において的例（類例）の調査を適確に迅速化すると共に、さらには法解釈の深化と判決の合理性の担保へ新たな扉を開けるものであった。『人命』(全三冊)は人命編に関する刑事判決集というよりも、重要な僉議記録簿・先例集として編集された刑事判例集と呼ぶべきものである。裁判審理の中で僉議される例書(類例、例)は若干の例外はあるものの大方『人命』の中に見出せるのである。次稿では、『人命』と『誅伐帳』を比較対照して、犯罪事実の認定と刑罰の決定に関して、一端の解明を試みたい。永青文庫には『誅伐帳』(慶安四年〜文久三年)一五冊が所蔵されている。

註

(1)　山中至「熊本藩『刑法草書』における殺人罪・傷害罪の法的構成について」(熊本大学法学部創立三十周年記念『法と政策

をめぐる現代的変容』成文堂、二〇一〇年）二五三頁以下。山中至分筆「第四編幕藩法・第六章刑法」（浅古弘他編『日本法制史』青林書院、二〇一〇年）二一二頁以下。平松義郎『江戸の罪と罰』（平凡社、一九八八年）九七頁以下。

(2) 熊本大学附属図書館寄託永青文庫『人命　宝暦五年ヨリ文化七年迄』（第一冊）、『人命　従文化八年至文政八年』（第二冊）、『人命　従文政九年至天保五年』（第三冊）。以下、『人命』（第一冊）などと略す。

(3) 『人命』（第二冊）文化十四年七月廿二日判決。

(4) 『人命』（第一冊）寛政十二年十二月判決。

(5) 『人命』（第二冊）文化九年十月廿七日判決。

(6) 『人命』（第一冊）文化六年十二月廿一日判決。

(7) 『人命』（第二冊）文化九年十月廿七日判決。

(8) 『人命』（第三冊）天保五年十一月十八日判決。

(9) 『人命』（第三冊）天保二年八月廿九日判決。

(10) 『人命』（第三冊）文政十一年九月廿五日判決。

(11) 『人命』（第二冊）文化十三年八月廿七日判決。

(12) 『人命』（第一冊）寛政十一年九月判決。

(13) 『人命』（第二冊）文化十一年十二月廿三日判決。

(14) 『熊本藩　御刑法草書附例』（中沢巷一監修『藩法史料集成』創文社、一九八〇年）四八八頁以下。

(15) 『人命』（第三冊）天保五年二月十日判決。

(16) 『人命』（第一冊）文化五年七月廿七日判決。

(17) 『人命』（第二冊）文化九年七月廿七日判決。

(18) 『人命』（第二冊）文化十年八月廿三日判決。

(19) 『人命』（第一冊）寛政八年一月判決。

(20)『人命』(第二冊) 文化十四年十一月七日判決。

(21)『人命』(第三冊) 天保六年四月九日判決。この判決は『熊本藩刑律和解及御裁例』にも収録されている。小林宏・高塩博編『熊本藩法制史料集』(創文社、一九九六年) 七〇八頁以下。山中至「前掲論文」二六九頁以下。

(22)『人命』(第三冊) 天保六年五月十七日判決。

(23)『人命』(第二冊) 文政七年十二月四日判決。

(24) 中田薫氏は、御定書第七十四条「怪我にて相果候もの相手御仕置之事」第三項、例書第七十二条 (宝暦十一年五月仕置例) 等に拠り、「御定書に於ける刑事責任主義は、古代の結果責任主義から将に近世の過罪責任主義に移らんとする、過渡期の変遷を示して居ると云ふことが出来るのである。」と結論する。「徳川刑法の論評・第四結果責任主義」『法制史論集第三巻上』(岩波書店、一九四三年) 七四〇頁以下。

(25) 高塩博「熊本藩『刑法草書』の成立過程」(小林宏・高塩博編『前掲史料集』) 六九頁以下。

(26) 九州大学法学部所蔵『熊本藩刑律和解及御裁例』三冊、鎌田浩氏所蔵『刑法判決例』一冊。山中至「前掲論文」二七〇頁。

(27) 鎌田浩「熊本藩における刑政の展開」(『法と権力の史的考察―世良教授還暦記念 上―』創文社、一九九七年) 六三五頁以下。『参談書抜』廿九、三十九 (小林宏・高塩博編『前掲史料集』八四八頁以下、八七五頁)。

徒刑再開の時期について、「文化十一年七月十九日　貞右衛門・茂助、太助致死一件」に、「本行両人は最早年内御刑法被仰付候日限も無之、来春ゟ徒刑小屋御取建ニ相成旧復被仰付候事ニ付、右小屋出来之上御刑法可被仰付哉と右之通僉議仕候」(『人命』第二冊、整理番号一三二一) とある。徒刑が停止されたのは、文化二年正月から同十一年十二月までの十年間であり、文化十二年正月から旧復 (復活) となったのである。また、徒刑停止期間中の刑の執行に関して、「文化六年十二月廿一日　磯右衛門、和平次致死一件」に、「額ニ刺墨百笞徒三年之刑ニ可被処哉之処、徒刑被差止候付、額刺墨百笞之刑可被処哉、但重而犯候ハヽ、死刑可被仰付哉、」(『人命』第一冊、整理番号〇九〇)、「文化六年　弥右衛門列、平七殺害一件」の中に、「此茂助・惣七・円助儀……刺墨八十笞徒二年之刑可被処哉之処、徒刑被差止候間、刺墨百笞之刑可処哉、」(『人命』第一冊、整理番号〇八九) とあり、「文化八年十月九日　甚七、長右衛門致死一件」に、「百笞徒三年刑ニも可被処哉之処、徒刑被差止候ニ付、刺墨百笞之刑被処、重而右躰之儀有之候ハ、死ニ被入候段申渡し候様可仕哉、」(『人命』第二冊、整理番号一二一)とある。額刺墨百笞徒三年→額刺墨百笞(再犯は死刑とする)、刺墨八十笞徒二年→刺墨百笞、百笞徒三年→刺墨百笞(再犯は死刑とする)とあり、徒刑停止中は「(額)刺墨百笞」に画一的な刑罰の集約が窺える。

(28)『人命』(第三冊)文政十一年九月廿五日判決。

第七章　陸奥国二本松藩の刑事判例集について

高塩　博

はじめに

二本松藩は、外様大名の丹羽氏が陸奥国安達郡・安積郡に十万石餘を領有した中藩である。丹羽氏は戦国期以来の名門大名の一つであり、寛永二十年（一六四三）、白河城主丹羽光重が二本松に入封し、それ以後一度も転封を被ることなく、第十一代藩主長裕のとき明治を迎えた。本稿は、二本松藩の刑事判例集を紹介するものである。現在、左の六種類の刑事判例集を確認している。

1「刑例撮要」三巻五冊　寛政六年（一七九四）成田頼直編
2「折獄簿探例」四冊　文政五年（一八二二）丹羽秀敏編
3「劓黥折獄」一冊
4「死肉再犯」一冊
5「笞刑撮例」一冊
6「笞刑便覧」三冊　天保九年（一八三八）武田忠貫編

このうち、1「刑例撮要」、2「折獄簿探例」、3「劓黥折獄」が犯罪類型による判例抜書であり、4～6の判例集は刑罰の種類ごとの判例抜書である。これらの判例集を検討することにより、二本松藩における犯罪と刑罰、あるいは刑事政策などをかなりの程度明らかにすることが出来ると思われる。そのためには各判例集の内容を詳細に検討する必要があるが、今はその余裕がないのでその概要を紹介するに留める(1)。

一 「刑例撮要」三巻五冊

伝本

「刑例撮要」は、二種類の伝本が存する。二本松市の故崎田俊夫氏所蔵本（崎田家本と称する）と二本松市歴史資料館所蔵八木沢家文書本（八木沢家本と称する）とである。崎田家本は全四冊で、第二冊を欠く(2)。八木沢家本は全三冊で、第一・第三冊を欠く(3)。相互に欠損を補うことによって、「刑例撮要」が三巻編成であったことが判明する。その編成は第一冊が巻之一、第二・第三冊が巻之二、第四・第五冊が巻之三である。

「題言」と編者

本書の冒頭には、四項目から成る「刑例撮要題言」が存する。左に示す通りである（(1)〜(4)は引用者が与えた）。

刑例撮要題言

(1)一舜典曰、象以典刑、流宥五刑、墨・劓・剕・宮・大辟 鞭作官刑、朴作教刑、金作贖刑、眚災肆赦、怙終賊刑、過有罪当緩赦之、怙姦自終、当刑殺之、

又曰、五刑有服、服従、言得軽重之中正、 五服三就、行刑当就三処、大罪於原野、大夫於朝、士於市、 五流有宅、五宅三居、大罪、四裔、次九州之外、次千里之外、 克明克信、明信五刑、無敢侵者、 又曰、明于五刑、以弼五教、刑期于無刑、又曰、臨下以簡、御衆以寛、罰不及嗣、賞延于世、宥過無大、刑故無小、罪疑惟軽、功疑惟重、与其殺不辜、寧失不経、好生之徳、洽于民心、茲用不犯于有司云々、是古聖

人之所定論、而雖華夷不同域、古今異情、用刑之大旨、不出此数言、案獄議罪之吏、克居恒服膺此語、則当無大過、

(2)一予承乏叨職刑曹、固無片言折獄之明、恐有失出失入之誤、故毎事欲奉国家之訓教、照先哲之公案議之、所謂集此書也、若夫聡明之子、以一家権衡為至当者、此書亦何用為、

(3)一此書所案牘、始寛延紀元戊辰、終天明八年戊申、凡四十有一年間、有司之所準拠尽焉、寛政改元以後案牘有可取者、則載諸附録、

(4)一分門聚類、仮用律之目、然一時集成、自使点検不遑校定、故品目混淆者不少、其如再校者応須他日耳、

寛政六年甲寅孟冬、松藩獄吏成田直書

この「題言」の末尾に、「寛政六年甲寅孟冬、松藩獄吏成田直書」と見える。すなわち、本書は二本松藩の獄吏の職にある成田直という人物が、寛政六年（一七九四）十月に編纂した刑事判例集なのである。成田直とは成田頼直のことで、二本松藩の重臣成田頼綏の子として、宝暦十年（一七六〇）に生まれた。通称を又八郎、字を伯温という。文筆を好み確斎、遊藝堂などと号した。天明八年（一七八八）に渋川組の代官に就いたのを皮切りに、郡奉行、郡代、城代へと昇任し（三百石）、六十三歳の文政五年（一八二二）に致仕した。致仕の後は島友鷗の筆名を用いてますます著述に励み、天保四年（一八三三）四月二十七日、七十四歳にて没した。[4] この間、家臣の家譜である「世臣伝」の編纂に携わり、自らの著作としても考証研究、随筆および日記などを数多く残している。[5]

成田頼直は、代官を経験したのち、寛政四年（一七九二）閏二月、郡奉行見習となり、同六年四月に郡奉行本職に就いた。[6] この経歴と「一時集成、自使点検不遑校定」と記す「題言」第四項の記述から推測するに、「刑例撮要」は彼が郡奉行本職に就任したのを契機として編集が開始されたと考えられる。このとき頼直は三十五歳である。同十一

年（一七九九）までその職にあった(7)。

「題言」の第一項は、「案獄議罪之吏」すなわち刑事裁判を担当する役人の心構えを、『尚書』の章句を引用して説いている。『尚書』から四箇所を抄出するが、最初の二箇所は「舜典」からの引用である。続く二箇所も「又曰」として引用するが、実は「大禹謨」からの引用である。編者は四つの章句を引用した後、次のように述べる。すなわち、これら『尚書』の記事は、中国古代の聖人の定めるところであり、江戸時代の日本とは地域を異にし、時代を異にする。しかしながら、刑罰を適用する大旨はこれらの章句に尽くされているから、「案獄議罪之吏」は平生からこれらの心構えを肝に銘じておけば大過はないという。

「題言」の第二項では、次のように述べている。訴訟を裁く賢明さに欠ける自分は、刑罰を誤って重くしたり軽くしたりすることを恐れている。それがために「国家之訓教」を奉り、「先哲之公案」すなわち模範とすべき判例に照らして刑を議論することを願って本書を編纂したのであり、刑事裁判の規準として利用されることを希望するとしている。

「題言」の第三項によると、本書には寛延元年（一七四八）から天明八年（一七八八）までの四十一年間の判例のうち、裁判役所が準拠すべきものをことごとく収録したという。また、寛政元年（一七八九）以後の判例で採用すべきものは、附録に収載するとも記す。しかしながら実際は、延享年間（一七四四〜四七）の判例をも採録する。第五冊末尾に置かれる「附録」には寛政元年（一七八九）の判例三件を収録するにすぎないが、これらは「題言」執筆後の追記であろう。寛政七年（一七九五）以降の記事や判例も見出すことができるが、これらも追記である(8)。

「題言」の第四項は、判例の編集方針について「分門聚類、仮用律之目（門を分かちて類を聚め、仮に律の目を用う）」と述べる。また、この仕事を一気に行って点検する時間もなく、その分類に誤りも少なくないので、その点検は他日を期したいと述べる。左に掲げる目録にも、「応就此条点検」という文言が三箇所に記されている(9)（波線部）。

本書の構成と明律

各巻の冒頭には目録が存するので、左に掲げよう（波線は引用者）。

（第一冊の冒頭）

　刑例撮要巻之一目録

一刑曹条令

一評定衆議

一刑曹聚例

一決獄定議

一名例　悪逆　盗賊再犯　赦議　以衆証決罰　犯罪不明白　異色人之咎

一吏律　凡吏胥犯罪、応就此条点検、

（第二冊の冒頭）

　刑例撮要巻之二目録

一戸律　凡戸口之増減隠慝等之咎、応就此条点撿、

一田宅山林（出入）　婚姻出入　銭糧出入

一礼律　不敬之咎在此条、

一関（津）律　郵（駅）律

（第四冊の冒頭）

一刑律　凡盗賊窩主之類、応就此条点撿、贓物買者咎附之、

刑例撮要巻之三目録

一人命　闘欧(殴)　越訴　徒党之類

一詐偽

一私鋳　捕亡　犯姦

一雑犯　賭博之類　放火　禁制之品売買　禁制之殺生　裁許破　過誤傷人　年貢逗　返金逗　酒狂　他所懸合

不穏取計　不相応之藝　不情之取計　艶書之使

一附録　凡寛政改元以後之案牘、可取者載之、

上巻冒頭に配置される「刑曹条令」は、「訴論之理非、罪科之軽重」を論議する役人の心得、死刑裁可の手続き、公事吟味の迅速であるべきこと等、「刑曹」すなわち裁判を掌る評定役の遵守すべき法令を収載する。次の「評定衆議」は、宝暦十二年（一七六二）に制定した刑罰の種類、およびその刑を適用する犯罪などを列挙する。三番目の「刑曹聚例」は、様々な刑事手続きに関し、先例となるべき事例などを輯録し、四番目の「決獄定議」は、死刑執行日と除日に関する記事を輯録する。

「名例」以下が、犯罪の態様に従って分類編集した判決抜書である。その分類は、「仮用律之目（仮に律の目を用う）」と述べるように、「律之目」に従っている。その律とは、中国の明律四六〇条のことである。明律は、刑法総則の「名例」を冒頭に置き、以下、吏律・戸律・礼律・兵律・刑律・工律の六律で編成されており、六律は左のように細目を設けている。

吏律（職制・公式）

戸律（戸役・田宅・婚姻・倉庫・課程・銭債・市廛）

礼律（祭祀・儀制）
兵律（宮衛・軍政・関津・廐牧・郵駅）
刑律（賊盗・人命・闘殴・罵詈・訴訟・受贓・詐偽・犯姦・雑犯・捕亡・断獄）
工律（営造・河防）

すなわち「刑例撮要」は、明律の編成に従って判例が分類されているのである。編集に際しては、「名例」をはじめとして右の傍線を施した用語を使用したのである。

前掲の目録をみると、「刑律」に注記して「凡盗賊窩主之類、応就此条点撿、贓物買者咎附之」とあるが、「盗賊窩主」とは盗人宿を意味し、「贓物」とは不正に入手した財物のことであり、いずれも明律に見える用語である。[10] また、「名例」に「以衆証決罰」という細目があるが、三人以上の証言という意味の「衆証」もやはり明律に見られる用語である。[11] 第一冊の「評定衆議」の項に、盗みの犯罪で斬罪梟首を適用する者として、「造意之者」をあげている。これも明律に見られる用語である。享保時代の明律学者高瀬喜朴はこの用語を注解して「悪事をなさんとたくミたる張本人を造意の者と云、これを首とす」と記す。[12] したがって、犯罪の実行に加わらなくとも、また盗んだ財物の分け前を取らなくとも、造意の者は首犯（主犯）なのである。「造意之者」には注記があって、「但、同類死刑ニ至るにおゐてハ、共に盗に不入とも、盗物配分ハ不受共」と記される。二本松藩は、盗みの共犯について明律の法意を採用しているのである。その他にも明律に見られる用語として、犯罪の助太刀を意味する「加功」という語句が判例文の中に存する。[13] 編者の成田頼直は明律についての知識を豊かに持ち合わせていたようである。

「刑例撮要」に採録の判例

本書に採録された判例の数は、およそ五八〇ほどである。その判例がどのような形で採録されているか、その具体例を示そう。左に掲げるのは、第三冊刑律のうち「産業之者」という細目の冒頭の判例三件である。

延享四卯年　　無宿盗賊
一斬罪梟首　　伝右衛門
　　　　　　　弥伝治

右は産業之者ニ付、斬罪梟首伺置候処、破牢之巧致候段相顕、不待秋、刑即決、

寛延二巳年　　右同
一右同断　刑不被行内、破牢逃去、　　久三郎

右は産業之上、御領内弐ヶ所ニ於土蔵ヲ破、衣類八十余品盗取候ニ付如此、

安永二巳年　　郡山村下町
一右同断　　喜七

右は同丁長十郎方ゟ衣類四品盗取、吟味之上他邦迄罷出、数度致盗、戸壁を穿候道具迄所持、産業無紛ニ付、
贓物不拘多少如此、

「産業之者」とは、盗みを稼業とする常習犯のことである。右の判例は判決文そのものではなくその要旨である。伝右衛門、弥伝次が斬罪梟首の判決をうけた延享四年（一七四七）の一件は、第五冊捕亡の「越獄」という項目にも掲載されている。編者は、「題言」の第四項に「一時集成、自使点検不遑校定、故品目混淆者不少、其如再校者応須他日耳」と述べて謙遜するが、かなり綿密な編集である。

また、第四冊詐偽の冒頭の判例を掲げておこう。

宝暦十三未年　　松岡丁
一田宅取上永牢　　弥次郎

右は此節御手伝被蒙　仰候所、他所旅人へ出合候異説有之ニ付相尋候へ共、申口不相分疑敷様子ニ付、入牢申付遂吟味候処、一向虚説を申触上ヲ欺候内存ニ相聞不届至極ニ候へ共、彼等躰之致方既先年川田村近右衛門不敬之虚事を投文いたし候ニ付、笞刑追放被仰付候ニも類し候事ニ準可申候哉ニ候へ共、此節之義追放等被仰付候ては他之聞へも如何敷候間、永牢申付置追て大赦之砌出牢申付可然、撰談之上如此、

盗みの常習犯についての判決は、おそらく常套句による類型的文章であるから、その要約は右に見たように簡潔である。一方、詐偽犯罪の場合はその内容を説明する必要があるのでやや詳しい要約となっている。

「刑例撮要」に収載する判決は吟味筋のそれであるが、ごくわずかばかり出入筋の判決が存する。それは第二冊戸律に田宅山林出入、婚姻出入、銭糧出入という項目が存し、ここに出入筋の判例を採録するのである。田宅山林出入においては「一同年（延享元年）、大槻村青谷地新開郡山村出入裁許有り」と裁許の事実のみを簡略に記す場合もある。婚姻出入においては、左のように出入筋の判決文を採録する場合も存する。

延享元子年

一　　　　　　　　　下長折村訴訟人
　　　　　　　　　　　弥　作
　　　　　　　　　相手聟養子
　　　　　　　　　　　八十郎

右は養女へ八十郎聟養子ニ呼取置候処、八十郎と不和之訳を以八十郎不行跡ニて、弥作幷養女へも手当不宜旨訴出候処、弥作申分不相立、不和之義ニ候へは八十郎義を縁絶申付、女房ハ夫ニ随ひ候義候間、是又八十郎一所ニ相返し、八十郎持参金も候ハヽ、是又可相返旨、御代官中宅ニて被申渡候様達ス、

「職例秘要」所収の「刑曹条令」

ところで、「刑例撮要」の第一冊（巻之一）は、「刑曹条令」の書名で「職例秘要」という書に収載されている。「職例秘要」は、大目付、町奉行、郡奉行、勘定奉行、郡代書役などの職掌に関する書である。この法制の書は、二本松藩の職掌に関わる法令、規則、先例などを記した書を、様々な書物から集めて編成している。『二本松市史』第四巻（資料編2、昭和五十五年）は、東和町斎藤四郎氏所蔵本の「職例秘要」十二冊を翻刻している。収載順に示すならば、

一「職例秘要」評定役　刑曹条令
二「職例秘要」大目付　大監要録 巻二
三「職例秘要」町奉行　年中綱記
四「職例秘要」郡奉行一
五「職例秘要」郡奉行二
六「職例秘要」勘定奉行
七「職例秘要」先手者頭
八「職例秘要」人帳外除方御定書奥間
九「職例秘要」史職要覧 巻第一
十「職例秘要」郡代書役二　史職要覧 巻第二
十一「職例秘要」郡代書役三　史職要覧 巻第三
十二「職例秘要」郡代書役四　史職要覧 巻第四

というものである。(14)「職例秘要」大目付は、内題に「大監要録巻二」とあるから、その書の巻二からの収載である。同様に、「職例秘要」町奉行は、「年中綱記」なる記録からの採録である。「職例秘要」郡奉行一・二は内題が記されていない。しかし、そのうち郡奉行一については、典拠が判明した。「郡司必録」一・二・三（二本松市歴史資料館蔵市川正一家文書）および「司郡必要」上（同館蔵八木沢家文庫、下冊は欠本）がそれである。いずれの書も「職例秘要」郡奉行一に内容がほぼ一致する。また、徒目付の職掌に関する「職例秘要」も近年紹介された。(15)このように、「職例秘要」の名のもと、各種の記録の中から職掌に関する書冊を採録して二本松藩職掌集のごとき叢書を編集したのであろう。編者、編纂時期は未詳である。評定役の職掌を記す書として、「刑例撮要」からその第一冊（巻之一）を採録し、

その際「題言」「目録」を省くとともに、書名として「刑曹条令」を採用したのである。「職例秘要」収載の「刑例撮要」第一冊（上巻）を「刑曹条令」の書名によって翻刻したものに、『大玉村史』史料編、一六一〜一七四頁、昭和五十三年、（福島県安達郡）大玉村編刊『二本松市史』第四巻資料編2、一七五〜一九九頁、昭和五十五年、二本松市編刊が存し[16]、また、「評定役」の書名によって翻刻したものに、

吉田正志編『藩法史料叢書』6二本松藩、四一五〜四五一頁、平成二十七年、創文社

が存する。『大玉村史』は、東北大学附属図書館蔵の「丹羽家記録」を翻刻したものと推測されるが、「名例」の「異色人之咎」以下が活字化されていない。『二本松市史』は斎藤四郎氏所蔵の「職例秘要」所収本、『藩法史料叢書』は「丹羽家記録」を翻刻したものである。この両者の間には差異が存しない。

「刑例撮要」第一冊（巻之一）と「職例秘要」所収「刑曹条令」との差異

一方、崎田家本の「刑例撮要」第一冊（巻之一）と「職例秘要」所収本との間には、若干の差異が見られる。すなわち、「職例秘要」所収本に「題言」「目録」が省かれている以外に、本文中においても左のような若干の差異が存するのである。

「刑例撮要」の成立は、前述したように寛政六年（一七九四）十月である。しかしながら、両者ともに寛政九年の左の記事を採録するから、成立後の追記が存するのである。

一寛政九巳年閏七月九日、南戸沢村庄左衛門殺害一件披露有り、御当代始て大辟（窺）也、御先代御付札之御印章刑期于無刑ノ文字御用之所、此度ゟ明刑弼教ノ文字ニ御改ニ罷成、何れも尚書大禹謨ノ文也、（「決獄定議」の項）

崎田家本の「刑例撮要」第一冊には、さらに時代が下る記事が収載されている。享和三年（一八〇三）に「片鬢剃追払」を申渡したのが左の判例である。

享和三亥　　伊達無宿
一片鬢剃追払　　熊次郎
右之者、先年早稲原村ニて致盗、笞刑之上追放候共、此度立帰盗は不致候へ共、胡乱ニ付、於本宮召捕候処、悪事無之ニ付如此、　（名例之部の「盗賊再犯之者」）

もっとも時代が下るのが、文化六年（一八〇九）の左の判例である。

一同（文化）六巳年、針道村へ亀谷丁鍛治（元文空白）止宿之処、其夜鎰ネヂ衣類等被盗候処、右盗物之内二品町之内ニて拾候元小浜町西念寺弟子同心者月明卜申者、先年欠落之処其夜同所ニ止宿罷在、右品拾同所之者相頼町之内へ質入致候処、自分所持之品之趣偽申ニ付、疑敷召捕入牢之処、何の証跡も無之ニ付村役人預申付置候処、欠落ニ付村名主等御咎有之、　（名例之部の「悪事之次第不分明ニ付出牢之者」）

その他にも、崎田本の「刑例撮要」第一冊にのみ存する記事と判例を少しばかり見出すことができる。(17)なお、「職例秘要」所収本には、吏律之部において脱文と錯簡が見られるが、崎田家本の「刑例撮要」第一冊によってこれを正すことができる。(18)「刑例撮要」第一冊「職例秘要」所収本との間には、その他の小さな差異も少し存するが省略する。

二　「折獄簿探例」四冊

「折獄簿探例」もまた、崎田家本と八木沢家本との二つの伝本が存する。共に三冊本である。しかし、崎田家本は四冊分の内容を有する。八木沢家本三冊は、左記の期間の判例を採録する。

第一冊、明和二年（一七六五）より天明八年（一七八八）までの二十四年間

第二冊、寛政元年（一七八九）より享和三年（一八〇三）までの十五年間

第三冊、文化元年（一八〇四）より文政二年（一八一九）までの十六年間

一方の崎田家本は、その第一冊に八木沢家本の第一・第二冊分の内容を収載している。その第二冊は八木沢家本の第三冊の内容を収載する。その第三冊には、軽微な犯罪についての判例を採録してある。この第三冊の収載期間は寛政元年より文化十三年（一八一六）までの二十八年間である。崎田家本と八木沢家本とをもって考えるに、「折獄簿探例」は本来は四冊本の判例集として編纂されたと推察される。表題は両伝本とも、表紙に「折獄探例」と打付書で記される。内題が第一冊と第二冊とに存し、ここには「折獄簿探例」と記される。後述するように、内題の方が本書の編纂趣旨を的確に表している。「折獄簿探例」を書名として採用する所以である。

崎田家本は、同家本「刑例撮要」と同一の筆跡であり、「吉田守祀蔵」という蔵書印も同じである。「刑例撮要」と同様に、二本松市歴史資料館所蔵の電子複写本に拠る。八木沢家本もその筆跡は同家本「刑例撮要」と同じである。

崎田家本の第三冊（本来は第四冊）の末尾に左記の跋文が存し、これによって、編者、成立年および編纂意図が判明する。

拆《（ママ）》刑簿数筺、吟味係り合懲過有之もの、御咎も容易ニ難処は、故事ニ暗キ故也、因て寛政以来を抄録忘備、若此ヶ条を以簿書を採らハ、先例を探ニおわれ囚徒を永く繫くの害寡なからん歟、

文政五午年春集録　　丹羽秀敏

編者の丹羽秀敏については調査が行き届かず、その伝は不詳である。成立は文政五年（一八二二）年である。編纂

の目的は、「折獄簿」すなわち判決原簿をすばやく検索できるようにして、被疑者を牢獄に長期にわたって拘束する弊を減少させることにある。要するに、判決原簿の索引の役割を果たすのが本書である。

各冊ともに目録が存する。崎田家本によって示そう（括弧内の数字は判例数である）。

（第一冊目録）

一○放火（9）
二○不孝○不情（4）
三○人命（18）
四○盗賊（130）
五○喧嘩○刃傷（29）
六○詐偽（12）
七○金銭出入（6）
八○女掛り合（26）
九○隠馬（3）
十○御直参咎（14）
十一○直訴地論（26）
十二○村役人咎 上納未進（17）
十三○追放 欠落立帰（11）
十四○出獄（穀）（4）

（第二冊目録）

い○人命（19）
ろ○破牢（2）
は○盗 死刑以上、罪不至死 再犯 官府郭内、盗掛り合（92）
に○放火（6）
ほ○喧嘩刃傷（14）
へ○女掛り合（14）
と○直訴（11）
ち○欠落人悪事（9）
り○博奕（9）
ぬ○御直参咎（10）
る○村役人咎（5）
を○不敬失礼（2）
わ○不睦不情（4）
か○詐偽（5）

（第三冊目録）

○逆罪（1）
○人名（10）
○盗（76）
○放火（4）
○喧嘩刃傷（20）
○女掛り合（6）
○直訴（5）
○欠落人悪事（4）
○博奕（6）
○御直参咎（6）
○村役人咎（3）
○不睦不情（1）
○不敬不礼（1）
○謀書（1）

十五○不敬失礼（2）　よ○異色人咎（1）　○金銭出入（1）
十六○博奕（13）　た○雑犯（2）　○雑科（8）
十七○雑科（8）

収載の判例数は、第一冊が二十四年間の三二二件、第二冊が十五年間の二〇三件、第三冊が十六年間の一五三件である。[19]これらの判例を放火、人命、盗賊などの犯罪類型に従って分類している。その項目はおおむね重罪から軽罪へと配列されているようである。項目のなかは時系列になっている。犯罪類型はおおむね共通するが、隠馬、出穀は第一冊に特有であり、また、破牢、異色人咎は第二冊に特有であり、逆罪、謀書は第三冊に特有の犯罪類型である。これらのことは、それらが稀有の犯罪であることを示している。いうまでもなく、盗みに関する犯罪が圧倒的多数である。それ故か、第一冊の盗賊に関しては、一三〇件の判例が刑罰の重い順に配列されている。すなわち、それは斬罪梟首、永牢、劓、片鬢剃、黥、笞百、笞八十、笞七十、笞六十、笞五十、笞四十、笞三十、笞弐十弁軽キ咎の順である。

編者は判決を摘録するについて、左の凡例を設けている（第一冊目録の次）。

一邦内ノモノ村名ヲ記ス、無宿ノモノ素生ヲ記セス、
一処刑ノ上村替村預等ノモノ、其名ヲ頭ニ記ス、追払ノモノハ書セス、

本書の判例がどのような形で収載されているのか、いくつかを紹介しよう。

・明和七
一火刑　町内へ数度火付、　本町　金次郎
（第一冊、火付の第一判例）

・明和六
一磔　大平村島寺ニ罷在候道心者ヲ殺、衣類盗取、　下河崎村欠落人
　　　　　　　　　　　　　　　　　　　　　　　　　小伝太

・同（寛政）三亥
　叱　無頼道心者を差置候百姓共、　（第一冊、人命の第一判例）

一斬罪梟首、土蔵ヲ破木綿三十二反、其外雑物、　無宿
　　　　　　　　　　　　　　　　　　　　　　　富　蔵
　人足弐十人　抹鎚拵遣候もの盗人と不存、　（第二冊、盗賊の第四判例）

・寛政酉
一笞三十追払、構之場所へ相越暴破候ニ付、　苗代田村
　　　　　　　　　　　　　　　　　　　　　　彦右衛門
　笞廿　訴人　同人甥、　人足十人　出入構之者を留置
　過料叱　村役人、　（第二冊、喧嘩刃傷の第一判例）

右に見るように、年次、受刑者、刑罰名、犯罪事実を判決録より摘記している。共犯の場合は共犯者とその刑罰も記す。このように、「折獄簿探例」がごく簡潔な記述に終始するのは、判決原簿を検索するために必要な事柄のみを記すからである。

「折獄簿探例」の第四冊（崎田家本第三冊）は、軽微な犯罪についての判例である。本書冒頭に、左記の目録が存する（イロハ文字はコピーに写らない箇所も存するが、意を以て補った。数字は引用者が与えた判例数である）。

目　録　寛政元年ゟ文化年中迄

イ一村替人欠落人潜ニ村元へ参居、并追放人欠落人と不存指置候者科（52）

ロ一他所者無願留置并判司不埒（61）

ハ一制止之品所持之科メ幷百姓ニ不似合品取上候例（16）

ニ一揚酒（4）

ホ一長役御科（1）

ヘ一喧嘩取押人へ御褒美被下候例（2）

ト一預ケ人日用ニ指出（1）

チ一無宿者小人代ニ指出（8）

リ一素生偽御郭内日用幷長柄部屋代人不埒等（1）

ヌ一無願他所出（2）

ル一永引越者永尋之儀（1）

ヲ一預ケ人被逃（2）

ワ一村預剃（ママ刺）篭入之者之女房、片付勝手次第ニ申付候例（1）

カ一離縁之夫へ付添居候女之科（2）

ヨ一盗係り合　窩主分贓之外質入取次等（66）

タ一無宿盗賊之妻子片付取計例（11）

レ一御領分欠落者他所者と偽り引越居候人頭片付等之例（3）

附、年季抱之飯盛女無願身受等之例

ソ一盗難内済（13）

ツ一盗難注進不致候者訳有之、科不申付候例（4）

ネ一寺院盗難注進無念（2）
ナ一旅人盗難ニ逢旅篭屋注進無念（5）
ラ一盗難注進不致候ヘ共訳有之候へは品物返候例（1）
ム一他所もの盗難之品返候例（1）
ウ一盗係リ合之他所もの、素生元へ引渡候例（1）
ヰ一番太盗係合科メ（1）
ノ一押借ニ致悪者見逃候科（2）
オ一質ニ取受候品ゟ盗注進無念（1）

右目録之分、本罪人之外係り合御科メ筋を集、
寛政元年ゟ文化十四年迄二十九年、

判例は合計二六五件、各項目とも時系列で並べられている。ただし、三箇所で時系列の乱れが見られる。それは、本書成立後の追記に由来する。[20] 目録の末尾に「寛政元年ゟ文化十四年迄二十九年」と記されるけれども、本書が収載する判例には、文化十四年（一八一七）のものは存しない。追記の判例十一件を除くならば、本書成立時の判例は、二五四件である。

左にいくつかの判例を紹介しよう。

・〇同年（文化六年）、卯太郎一件

一本宮組ゟ村替、組合出入留置候所、苗代田ニて致博奕候ニ付、
一笞五十追放　大槻村　卯太郎

一卯太郎を止宿為致候本宮村之者共、人足十人ツヽ、名主、三百文、組頭、叱、

（1村替人欠落人潜ニ村元へ参居、并追放人欠落人と不存指置候者科の第三十六判例）

・○同（寛政）三亥年

一三春家中へ奉公致候者へ、縁家之訳ヲ以同領之者へ偽受判致候ニ付、

一笞六十村替、本村出入留　八山田村　伝八

（2一他所者無願留置并判司不埒の第五判例）

・同年（享和二年）、弥三郎一件

一小浜成田村弥三郎、稲沢村兵作ニ手疵為負候吟味一件之内、同人欠落後密ニ村内徘徊、長脇指帯居候ニ付、右品取上、前ニ記候弥伝治一件、鉄刀は取上並脇指候所取上候事、

（3一制止之品所持之科〆并百姓ニ不似合品取上候例の第八判例）

・○文化四年、幾次郎一件

一上太田村幾次郎と申者鈴石村勇介養子ニ相成、其後離別ニ致候所、女房は手前へ指置、離別後夫へ付添居連合罷在候ニ付、親之存念ニ背候と申訳を以、

勇介娘笞弐十　一叱　勇介

（14一離縁之夫へ付添居候女之科の第二判例）

・同年（文化八年）、八三郎一件

一盗物と不存質入取次、酒代三十文貰受、以前も盗物質入之御咎を蒙候所、毎度不届ニ付、

一笞十、質物取次指留　郡山村与兵衛　女房

一与兵衛事兼て女房へ申付方等閑ニ付、叱、

（15一盗係り合の第四十九判例）

三　「劓黥折獄」一冊

「劓黥折獄」の伝本は、崎田家本のみを確認できた。装訂、筆跡、蔵書印もまた前二者の崎田家本に同じである。本書についても二本松市歴史資料館所蔵の電子複写本に依拠した説明である。

表題は、表紙の打付書を採用した。見返しに「死肉之再犯、別有抄録、宜就而閲」と記されるので、第四節に紹介する「死肉再犯」も同一人が編集した判例集である。

本書は、劓（鼻削ぎの刑）と黥（入墨の刑）の判決を申渡した判例を、おもに犯罪類型ごとに分類して列挙したものである。左に「産業紛敷盗賊」以下「諸犯」にいたる一五の項目とその判例数とを示そう。判例総数は一五六件である（後述するように、一つの判例を二つの項目に掲載する場合があるので、延べの数字である）。

1産業紛敷盗賊	劓（3）・黥（1）
2入倉庫穿戸壁之盗	劓（12）・黥（9）
3問屋場之盗	劓のみ（8）
4馬士之盗	劓のみ（2）
5若輩愚昧類用捨一等	劓のみ（8）
6赦	劓（6）・黥（4）
7侍屋敷之盗	劓（8）・黥（4）
8官所之盗	劓（3）・黥（3）
9寺院堂坊之盗	劓（4）・黥（3）
10押取強盗追卸之類	劓（3）・黥（7）
11引盗宿盗分贓得配之類、同伴随従背負之類	劓（10）・黥（6）
12火事場之盗	劓（1）・黥（1）
13押領私欲謀計詐偽之類	劓（5）・黥（14）
4雑盗	劓（9）・黥（9）
15諸犯	劓（8）・黥（5）

もっとも古い判例は、元文二年（一七三七）の左の判例である（15諸犯の劓）。

元文二巳年

渋川村

長助

一

右は、大酒小盗いたし、酔酒之上両度ニ及父を打、穢多へ渡、家財弟へ被下

もっとも新しい判例は、天保元年（一八三〇）の左の判例である（6赦の劓）。

天保元寅閏三月

本宮宿両在追払人

兵作

一

右は、致盗笞撻之上両度追払候所、御領内弐ヶ所へ夜中忍入、土蔵戸前等を焼抜、衣類雑物数十品盗取、重罪之所、大赦ニ付御用捨、

参考までに、年号ごとの判例数を示しておこう。元文三件、寛保四件、延享四件、寛延一〇件、宝暦一二件、明和一六件、安永一三件、天明二七件、寛政二六件、享和二件、文化二二件、文政一一件、天保一件である。判例の配列は、時系列ではない。編者は何らかの方針、おそらくは事件の内容にしたがって配列したと推察されるが、明確な方針を明らかとすることはできなかった。

いくつかの判例を示して、本書を理解するための参考に供する。

・寛政八辰中

裏塩沢村欠落人

八十吉

一

右は、渡世送兼、暮時遠藤再賀屋敷へ忍入、大小五腰・衣類弐品盗取、二ノ十蔵場ゟ山越ニ立退、其後本町ニて壁を破、鄽へ差置候古手類廿一品盗取候へ共、兼て致出入、勝手を存候儀ニ相聞、金高ニも無之、

（入倉庫穿戸壁之盗、劓の第一判例）

・文化六中

一　右は、同村嘉右衛門方ゟ金三十六両弐分弐朱・衣類・脇指等数品盗取候所、若輩未熟之始末ニ付、

油井村
八次郎

（若輩愚昧類用捨一等、劓の第三判例）

この「若輩愚昧類用捨一等」の項に列挙された判例をみると、「劓」という鼻削ぎ刑は死刑より一等軽い刑罰であったことが諒解される。

・文政二卯上

一　右は、同宿之旅人所持之金子三十両盗取、脇指を指替逃去、其外於他領も金子衣類取逃致候義有之、旁死刑相当之処、赦ニ付一等相宥、

田沢村欠落人
吉五郎

（赦、劓の第二判例）

・明和七寅年

一　右は、致盗亀谷丁遠裏之麦藁へ付火いたし、死刑相当之所、大赦ニ付令用捨、

池ノ入町店借
喜惣治

（赦、黥の第一判例）

右の二つの判例から判明するのは、赦の適用によって死刑が減軽されて劓となる場合と、黥となる場合とが存したことである。

なお、裏塩沢村欠落人八十吉の判例は「侍屋敷之盗」の項、池ノ入町店借喜惣治の判例は、「諸犯」の項にもそれぞれ掲載されている。このように、一つの判例がいくつかの項目に掲載されることがある。

本書に収載する判例は、おおむね盗犯に対する判決である。すなわち、劓、黥という肉刑は、盗みの犯罪に多く用いられたのである。「劓」という名称の鼻削ぎ刑の存在が二本松藩刑罰の特色の一つである。前掲した、本宮宿両在追払人の兵作に申渡した天保元年（一八三〇）の判決例に見るように、二本松藩はこの肉刑を天保年間に至るまで適用した。(21)

四　「死肉再犯」一冊

「死肉再犯」の伝本もまた崎田家本のみである。装訂、筆跡、蔵書印ともに前記三本の崎田家本に同じである。やはり二本松市歴史資料館所蔵の電子複写本に拠る。前述したように、本書は「劓黥折獄」と編者を同じくする。表題の「死肉再犯」の「死」とは斬罪梟首のことであり、「肉」とは肉刑の劓および黥のことである。「再犯」とは、再犯およびそれ以上に罪を重ねることにより、右の刑罰の判決が出されたことを意味する。この判例集は、

斬罪梟首之部、再犯以上（16）
劓之部、再犯以上（12）、一例（12）
黥之部、再犯以上（6）、一例（10）

の三部構成をとる（括弧内の数字は判例数である）。「黥之部」の末尾に「一例」として劓の判例一二件と黥の判例一〇件が掲載されている。(22) 本書に収載の判例は、すべて盗みに関する事案である。(23) 元文二年（一七三七）の判例が最も古く（劓之部の一例の第八判例）、天保三年（一八三二）がもっとも新しい（黥之部の一例の第四判例）。判例の配列は統一がとれているとは言えない。「斬罪梟首之部」における一六の判例は、文政十二年（一八二九）に始まって安永四年（一

七七五）に至る。つまり、新しいのから古い判例へと配列がなされているのである。「劓之部」の一二の判例は、文政に始まって文化、天明、宝暦、明和、宝暦、天明、文政と、まったくの順不同で並んでいる。「黥之部」六件の判例は、寛政元年（一七八九）から文化七年（一八一〇）まで、年代の古い順に並んでいる。「一例」の判例は、ともに順不同の配列である。

参考までにいくつかの判例を示しておこう。

・文政四巳年三月

一　田沢村追払人
吉五郎

右は、同宿之者所持之金子を盗、劓追払候所、又候立入、同宿之者所持之荷物ニ奉行所御指紙共ニ盗取、

（斬罪梟首之部、第六判例）

・天明七未五月

一　大江新田追払人
松次郎

右は、和田弥一右衛門茶園幷町家ニて致盗、黥之上追放、再立入数ヶ所致盗、贓物金高ニハ無之候へ共肉刑追払、無程立帰致盗候ニ付、

（斬罪梟首之部、第一二判例）

・文化二丑年

一　初八十　元大平村欠落人善次郎事
藤蔵

右は、先年致盗欠落、立戻所々致盗候ニ付、笞八十親類預居村之外徘徊差留、不日ニ欠落、又候三ヶ所ニて白昼衣雑二十三品盗取、且山形素生之由を偽不届之所、何レも白昼之所為ニて破倉庫忍入候とは罪状格別、且贓物金高ニ無之ニ付、

（劓之部、第五判例）

・寛政元酉年
一　初三十　　　　無宿　久次郎

右は、致盗笞三十追払候所、間も無之立入、油井村両所ニて衣類八品・木綿切レ・銭壱貫文盗取、竹田丁へ止宿、銭壱貫文致取逃候ニ付、

（黥之部、第一判例）

本書は、初めに「斬罪梟首之部」「劓之部」「黥之部」の三部が成立し、その後に劓と黥との「一例」が追加された可能性がある。三部の合計三六の判例中、宝暦五年（一七五五）がもっとも古く（劓之部の第十判例）、文政十二年（一八二九）がもっとも新しい（斬罪梟首の第一判例、劓之部の第十二判例）。一方、「一例」には、元文年中の判例が三件、天保年間の判例が二件含まれている。

五　「笞刑撮例」一冊

「笞刑撮例」の伝本もまた崎田家本のみである。他の崎田家本と同じ装訂、筆跡、蔵書印であり、やはり二本松市歴史資料館所蔵の電子複写本を利用した。表紙の左上に表題が「笞刑撮例」と打付書され、表紙右端に「自文化三寅至天保三辰」と記される。「笞十之部」に始まって「笞百之部」に至る。収載する判例数は三〇一件であり、その内訳は左の通りである。

笞十之部　（3）　　笞六十之部　（29）
笞二十之部　（45）　　笞七十之部　（26）
笞三十之部　（50）　　笞八十之部　（21）

笞四十之部（58）　笞九十之部（15）
笞五十之部（35）　笞百之部（19）

判例は、年代順には並んでいないので、配列の方針は不明である。文化三年（一八〇六）より天保三年（一八三二）までの判例を収載する旨が表紙に記されるが、実際は天保元年の判例がもっとも新しい（笞二十之部の第四十五判例、笞四十之部の第三判例など四件）。つまり、「笞刑撮例」は、文化三年より天保元年までの二十五年間の判例を収載しているわけである。「撮例」という表題からするに、参照すべき重要判例を選んで採録したものと解される。

いくつかの判例を左に示そう。

・撒撥一弐拾　成田村　源次
右は、長脇指相帯道楽者へ突合風俗不宜、且本町茶屋ニて酩酊之上脇指を抜、町内を為騒候ニ付、文政四巳年
（笞二十之部の第一判例）

・催博一三十　仁井田村　助八
右は、次助ゟ借銭有之候を返済致兼、寺銭取請可申次助申聞ニ任、連衆相勤博奕相催候ニ付、文化九申上
（笞三十之部の第三十二判例）

・誑騙一四十　追払　無宿　浅治
松五郎
右は、香具師渡世之所、しやくニて拵候延銀様之贋物所持致し、御領内往来旅人ゟ金三両三分幷衣類等誑取候ニ付、文政元寅年
（笞四十之部の第三十二判例）

・盗　一六十　追払　無宿　重吉

右は、御城下本町并本宮村ゟ衣類雑物都合廿九品金弐分弐朱盗取、金高ニ無之産業ト不相聞ニ付、文化四卯坤　（笞六十之部の第二十四判例）

・打人一八十　田宅取上、和田村へ追払、片平村出入留　片平村　助四郎

右は、取留も無之義を申争、万吉を致打擲、相倒気絶仕候程ニ相成候を打捨罷帰、剰番人付置候内逃去不届之所、万吉疵平愈ニ付、文化十三子上　（笞八十之部の第十三判例）

・不義一百　追払　無宿　源助

右は、福原村兵蔵女房ト亀谷丁ニて同居致不義候所、夫ト連添居候女と同様之刑ニハ難処、御用捨ニ付、文政十亥年　（笞百之部の第一判例）

右に見るように、本書は各判例の冒頭に罪状を示す語句を注記する（ただし、笞十のみは存しない）。この語句を「笞二十之部」から拾い上げると、撒潑、接贓、祭礼、博奕、犯羅、疑散盗、盗、取逃、掏摸、密通、打擲、牢獄、囹圄、徒博之贓訴出、博徒、誑騙、窩贓、持逃、口入、伴暴破等々である。「笞二十之部」に収載する四五の判例は、その最初が文政四年（一八二一）であり、最後が天保元年（一八三〇）である。この間に文化年間の判例も存し、文政年間の判例も存するが、年代順に並べたわけではない。さりとて罪状によって配列したわけでもない。「笞三十之部」以下についても同様のことが言える。

右に列挙した罪状からも諒解されるように、笞刑という刑罰は様々な犯罪に幅広くこれを適用した。「刑例撮要」の編者成田頼直が「用方甚汎し」と述べるがごとくである。(24)

着目すべきは、本書が明律の用語を使用することである。成田頼直が用いた「窩主」という用語は、本書でも用いられている。罪状を示す用語として「寄贓窩主」（笞三十之部の第三十六判例）、「接贓窩主連判」（笞四十之部の第八判例）

とあるのがそれである。本書はまた罪状を示す用語として、「撒撥」（笞三十之部の第二十七判例ほか二箇所）、「誑騙（誑騙）」（笞二十之部の第二十四判例ほか二箇所）を用いている。明律学者高瀬喜朴は「撒撥」を「あばれて、いたづらする事」と和訳し、「誑騙」を「人をだましかたりてものをとるをいふ」と和訳している。(25)「窩主」「撒撥」という語句は、判例の本文中にも用いられている。(26)このように二本松藩の刑事司法における明律の影響は、「笞刑撮例」からも見て取ることができるのである。

六 「笞刑便覧」三冊

「笞刑便覧」の伝本は、八木沢家本のみが確認できた。本書は八木沢家本の「刑例撮要」「折獄簿採例」と同一人による筆写と思われる。表題は表紙と内表紙とも、「笞刑便覧　一（二・三）」と記される。内表紙に判例の収載期間が左のように記されている。

文化元子年ヨリ天保四巳年ニ至ル　凡三十年（第一冊）
安永元辰年ヨリ享和三亥年ニ至ル　凡三十年（第二冊）（高塩注…「凡三十二年」が正確）
寛延元辰年ヨリ明和八卯年ニ至ル　凡二十四年（第三冊）

本書は、三項目から成る「凡例」を第一冊の冒頭に置き、ここに編纂の趣旨と方針とを述べている。左のごとくである。

凡例

一藩法笞刑ノ行ハル、已ニ久シ、寛延元辰年ヨリ始ル、其用ヒ方甚汎シ、笞数一十ヨリ一百ニ止ル、死刑肉刑ノ外多クハ笞刑ニ出テ、往〻捜索ニ煩シ、因テ寛延元辰年ヨリ天保四巳年ニ至ル迄九十一年ノ間、一十ヨリ一百ニ至ル迄、処刑ノ者官庫公事留ニ頼テ件〻悉ク録シテ洩スコトナシト雖トモ、安永以往寛延ニ至テハ年暦ノ久シキ往〻蠹魚摩滅ノ為ニ遺漏ナキコト能ハス、然リトイヘトモ他捜索ニ便リナケレハ、歎スヘキノ甚シキ殆ト止ムヘキニ至ル、此篇総テ毎条罪状ノ大概ヲ挙ケ、処刑ノ年ヲ傍書ス、且又一〻類例ヲ点検スルニ煩シケレハ、罪科惣括ヲ傍ニ朱書シテ見ルニ便ナラシム、刑ノ情理ヲ明暢スルコト能ハスト雖トモ、捜索ニ便ナルヲ主トスレハナリ、是全豹ノ美ヲ見ルヘカラストイヘトモ、僅ニ其一斑ヲ窺フノミ、首尾詳悉ナルコトハ、公事留ニ依テ穿鑿スヘシ、

一処刑ノ数彼此繁雑ヲ厭フカ為ニ毎数部ヲ分ツテ見ニ便ナラシム、

一毎部年代天保ヨリ溯テ寛延ニ至ルコトハ、次第ヲ失フニ似タレトモ、総テ処刑、近例ニ頼テ決獄スルコトナレハ、見ニ便ナルヲ主トスレハナリ、

天保戊戌秋九月　　武田忠貫識

本書の成立は天保九年（一八三八）九月、編者は武田忠貫である。残念ながら、編者の伝は未詳である[27]。本書に収載する判例は、寛延元年（一七四八）を起点とする。それは、同年七月に笞刑採用に決し[28]、この年より適用したからである[29]。右に「官庫公事留ニ頼テ件〻悉ク録シテ洩スコトナシ」と述べるから、「公事留」と称する判決原簿から笞刑判決を漏らすことなく採録したのである。ただし、「安永以往寛延ニ至テハ年暦ノ久シキ往〻蠹魚摩滅ノ為ニ遺漏ナキコト能ハス」と断わりを述べるので、採録に漏れた判例が存するのであろう。本書編纂の目的は、判決原簿の「捜索ニ便ナル」こと、すなわち判決原簿の索引の役割を持たせることにあったのである。判決原簿の検索のための判例集という点では、「折獄簿探例」に同じである。収載判例の下限は天保四年（一八三三）である。収載期間につい

て、凡例は「寛延元辰年ヨリ天保四巳年ニ至ル迄九十一年ノ間」と述べるが、おそらく計算間違いであり、八十六年間が正しい。

判例の収載件数は、第一冊が三〇四、第二冊が三五三、第三冊が一〇五で、都合七六二件である。判例は笞十に始まって笞一百まで、刑罰ごとに並んでいる。しかし、各判例は時系列には並んでいない。また罪状に従っての配列でもない。配列の原則は不明である。判例のいくつかを紹介しよう。

・文政九戌　（朱）「贓取次」
○一笞二十追払　　無宿　松五郎
右は、無宿祐吉盗取候品、郡山宿ニて質入致、金銭借受候所、盗物と乍存一同酒食之代ニ遣捨候ニ付、如此、
（第一冊の笞二十第一判例）

・享和元酉年　（朱）「盗」
○一笞三十追払　　南部素生　久兵衛
右日和田村ニ日用稼罷在候所、同所市川十四郎朋輩彦七所持之衣類三品、幷主人ゟ相渡預置候山刀壱挺盗取、
不届ニ付如此、
（第二冊の笞三十第一判例）

・明和二酉年
○一笞五十撻之　（朱）「博奕」　　笹川村　抱村者　藤兵衛
右は、去秋村方引免申付候節、村役人別段申含有之候を相背、酒寄合致し、剰博奕を催し、不届ニ付如此、
（第三冊の笞五十第一判例）

本書に収載の判例は、右に見るように判決の要旨をごく簡略に記しており、この点は「笞刑撮例」に同じである。
また、朱書の注記で罪状を記す。罪状を注記する点も「笞刑撮例」に同じである。どうやら、本書の編纂は「笞刑撮

例」に触発されているらしい。「笞刑撮例」が、文化三年（一八〇六）より天保元年（一八三〇）までの二十五年間の三〇二件の判例を収載するのに対し、本書は寛延元年（一七四八）に笞刑を適用した最初から天保四年（一八三三）に至る八十六年間について、七六二件の判例を収載する。すなわち、「笞刑便覧」は笞刑判決のすべてを網羅しようとしたらしい。

ここで注意すべきは第三冊についてである。その第一は、判例件数に極端な偏りが見られるということである。笞二十の判例が一四、笞三十が二四、笞七十が一三であるのに対し、笞六十・八十・九十については判例が皆無であり、笞四十の判例もわずかに一件なのである。推測するに、第三冊の期間は第一・第二冊の期間よりも笞刑の適用件数が少なかったこと、これに加えて、安永以前の判決簿が「蠹魚摩滅」という状態であったことに由来するのではなかろうか。

第三冊において注目すべき第二は、笞十五という判例が存することである。宝暦年間の判例として三件が採録されている。その一例を示そう。

宝暦五亥年　　（朱）「三笠句拾」　　玉井村

〇一笞十五　　権十郎

右三笠句拾之由、召捕遂吟味候所、句拾ニ無之段雖申之、懐中ゟ句銭取上候上は、其義不相立候ニ付如此、

笞十五の第二の判例は宝暦六年（一七五六）の事例であり、右に同じく「三笠句拾」の罪状、第三の判例は宝暦七年の事例で「暴破」という罪状による。これらの判例をみると、笞刑採用の当初は、笞十から笞一百に至る十等級の笞刑以外に笞十五という判決も出されていたようである。この点は「笞刑便覧」を通じてはじめて知られる事柄である。

むすび

二本松藩の刑事判例集は、寛政六年（一七九四）の成田頼直編「刑例撮要」三巻五冊を嚆矢とし、これに次いで文政五年（一八二二）に丹羽秀敏編「折獄簿探例」四冊が成立したらしい。「劓黥折獄」一冊と「死肉再犯」一冊とは編者不詳であるが、同一人の仕事である。共に元文二年（一七三七）を起点として、天保初年までの判例を採録する。前者が天保元年（一八三〇）、後者が天保三年（一八三二）までを収載する。「笞刑撮例」一冊もまた編者不詳である。採録する判例は文化三年（一八〇六）がもっとも古く、天保元年がもっとも新しい。判例の収載期間から推察するに、本書は「劓黥折獄」「死肉再犯」と編者を同じくするのではではなかろうか。天保九年（一八三八）の武田忠貫編「笞刑便覧」三冊は、前述したように「笞刑撮例」に触発されての編纂であったと思われる。「笞刑撮例」の収載期間が二十五年間であるのに対し、「笞刑便覧」は笞刑適用の全期間を採録の対象としている。

このような判例集の存在から察することができるのは、二本松藩は犯罪と刑罰との関係を定めた刑法典を持たなかったということである。それ故、個々の具体的事案を処理するにあたっては、その度ごとに先例と仰ぐべき判例を参照していたのである。

宝暦末年より寛政年間ころは、刑事判決簿の名称が一定していなかったようである。「刑例撮要」第一冊の「刑曹聚例」をみると、刑事判決簿の呼称が「吟味一件公事留」（宝暦十二年）、「郡奉行月番留」（明和五年）、「一件留」（明和五年・安永八・九年・天明七年・寛政元年）「公事留」（安永六・九年）、「吟味留」（安永八・九年）、「吟味一件留」（安永八年）、「一件公事留」（安永九年・寛政三・四年）などと記されている[30]「公事留」「吟味留」「一件留」およびこれらを組み合わせた名称が用いられていたらしい。「笞刑便覧」の凡例が「処刑ノ者官庫公事留ニ頼テ件ミ悉ク録シテ」記すように、まちまちであった呼称はやがて「公事留」に定着するようである。「笞刑撮例」は判例の末尾にその年次を注記するが、前掲した判例中に「文化四卯坤」「文化九申上」「文化十三子上」というように、乾坤、上下の区別を記す場合がある。これはその年次の判決簿が二分冊になっていたことを示すのであろう。

劓という肉刑の存在することが二本松藩刑罰の大きな特徴である。註（21）で述べたように、劓は天保二年（一八三一）の判決例を確認することができた。近隣の会津藩においても、寛政二年（一七九〇）制定の「刑則」という刑罰法規集に、入墨とともに耳鍛徒二年半、鼻鍛徒三年という二種類の肉刑を定めている。会津藩における肉刑の制定は、かつて実施していた肉刑を復活したものであって、その意図するところは死刑適用の減少に存した。[31]二本松藩においてもおそらく同様の意図によって、中世以来の劓という刑罰を復活させたものと思われる。前述したように、「劓黥折獄」によると劓の適用の初見は元文二年（一七三〇）である。これに先立つ享保三年（一七一八）、幕府では鼻削ぎ、耳削ぎという肉刑を復活させた。小林宏氏は「従来の極刑の代替として耳鼻そぎの肉刑を採用したのではなかろうか」と指摘される。[32]二本松藩は幕府のこのような動静を承知していたのかも知れない。

二本松藩においてもっとも多く用いた刑罰は笞刑であろう。それは、「笞刑便覧」に採録された七六五件という判例数からも諒解されるであろう。笞刑を単独に科す場合も多いが、「村預」「村替」「追払」を併科し、あるいは地区を指定して立入禁止を併科する場合も少なくない。二本松藩における笞刑については、将来の検討にゆだねることとしたい。

おおいに注目すべきは、二本松藩における刑事司法と明律との関係である。明律が二本松藩の刑事司法に大きな影を落としているのは、このたび紹介した判例集からも十分に窺うことができる。二本松藩における明律の役割に関しても今後の課題としておく。

註

（1）今回調査できなかった刑事判例集に「落着書留帳」二冊が存する。本書は草野喜久氏の論文「郡山組における犯科と二本松藩刑曹について」（『福島史学研究』通巻三七号、昭和五十六年）が紹介するもので、郡山上町名主の今泉家の文書中に存するものである（当時は郡山市教育委員会蔵）。その内容は郡山組代官管轄の判決を抄録したものらしく、四五件の判例を収載する。収載期間は、寛政二年（一七九〇）から同六年、文化十三年（一八一六）から文政五年（一八二二）の間である。

（2）「刑例撮要」の崎田家本は、原本が所在不明の由である。崎田家本については、二本松市歴史資料館の電子複写本を利用した。二本松藩には、崎田伝右衛門良一という幕末の名奉行があって、かれは代官より町奉行、郡奉行、郡代、御用人と累進したという（平島郡三郎『二本松寺院物語』三二五～三二七、三七五頁、昭和五十四年、歴史図書社、初版は昭和二十九年、二本松町公民館刊）。崎田俊男氏もこの崎田家の系譜に連なる方であろうか。記して後考を俟つ。

崎田家本には、各冊の第一丁に「吉田守祀蔵」という蔵書印が捺されている。吉田守祀について、『二本松寺院物語』は、

（吉田）嘉左衛門守祀勘定の奉行となり、弓道に達し又、読書習字に親しんで書写の嗜みありしが、晩年仏教に帰依して幻阿と号し念仏三昧して、元治二年正月二十二日寂、法号を弥陀院即身幻阿禅定門といい云々

と伝える（一二四頁）。

（3）八木沢家本には、蔵書印は存しない。なお、佐藤真由美氏（二本松市教育委員会）のご教示によるに、八木沢家は安達町米沢の名主の家柄であるという。

（4）成田頼直の伝として、「相生集」という二本松藩の地誌（天保十二年〔一八四一〕、大鐘義鳴著録）に、左のように記されている（『二本松市史』第三巻資料編1、四八九頁）。

頼山陽・井四明（井上四明—高塩注）・広瀬蒙斎・小宮山楓軒の名家に書通し交情旧職の如し、類聚考の如きは楽翁公見給ひて其説の美にして尽せるを感じ、侍臣をして模写せしめ長く官庫に蔵せらる、よし、蒙斎此書の跋を書きたり、

こゝをもつて其名世にしらる

白河藩の広瀬蒙斎（藩校立教館教授）は、成田頼直の日記「確斎日筆」に「広瀬学士」「広瀬文学」として登場し、書信のやり取りを頻繁にしていたことが知られる。また水戸藩の小宮山楓軒との交友については、井坂清信「『島友鷗手簡』にみる小宮山楓軒と二本松藩士島友鷗の交友」（『江戸時代後期の水戸藩儒――その活動の点描――』二〇九～三七二頁、平成二十五年、汲古書院）に詳細である。

なお、成田頼直の伝については、右の外に、

・平島郡三郎『二本松寺院物語』巨邦山大隣寺の項、一一三頁

・「世臣伝」『二本松市史』第五巻資料編3、六二四～六三一頁、昭和五十四年、二本松市編刊

・『二本松市史』第九巻各論篇2、三三一～三三四頁、平成元年、二本松市編刊

などを参照されたい。

（5）成田頼直の著作中、考証研究として「松藩輿志」「積達館基考」「松藩捜古」「積達古社略記」「積達土産覚」などの地誌類、「積達寺院由来」などの縁起、「東鑑要目類聚考」という武家故実が存し、随筆に「遊藝堂次筆」十冊、「遊藝堂筆記」四冊（共に東京大学史料編纂所蔵）、日記に「確斎日筆」七冊、「游藝堂日筆」二冊（東京大学総合図書館所蔵、共に自筆本）、「田間漢録」が存する（『二本松市史』第三巻四八九頁・九巻三三二頁、『国書総目録』など参照）。

（6）「世臣伝」『二本松市史』第五巻資料編3、六三一頁。

二本松藩における郡奉行の職掌は、「郡代の指揮下に、年貢・諸役、公事訴訟、検地、人別改め、諸普請、褒賞等々の具体的な事柄につき、各代官を指揮して決裁する」ことにあった（糠沢章雄『二本松藩』三八頁、平成十二年、現代書館）。郡奉行は出入物の「公事訴訟」のみならず、刑事案件にほぼ相当する吟味物も担当した。郡奉行成田頼直が自らを「獄吏」と称するのは、吟味筋を裁く役人の意味を表したのである。

（7）「三役譜」『二本松市史』第六巻資料篇4、五五頁（昭和五十七年、二本松市編刊）。なお、菅野与『奥州二本松藩年表』一九〇・一九九頁（平成十六年、歴史春秋出版）参照。

（8）第一冊の名例之部には、「悪事之次第不分明ニ付出牢之者」の事例として、文化二年（一八〇五）および同六年（一八〇九）の記事が存する。また、享和三年（一八〇三）の判例として伊達無宿熊次郎が片鬢剃追放に処された事例（第一冊名例）、および会所坊主の養筑が永牢に処された事例（第三冊の刑律之部強盗）が存する。

（9）平島郡三郎氏はその著『二本松寺院物語』において、「ある断獄記録」と称して崎田家本「刑例撮要」を利用している。

・時の名奉行成田頼直序文の吉田氏蔵書、並に吉田守祀の印章ある断獄記録中には「寛保年までは、耳そぎ、指一つ切り、両足大指切り、焼きこで当等の刑も偶には用いられたり」とありまして云々（同書四一二頁、「刑例撮要」第一冊に基づく記事）

・ある確な断獄記録に拠りますと、明治（和）七年城下本町金次郎というもの、町内数箇所に放火し、安永八年には郭内藩士今泉理左衛門下女はつというもの、同家木小屋並に隣家の日夏孫兵衛宅に放火。……以上いづれも火あぶりに処せられた事実があります。（同書一八七頁、「刑例撮要」第五冊に基づく記事）

（10）明律の刑律・賊盗に「盗賊窩主」という条文が存し、明律の名例第二十三条に「給没贓物」という条文が存する。

（11）「衆証」という用語は、明律の刑律・断獄・老幼不拷訊に「凡応八議之人、及年七十以上十五以下、若廃疾者、並不合拷訊、皆拠衆証定罪」と見えている。

（12）小林宏・高塩博編『高瀬喜朴著大明律例譯義』一二二頁、平成元年、創文社。

（13）「加功」の語句は、第三冊強盗の細目「追剝幷押取致候者」の項、および第四冊人命の二箇所に存する。後者の判例を左に示そう。

油井村欠落人
与八

一笞一百撻之追放

右ハ孫右衛門人殺致候節、致加功候義ニて無候へ共、取押候所存も無之、其上死骸川へ棄候節手伝不届ニ付如此、

（14）『二本松市史』第四巻によると、第九〜第十二の表紙には「史職要覧」の書名が記されているように翻刻がなされているが、二本松市歴史資料館の電子複写本によるに「史職要覧　巻第一〜巻第四」は内題であって、表紙には「職例秘要　郡代書役二

〜四」と記されている。

(15) 東北大学附属図書館蔵『丹羽家記録』(吉田正志編『藩法史料叢書』6二本松藩、四五三〜四八五頁、平成二十七年、創文社)。

(16) なお、『福島県警察史』は、『大玉村史』の「刑曹条令」を抄録して解説を加えている(第一巻、九五〜一一三頁、昭和五十五年、福島県警察本部刊)。

(17) 「刑例撮要」第一冊の「決獄定議」の項に、「死刑幷同伺、肉刑御下札被　仰出候日取、左之通候事」として毎月の一日から二十八日までの刑罰除日に関する記事、同じく「決獄定議」の項の「御法事月死刑被行候例」において、「職例秘要」の「鶴松院様御遠行」の記事に換えて、左の記事を収載している。

覚

一宝永五子年七月四日、正善院様御遠行、
子七月廿五日吟味有之候、二十日過同八月十八日軽落着有之候、四十三日目也、同十一月死刑有之候、御百ヶ日後、
一寛延四年未閏六月廿二日、曹源院様御遠行、
未六月十六日吟味、同十月軽落着、申三月六日死刑、
一寛政二戌年五月　光栄院様御遠行之節ハ、正善院様御遠行之御例用候様被仰出候、
同年九月死刑伺、無宿市二郎亥十一月御付札、〇余り延引可糺事、
同月伺、笞刑無宿半太夫、同十二月落着、

また、名例之部の「悪事之次第不分明ニ付出牢之者」には、前掲の文化六年の判例の前に、文化二年の判例を採録している。

(18) 「職例秘要」所収本には、吏律之部の第三項と第五項とに「荷才領不埒之咎」が存し、第四項に「山守討伐」が配列されている。そして第三項採録の判例に脱文が見られるのである。崎田家本の「刑例撮要」第一冊によるに、「山守討伐」「荷才領不埒之咎」の順に配列するのが本来の姿であり、脱文も補うことができる。

(19) 崎田家本の電子複写本には、第二冊末尾の不睦不情、詐偽、異色人咎、雑犯の記事が欠けている。この欠落が原本にすで

に欠けているのか、電子複写を作成する際の不手際なのかは不明である。したがって、この四項目の判例数は八木沢家本に拠っている。

(20) 第一項「一村替人欠落人潜ニ村元へ参居、幷追放人欠落人と不存指置候者科」における五二件の判例は、寛政元年(一七八九)に始まって、第四十九番目の文化十三年(一八一六)に至るまで時系列で並んでいるが、五十番目の判例が寛政五年(一七九三)となり、さらに文化七年(一八一〇)、天保四年(一八三三)と続く。つまり末尾の三件の判例は、追記なのである。末尾三件の判例は、天保四年以降のある時期に一括して施された追記と推測される。同様に追記と見るべき判例は、第二項「他所者無願留置幷判司不埒」の末尾に七件、第十六項「無宿盗賊之妻子片付取計例」の末尾に一件存する。また、表紙と目録の間の遊び紙にも追記と見るべき記事と判例が記されており、その中に天保三年の事例が含まれている。

(21) 第四節で説明する「死肉再犯」という判例集には、天保二年(一八三一)に劓を申渡した判決例が存する。左の通りである(劓之部の一例、第八判例)。

天保二戌年

一劓　糠沢村へ追払、本村幷安積郡村々出入差留　荒井村　太平

右は、主人方へ当候割人足之儀ニ付、主人と相争申募、主人妻叱候へは明き俵投付、主人取押候節指を噛含候て疵付、主人之老母取押ニ出候を突倒、

なお、吉田正志氏もまた肉刑に着目し、天明八年(一七八八)の事例を指摘するとともに、先行研究によって文化十四年(一八一七)の事例も紹介しておられる(『藩法史料叢書』6二本松藩、「解題」三六頁)。

(22) もっとも、劓の「一例」の第一の判例は、死刑一等を宥恕して「焼鉄当」に処した宝暦六年(一七五六)の事例である。ちなみに、「焼鉄当」の判決を受けた長橋村三吉の判例は、「刑例撮要」第一冊(巻之一)には、宝暦五年の事例として、

宝暦五亥

一烙鉄当追放　長橋村　三吉

右は、丹羽庄兵衛鉄炮谷屋敷へ忍入、深夜ニ至り物数七品盗取、塩沢(村)境之垣を越逃去候ニ付劓追放之処、直ニ久保田村ニて白米弐俵盗取候ニ付、如此、

(名例之部、盗賊再犯之部)

と記録され、一方、「死肉再犯」は宝暦六年の事例として、左のように記録する。

宝暦六子年　長橋村
一焼鉄当　三吉
右は、致盗四月六日劓追払候所、同八日之夜、久保田村ニて白米弐俵盗取候へ共、御領内永〻徘徊いたし候ニも無之、既ニ他領ニて召捕候義、尤僅之小盗ニ有之、且先年椚山村八郎治追放後三笠句拾ニ立入、片鬢剃笞一百追払候儀も有之ニ付、死刑一等宥恕、
（劓之部の一例）

いずれの年次が正しいのか不明である。

(23) ただし、「斬罪梟首之部」の第一、第二の判例は、破牢および破牢未遂の罪によって、斬罪梟首となった事例である。「死肉再犯」がこれらの事例を収載するは、盗みの罪による入牢であって、その際の破獄と破獄未遂のためである。

(24) 「刑例撮要」第一冊評定衆議（『二本松市史』第四巻資料編2、一七七頁、および吉田正志編『藩法史料叢書』6二本松藩、四二〇頁参照）。

(25) 小林宏・高塩博編『高瀬喜朴著大明律例譯義』八五・五七二頁。

(26) 「窩主」という用語は、本書「笞二十之部」の第三十六判例に、

窩贓一弐十　杉田駅夫三年　本宮村　幸右衛門
右は無宿勇吉・勇助為致止宿、質入致遣候足袋二十八足売払、内壱貫七百文手許へ引落、外ニ酒代百文衣類四品貰受候所、窩主分贓ニハ無之ニ付、文化八未上

と用いられ、「撒撥」は、「笞四十之部」の第四十二判例の中に、

懈勤一四十　御直御家中奉公構　神田斉宮組　半右衛門
右は急御用ニて罷登候身分、女房儀本宮村迄致同道、其上宗作方ニて致過酒相撒撥逃去候ニ付、文化十二亥上

と見えている。

(27) 文化十三年（一八一六）から天保六年（一八三五）にかけて杉田組、渋川組、小浜組の代官を歴任し、さらに昇任して天保六年（一八三五）十二月より同十五年（一八四二）二月にかけて郡奉行を勤めた人物に武田伊左衛門がある（「三役譜」

『二本松市史』第六巻資料篇4、五七～六一頁）。「笞刑便覧」の編者武田忠貫と武田伊左衛門とは同一人物の可能性がある。記して後考に備える。

(28) 吉田正志「解題」『藩法史料叢書』6二本松藩、三四～三五頁。

(29) 寛延元年における笞刑適用の判例は、「笞刑便覧」第三冊に収録されている。

(30) 『二本松市史』第四巻資料編2、一八〇～一八一頁、および吉田正志編『藩法史料叢書』6二本松藩、四二五～四二六頁参照。

(31) 高塩博「会津藩「刑則」の制定をめぐって」『國學院大學日本文化研究所紀要』七一輯一四六頁、平成五年、小林宏「古典ヲ斟酌シテ時勢ノ宜シキニカナフ」『日本における立法と法解釈の史的研究』近世三一〇～三一一頁、平成二十一年、汲古書院（初発表は平成七年）。

(32) 小林宏「徳川吉宗と過料刑の成立」前掲書八七～八八頁（初発表は平成十六年）。

［付記］ 史料調査にあたっては、二本松市教育委員会の佐藤真由美氏より多くのご教示とご高配を賜った。記して感謝の意を表するものである。

第八章　武士の三くだり半
――実例の紹介を中心に――

高木　侃

はじめに

かつて大学院同期で指導教授・堀内節先生を同じくした畏友・広瀬隆司君（愛知学院大学教授）の早い死を悼む追悼号に拙稿「武士の離縁状」（以下、前稿とす）[1]を掲載したことがある。まず武士の離婚にあっては、夫婦両家の当主から「双方熟談の上」なされた旨を記載した離縁届を幕府や藩に差し出すことが正式な手続きであった。したがって、夫から妻への離縁状の授受は要件ではなかったとされている。すなわち、武士の場合は、正式には離縁届によって離婚が成立するので、離縁状の授受が離婚要件ではなかったということに異論をはさむ余地はない。

これを前提として前稿では、武士の離縁状授受をめぐって、やや積極的に離縁状が不要であったとする見解（離縁状不要説）と離縁状は渡すのが慣習であったという見解（離縁状授受説）とがみられることを検討し、私見を述べた[2]。ところが、武士の私的な日記に離縁状の授受に関する記事が書き留められている三つの事例（尾張藩・土佐藩・御家人）に気付かされた。このことは、武士の間でも離縁状の授受が確認されたことを意味する。そこで、武士と思しき実例を挙げたが、確実に武士のものとは断定できるものではなかった（本稿で再検討する）。

筆者は武士の離縁状授受が確認されたからには、離縁状の差出人・名宛人がどこの藩に属し、どのような役職・地位を有するかがわかり、確実に武士の離縁状を見いだすことに努めた。その結果、徐々にではあるが数点の武士の離縁状を見いだすことができた。本稿ではその武士の離縁状の実例を紹介することを主たる目的とするものである。さらに、その調査過程で見いだした離婚後の手続き（松本藩の義絶・和順）と末期離婚制度（熊本藩）も紹介する。(3)

一　武士の離縁状授受

1　従来の学説

i　離縁状不要説

まず中田薫は、武士の離婚と離縁状の授受に関して、「武士階級の間では、夫婦間に離縁状を授受することは必要でない」と述べ、離縁届の実例を紹介している。さらに夫婦間の離縁状授受の必要でない事例として、江戸時代の用文章二例を引用された。一つは『農家調寶記』嗣編の「元来上方（武士階級―高木注）にはなきことゆへ、定法もなし」であり、他は『武家用文章』の「離縁状の認方とて、何より法式を出すべきや、皆下々（庶民の意）の儀にて、上方には離縁状と云ことなし」である。このことから中田は「武士階級に於ける離縁は、男女両家よりの届出のみで充分であつて、平民間に於けるが如く、離縁状の授受は其要件ではないことが明白である」とされるが、このことに異論をはさむ余地のないことは先述した。

さらに、中田は「親縁諸格」第十七条、文政四卯年六月町与力衆、秋元但馬守久朝よりの問合、すなわち、これは

武士の妻への離縁状の要否を問題としたもので、問合と付札(回答)を引用して検討する。(4)

陪臣ニ而妻離縁などの砌、同家中ニ而、双方より主人役方迄離縁届差出候以上は、別段ニ離縁状不差出候而、宜敷御座候哉、

一他之家中より呼迎候者、離縁状可差遣筋御座候哉、又は双方主人々々之役方迄届出候得は、離縁状不及差遣候哉、

一都而妻離縁之節は、武家ニ而も離縁状出候儀ニ御座候哉、又は町人百姓ニ限り候哉、右之趣為心得御問合申上候以上、

付札

御書面、家中之者妻離縁候節、双方より主人役方へ相届候上は、離縁状ニ不及儀ニ可有之候得共、双方之身後日別事ニ而暇出候て、家断絶等致し候類も可有之、若夫之方ニ不埒之心底有之、無筋義なと申かけ候節は、差当証拠無之間、離縁状有之方可然儀、他之家中より之もの、尚更之儀奉存候、御家人ニ而も離縁状差出候様ニと申御書付等も、御免不差出候様ニと申儀も覚不申、何レも後日之儀ヲ能々相考、可取計儀ニ而入念候方可然儀と存候(傍点中田)、

この問合は、夫妻双方から届出をした上で妻への離縁状が必要か否か、①陪臣で同じ家中の場合、②他の家中の場合、③一般的に武士の場合についての質問である。心得のための質問であると断ってはいるが、そもそもこのような質問をするということは、離縁状の必要性を感じていたものと(前稿では思い至らなかったが)、現在の筆者は断定する。回答は家中の者の場合、届があれば離縁状は不要とするが、離婚後夫が暇を取ったり、主家が断絶するかもしれず、そのとき夫が不埒ならば、どのような「無筋」を申し掛けてくるかもしれず、さしあたり離縁状が無ければ、離婚の

証拠がないことになる。そこで「離縁状有之方可然儀」と、離縁状を授受しておいた方がよろしいとしている、他の家中との縁組の場合は、「尚更」のことである。回答者が御家人なので、一般的に武家についてではなく御家人についてふれ、離縁状は必要だという「書付」もなければ、離縁状を出す要はないとも覚えずと明確に答えていないが、後述するように御家人に離縁状授受の慣行があることを知った上で、「何レも後日之儀ヲ能々相考、可取計儀ニ而入念候方可然儀と存候」と回答した。

中田はこの回答を「万一の場合に証拠に用ゆる為め、離縁状を取置くことが、用意周到と称すべきであると云つたに過ぎない」とされ、離縁状を取り置くことが万一の場合に必要とされている。その上で先述した『農家調寶記』の「元来上方にはなきこと」と『武家用文章』の「上方には離縁状と云ことなし」を引用している。中田は離縁状不要説を唱えたといえるが、離縁状を取置くことが用意周到とすべきであると云ったに「過ぎない」のではなく、むしろ授受すべきであるといったものと解され、「離縁状授受説」を唱えるべきであったと筆者は考える。

積極的に離縁状不要説を唱えたのは石井良助である。すなわち「離縁の際には、夫家と妻の実家との両家より各別に双方熟談の上、離縁する旨の届書を幕府に提出することが必要であった。即ち夫の一方的意思による離婚は許されなかったのである。離縁届によって、婚姻は解消し、再婚が可能になるのであり、離縁状の如きものは不要であった」とされているからである。(5)

また瀧川政次郎も武士階級にあっては、（離縁の）届出で足り、「離縁状を交付することは、離婚の要件ではなかった」とされ、先の『武家用文章』を引かれている。(6) このことから積極的ではないにしても離縁状不要説を採用されたといえる。これが従来の多数説であった。

ⅱ　離縁状授受（慣習）説

ところで、武士の離縁状交付は要件ではなかったとはいえ、慣習的に交付されていたとする高柳真三の見解がある。[7]武士は離縁するには、夫家と妻家から双方熟談の上離縁したという届書を差出すことが要件であった。しかしこれは離縁が夫婦の協議によったことを示すものでなく、夫家妻家が離縁の事実を承認したことを示す手続であった。離縁状を渡すのが慣習であったが、要件ではなかった。

と、一貫して明確に離縁状を交付することが慣習であったとされ、さらに「武士にとって離婚届のほかに離縁状を授受することは要件でなかったにせよ、場合により庶民と同じくこれを渡すことも行われたのであり、その際の離縁状の文面には、やはり夫が一方的意思で離婚するという表現」を用いたのであるといわれる。[8]高柳が武士の離縁状交付について、これを庶民同様行ったと断言したのは、明らかに武士の離縁状を実際に見ていたに相違ない。なぜなら、ここでは武士の離縁状の文面にも言及されておられるからであるが、具体的な実例を掲げているわけではない。[9]高柳説によったと思われるのは、管見の限り大竹秀男である。「武士における離婚は、夫婦双方の当主より頭支配または主人に離縁届を出すだけで効果を発生した。夫から妻に離縁状を渡すこともあった」とされながらも、先の『武家用文章』を引用されているので、高柳よりややトーンダウンしている。[10]

ⅲ　私　見

さて、かつて私は武士の離縁状について、主に離縁状不要説をとってきた。[11]その上で武士の離縁状は要らないのが原則だが、それには例外が存在することも付言した。すなわち、届出が正式（原則）ではあるが、「しかし、主君を失ったときは届出のしようがないのであるから、夫から妻方に離縁状を渡すことによって離縁を成立させた」として、大石内蔵介の離縁状（全文二十六行の手紙）を掲げた。これは先に引用した問合の回答に「家断絶等」のときには、「何レも後日之儀ヲ能々相考、可取計儀ニ而入念候方可然儀と存候」とある通り、将来の御家断絶等を懸念して離縁状を念のために取り置くこととしたのである。大石内蔵介の場合は現実に御家断絶した後であるから、離縁状の必要があったという事だけには論及していた。[12] しかし、前稿執筆のときには、武士の私的日記にみられる離縁状の実例から、高柳の言う離縁状授受（慣習）説に賛同し、その後は離縁状の原物の発見に努めた。その成果として見いだした明らかに武士の離縁状とわかる実例を紹介するのが本稿の目的である。さらに武士の離婚に関する若干の問題にも論及することもすでに述べた。

2　私的日記にみる武士の離婚と離縁状授受

武士の私的な日記にあらわれた武士の離婚と離縁状の授受について三つの事例を紹介する。いずれも私的日記であるがゆえに、タテマエとしての離縁状・離縁届には表れない真実やホンネが吐露されている。

i　尾張藩士の場合

尾張藩士で、世禄百石、このころ御畳奉行に栄転し、御役料四〇俵を給されていた朝日文左衛門が書きついだ『鸚鵡籠中記』[13] 宝永二年（一七〇五）正月七日の記事は、つぎの通りである。

〇巳刻けい広井へ行〇予、巳刻源右へ行。治部右と酒のみ、夕めし給、未半帰る〇申比、親より予が妻離別する由の状を忠兵へ遣す。予は肝煎彦坂平太夫へ遣す

文左衛門は悋気のはげしかった妻と離婚する。もっとも文左衛門も酒に淫し、不品行で、双方とも愛想が尽きた様

子で、初めての結婚は十二年目に破局したのであった。この一月七日、午前十時ごろ、「けい」は広井町の実家に帰っていった。離縁状は夫文左衛門の父である定右衛門が、けいの父朝倉忠兵衛のもとへ遣わした。文左衛門自身もまた、離別の旨をしたためた書状を仲人の彦坂のもとに書きおくっている。

隠居したとはいえ、離婚に際して、文左衛門の父が息子にかわって離縁状を妻の実家当主忠兵衛へ遣わしたことがわかる。離縁状授受の後に、おそらく正式の届出がなされたと思うが、日記に記述はみえない。

ii　土佐藩士の場合

『燵袋』と題する日記の書き手・楠瀬大枝は、二〇万石余の土佐藩の下級武士であり、四人扶持切米一二石が俸禄で、御銀方や御勘定方など御用人格相当の下級役人を勤めた人物である。詳細は太田素子の著書[14]にゆずるが、楠瀬大枝の妻「たて」は二人三人と女子を産み、育児におわれるうちにしだいに健康をそこね、ついには「気疾」で、一年余も「座敷牢」の生活を余儀なくされるほどで、その介護をめぐっても、夫と妻実家とは齟齬が生じていた模様である。たての「狂疾」は重くなるばかりで、たて「病躰甚敷」しく、実家にても「座敷牢」を作ることが相談されるが、これに異議を唱える妻方親類等と意見がかみ合わず、(文政六)年正月十三日の記述には、簡潔に「今夜離別いたし候事」とある。同日、大枝はたて実家の当主左七にあて、これも簡略に左の書状をしたためている。

以手紙得御意候、然は妻たて義致離別之、当容躰之病者ニ而人事をも弁へかね可申者ニハ御坐候へ共、不得止子細御坐候ニ付、左様御心得可被下候、以上

つづけて大枝は「右手紙ヲ去状ニ添」え、直ちに「今夜おたて諸道具送リ返し候事」と、「去状」本文は記述されていないが、「去状」に添えて、妻の持参財産を返却したほか、離婚がやむをえない事情、つまり妻たてが「人事を

も弁へかね可申者」であることを、右手紙にしている。

なお、去状のほかに、離縁届については、翌十四日「今日仲彦丞を以、小頭朝夷市三郎へ内達いたし候事、終日慰問来客」とある。この離婚は翌日には親族から支配方へ「内達」つまり内々に届けられたのである。したがって、正式な届は後日差し出されたのである。

iii　御家人の場合

国立公文書館内閣文庫に『官府御沙汰略記（以下「略記」）』が架蔵されている。これは御目見以下の御家人（下級幕臣）だった小野直方（賢）が一七四五（延享二）年から一七七三（安永二）年までの二十九年間に書き留めた日記である。この「略記」にもまた武士の離婚と離縁状授受の記事がみられる。氏家幹人の『小石川御家人物語』(15)は、題名の通り物語形式であり、内容は「略記」全体を見渡している上に、平明達意の文章で、これを引用させていただく方が理解しやすいと思われるが、これはご参照いただくこととして、あえて原文にしたがいながら、検討を加えることとしたい（以下〔　〕内は髙木）。氏家の著書には直方の関係者の離婚事例が八例あるが、ここでは「略記」に初めて登場した小野庄兵衛妻「ミキ」と再婚の妻「タミ」離婚事例二例を紹介し、他は前稿を参照いただきたい。

まず一七五一（寛延四）年二月の直方の息子庄兵衛（直泰）最初の妻「みき」（御台所吟味役一場又右衛門娘）の離婚事例をみよう。

二月二十六日

今日おミき不行跡ノ儀はつ・へん・おミき対座ノ上超正院〔庄兵衛母〕詮議ス、不埒ニ定ル

二月二十七日

暮前忠四郎・藤右衛門〔他家へ養子になった庄兵衛の弟たち〕同伴シ入来、おミき離縁ノ義談シ（略）

二月二十八日

暮前藤右衛門入来、即刻帰ル、暮過丈左〔親類今井丈左衛門〕入来、おミき離縁之義早キ方可宜段談シ帰ル

○庄兵衛妻みき離縁ス、不宜身持有之ニ付、此間超正院内証ニテ吟味ヲ遂相違無之ニ付、先ツ今日一場又右方へ指遣シ、来月朔日仲人柴田崎右衛門ヲ以テ離別状遣ス、覚野弥内ハ又右方義絶ユヘ此度離縁ノ義不取扱、今八時又右衛門方へ遣ス、町駕篭六十四文ニ雇載之、忠四郎侍幸八雇ヒ、へん・角平供ニ付遣ス、尤油単掛・挟筥・著替等遣之、来月十九日諸道具幷土産金十両ノ内半金指戻シ、残金五両ハ五月御借米受取候節遣ス筈ニ約シ、乃当五月十八日五両指戻シ皆済ス

二月二十九日

早朝柴田崎右方へ明日入来呉レ候様ニ手紙遣シ、忠四郎方へ人遣ス、昼過一場又右内方ヨリ昨日超正院ヨリ遣シ候口上書ノ返書越ス、片便ノ由指置帰ル

三月一日

八時柴田崎右入来、おミき離縁ノ義談シ、即チ離別状相渡シ、餅出ス、即刻帰リ、又暮前入来、一場又右方へ右離別状相渡シ候由、諸道具幷土産金指戻シ候義談シ、即刻帰ル、八半時今井丈左入来、即刻帰ル

実はみきは二日前に久し振りに実家へ出掛けて一泊して帰ってきたのであるが、この間に密通があったらしい。二月二十六日、迎えに行った下女はつ・へんをともない、みきの姑（超正院）が対座の上、厳しい詮議の結果、不行跡（密通）の事実紛れなしとされ、速やかに離婚にむけて事が進捗する。翌二十七日には養子に出ていた庄丘衛の弟たちが駆けつけ、離縁話の了解がなされる。密通が発覚してから四日後の三月一日には、離別状が仲人を通じて妻の実

家に差し出されたことが明記されている。

そして、正式な離縁届が提出されたのは、三月十三日であった。

△庄平衛妻離縁届ケ指出ス、今夕方同役山本迭八御番頭石川孫太郎へ持参シ指出之、庄平衛番明ヨリ直ニ同役山本迭八方へ行、妻離別ノ届ケ番頭へ指出シ呉レ候様ニ相頼ミ昼過帰ル

庄平衛（直泰）三十四歳、みき二十二歳、三年余の結婚生活であった。

この離婚事例で注目されるのは、離縁が迅速に運ばれたことと諸道具・土産金（持参金）の返還についてである。みきの密通が発覚してわずか四日後には夫から妻方へ離別状が渡されて離縁が成立した。これほど迅速に話が運ばれたのは、おそらく当事者や親類一同は密通一件が世間に漏れることを極端におそれたからで、当主の妻が不義を犯したということが公になれば、当時の武士の作法「妻敵討ち」を余儀なくされる。そんな悲劇は回避したい。親類が来て「おミき離縁之義早キ方可宜段」とわざわざ話しに来たのも頷けよう。

もう一つは土産金の返済についてである。離別状が渡された三月一日に早速仲人から諸道具並びに土産金返済を催促され、庄兵衛はやむなく「札指（差）喜太郎方へ行、土産返金ノ金子用立候様」と、借金の交渉に出掛けている。土産金は十両であったが、その後にも六日・七日・十一日と、仲人から土産金返金の話がある。離縁届当日の十三日にも仲人は直接来て土産金「残金ノ義談シ」また手紙でも「土産残金何比可遣哉且預リ手形越シ候様ニ申越ス」が、翌十四日庄兵衛は「預リ証文」は相成らずと返書している。

さて、三月十九日にようやく土産金半金五両とみき諸道具が渡されたが、諸道具は婚礼のときの目録に引き合わせて戻された。持参道具のうち、土蔵から取り出す際に、小皿二枚を破損したと書き留められている。残りの五両が用立できて返済し終えたのは五月十八日で、「五両相渡シ皆済ス」とあり、正式に離縁届が出されてから二箇月余のこ

とであった。

なお、この不義・離婚一件で、寝取られた夫の側が慰謝料を請求もせず、通常の離婚の作法通りに持参金を返すことで決着したことについて、

武士の世界でそんな馬鹿な事が！　と不審を抱く方もいらっしゃるかもしれません。でも逆に武士の世界だからこそ、流血を見ず穏便に事済みとするためには、夫の側の〝忍耐〟が必要だったといえないでしょうか。妻に対する遣り場のない憤懣を押殺し、のみならず、経済的負担をも蒙ってでも、とにかく平和が一番じゃないか――、幕臣の世界では、たぶんそんな風潮が一般的だったのだと思います。

と、氏家は物語の主人公「おぎん」に語らせている。(16)

ところで、ミキと別れた庄兵衛は翌年の一七五二（宝暦二）年の十二月には、二度目の妻タミ（小十人小普請沢甚兵衛娘）二十七歳を迎える。ちなみにタミの土産金も十両であった。離婚による家計の損失は差し当たり埋められたわけである。出戻りの再縁であったが、病弱で翌三年五月実家に保養に帰ったままで、協議離婚になる。九月一日と十一日の記事には、

九月一日

〇庄兵衛妻たミ離縁ス、当夏五月朔日病気ニ付、沢甚兵衛方へ保養ニ行、先月廿七日手前へ呼戻シ昨廿九日甚兵衛へ遣シ、今日中人山田甚五右・秋山幸八ヲ以テ離別ス、全体愚蒙ニシテ且超正院へ事へ不宜ユヘ離別ス、尤持参金十両諸道具等今日悉ク戻シ相済ム、勿論金子幷道具受取書取之、離縁届ケハ三日当番ノ節番頭へ内意談置、当月十一日届ケ指出ス

四時前山田甚五番明帰リニ入来、予謁シ、お民離別状幷持参金十両相渡ス、今日八時過沢甚兵方へ持参ノ旨談

シ即刻帰り

九月十一日

○庄兵衛妻離縁届ケ指出ス、先日番頭石川孫太へ離縁之義申談ス、然ル処離縁ノ義御本丸へ演達ニ付、離縁届ケ可指出旨、依之今日当番所へ持参ス、十三日石川孫太郎方へ為持遣ス

とある。病気で寝込んだ上、実家で保養しなければならなかったほどであるから、離婚については両家の協議は簡単に整ったと思われる。わずか八箇月余の結婚生活であった。庄兵衛方では、このときには持参金の用意もなされていたものか、離別状を渡すと同時に持参金と諸道具とゝもに返し、「悉ク戻シ相済」ませたのである。この離縁がどういうわけか、すでに本丸（幕府事務方）へ達していたので、早急に番所に提出している。

二　武士の離縁状

本稿の目的である身分の明らかな武士の離縁状を紹介する。すでに紹介したものもあるが、管見の限り知りえた離縁状を原文のまま引用する。

1　米沢藩・上級武士の場合(17)

（本紙裏）
「三下り半

離　別

〆　」

私妻悪縁ニ付、致
離別候、依之人頭
致御渡、尤再縁構
無御座候、以上
天保二
十二月廿五日　安田友弥小印
福嶋掃部殿

私娘悪縁ニ付、被致
離別、依之人頭致
御請取候、尤再縁御構無
御座旨致承知候、右御挨拶
如斯御座候、以上
天保二
十二月廿五日　福嶋掃部印
安田友弥殿

安田家は米沢藩上杉家の家臣で、会津時代には二七〇〇石、米沢入部で八三三石余、一六六四年の寛文半知で四一六石余となったが、代々上級家臣である侍組九十六家に属し、城下主水町に住んだ。夫安田友弥の妻実家福島掃部は五〇〇石、同じく侍組で、膳部町に居を構えていた。

離縁状本紙は夫から妻方に渡したので原物ではなく、写しを取り置いた。離縁の承諾書である離縁状返り一札は逆に本物である。両者をよくみると筆跡が同一であり、ほかの文書の筆跡から夫安田友弥本人が両方とも書いたことが判明する。離縁状を妻方に渡し、その承諾には同時に夫が用意周到に書いて持参した返り一札を示し、印のみを押してもらったのである。離縁について双方で協議が整っていたからに相違ない。

この文書は筆者が武士の離縁状として、最初に見いだした実例であった(18)。もちろん離縁状だけで、武士の離婚が完結するわけではなく、最終的には正式な離縁届が必要であり、本事例がその手続きを明確に教えてくれる。

安田友弥は、離縁状交付の一八三一（天保二）年十二月二十五日に、侍組のひとり二〇〇石取りの須田多仲に書状をしたためた。内容はこれまで夫婦の仲をなにかと心配していただきご面倒をかけたので、それなりに和熟に努めたが、「何分末々之見切無御座、悪縁無是非次第」と、離縁したことをあしからず了承していただきたいと願ったものである。また同時に左の書状で須田多仲に、組頭への正式な届出を依頼している。

以手紙得御意候、然者私妻悪縁ニ付、今日致離別候、此段組頭江多仲様
乍御苦労御届被下度致御頼候、若御障茂御座候者喜内様乍御苦労致御頼
候、右為御知御頼旁如此御座候、以上

十二月廿五日　　安田友弥

樋口　志津摩様
須田多仲様　御届之義致承知候

栗林伝右衛門様

三　保　喜　内　様

またこれら離縁関係文書は一括して袋に入れて保管されたが、その袋の表には「天保二年十二月廿五日　離別状諸着物入」と大きく書き、注書きして「右ニ付而之書物も此内ニアリ、再縁窺之留もアリ」とある。その裏には、「為知ハ両隣・近類斗、組頭江者組合之内を以届相頼、為知旁廻状相廻ス事、離別状ハ平生之状箱入ニシテ、旨札ハ様字、中ハ殿字、小印相認事」とあり、さらに添えて「再縁窺之案、右済口書、右ニ付諸文包共」すなわち、離縁の知らせは両隣と近類に限定し、組頭への離縁の届出は組合内から届けることのほか、組合内には廻状を廻してすませたとある。安田友弥は、この当時廣居出雲組に属し、組は組頭を含め十五名で構成されていた。離別状は状箱に入れ、表書きの札には様の字、中の本紙は殿の字に使い分け、小印を用いたという。袋裏の済口書は現在見当たらない。

この離縁からほぼ一年がたった一八三三（天保四）年二月に五〇八石取りの新津右近妹と「縁定仕度」という再縁窺（願）を組頭に出して再婚した。離縁状の理由に「悪縁ニ付」を用い、結婚を「縁定」と称することは米沢地方周辺の特徴である。再婚にあたっての「縁定之願」が残っているので、左に引用しておく（原文は五行である）。

「（端裏）縁　定　之　願　　　安　田　友　弥」

以書付奉願候事

拙者妻ニ市川豊後組新津右近妹縁定仕度存候、奉願候通被　仰付於被下置者難有奉存候、此旨宜御執成奉頼存候、以上

天保四年二月　　　　安　田　友　弥

清野帯刀殿

系図によると、この縁定願は十四日に出され、許可されて婚姻したのは約二箇月後の四月十六日であった。

2　仙台藩と片倉家・下級武士の場合

この離婚一件と離縁状は、片倉家で「記録役」を勤めた武藤十郎右衛門弘毅が一八二九（文政十二）年から一八九三（明治二十六）年まで書き留めた日記体風の自家記録『勤仕録』と称する冊子に控えられていたものである。[19]先ず結婚話は一八五五（安政二）年十月、白石城下西の修験光明院からもたらされた。夫方は仙台藩士・留主伝右衛門で、領内の要衝である丸森（現宮城県伊具郡丸森町）に配された「御給主組」で、「伊達家世臣録」から石高は一四石と思われる。武藤十郎右衛門は「奥羽盛衰見聞録」のある「白石役人帳　文久三年」[20]によれば、「記録役」で、一貫九拾八文（この時期、一貫は十石、約十一石）、ほぼ同格の家同士である。貰状の前に着物寸法があるが、登代の相手伝右衛門の着物を用意するつもりで書き留めたものだと思う。寸法からかなり大柄の男性だったと想像される。続いて、貰状の控えが書き留められている。原文通りに左に引用する。幸右衛門は伝右衛門の父である。記事を掲げる。

十月十五日就吉辰ニお登代事十六歳丸森住□（虫、居カ）御給主組留主幸右衛門娵ニ貰度由ニ而貰使光明院来、但当年　辰巳金神ニ而方位祭替之祈禱、日然（カ）へ頼、御初穂金五十疋出、御守持札持来

同日朝五ツ時貰状左之通　　着物寸法　丈五尺壱寸、行二尺五分

褄下弐尺五寸　後幅九寸五分

前幅七寸五分

〆武藤十郎右衛門殿　　長斯

留主　幸右衛門

一筆致啓達候、貴殿御娘於登代との
私嫡子伝右衛門妻ニ光明院取持被下
得其意存候、任御取持弥以縁組致度
今日吉辰ニ幾久敷可御意為
御貰状与如斯御座候、恐惶謹言

十一月十五日　（花押）

この後に、「伝右衛門近親類」の書き上げがある。近類の数は、弟三名、叔父一名、ほかは従弟六名、母方は伯父三名のほか二名、総計十四名が記されている。すべて横一列に書かれているが、便宜上、三段に記述した。

倅伝右衛門近親類

弟　半沢源助	弟　留主幸三郎	弟　留主幸五郎
弟　留主幸五郎	一廻従弟　大内勘右衛門	二廻従弟　大内武右衛門
指渡従弟　末永英次郎	叔父　古山直次	二廻従弟　山本一三郎
母方伯父　高野新平	伯父　大槻定之丞	伯父　樋口平助

亦伯父
斉　藤　雄　治
指渡従弟
高　野　弥右衛門

右之通近親計致御取替候、以上
安政二年
十一月十五日
留　主　幸右衛門

「貰状」に対して、その承諾書ともいえる「呉状」が同時に渡されている。

〆留　主　幸右衛門殿
弘毅
武　藤　十郎右衛門

御札拝見仕候、然者伝右衛門殿
御内室ニ私嫡女登代御縁組被成度、
今日就吉辰光明院為御媒被仰下趣
承知仕、弥御縁組幾久敷御申合仕候、
右為御挨拶如斯御座候、恐惶謹言
十一月十五日　（花押）

呉状に続いて、同じく妻方の「嫡女登代親類書」が添えられている。総計十一名である。

嫡女登代近親類
弟
武　藤　喜平次
弟
武　藤　庸　次
伯父
千　葉　庄兵衛

伯父
　川村俊岱
母方
外祖父　　　　　　叔父　　　　　　従弟
高子栄左衛門　　　小林嘉右衛門　　高子善蔵
従弟
高子貞蔵
近親類
小嶋久左衛門　　　竹岡三喜右衛門　石井佐平左衛門

右之通近親計御取替候、以上
安政二年
　十一月十五日　　武藤十郎右衛門

安政二年に貰状・呉状の交換をした後はどのような手続きであったろうか。

同年十二月五日就吉辰、於登代事丸森留主伝右衛門方江為対面相越、同日直ニ婚礼相整候事、媒光明院夫婦為見送之千葉庄兵衛・小林嘉右衛門、草り取東隣借家喜兵衛遣ス、朝四ツ時出起ニて而遣候事、天気吉、暮着、諸事都合宜相済候由、翌六日夜五ツ過、千葉・小林等帰来
同八日より脚相痛平臥廿七日迄、漸坐て越年なり
正月十五日留主伝右衛門・於登代・親類横山茂太夫来、十七日帰ル

同年十二月五日、登代は丸森の留主家を訪ねるが、夫となるべき伝右衛門と対面するためであった（見合いの意味

合いを持ったのであろう）。両人に異議はなかったものか、その日のうちに婚礼が整う。媒光明院夫婦を見送りのため、伯（叔）父二名に草履取りも同行する。伯父たちは翌日に帰ってくる。登代はそのまま婚家に留まったものであろう。旅慣れない登代は「脚相痛平臥」、脚が痛み、二十日ほど臥し、ようやく座れるようになったのは年を越してからであった。翌正月十五日お登代夫婦は里開き（里帰り）に白石に親類同道で来たものの、翌々日には帰ってゆく。新婚生活が三箇月余り過ぎたころ、ようやく「内慮伺（他所縁組願）」を齊助左衛門に提出する。齊助左衛門道長は先の「白石役人帳　文久三年」には「連枝守」で、二貫六百参拾七文（二六石）で、同じ家格「一番座四」に属した。

一他所縁組願左ニ

拙者儀女子当拾七歳ニ罷成申候処、御所ニ相応之縁無御座候間、他所縁組　御免被成下度乍憚奉願候、右之趣御家老衆中え宜様被仰上可被下候、拙者儀御記録役相勤、御知行高壱貫百文ニ御座候、以上

安政三年三月廿日　　武藤十郎右衛門

齊　助左衛門殿　　重判

武藤十郎右衛門の娘「おとよ」は十七歳になるが、御所に「相応之縁」がない、つまり白石家中に相応しい相手がいないという理由である。上役を通じて、「御家老衆中」へよろしく伝えてほしい旨述べている。これは内々の願である「他所縁組願」に対して「如願之被　仰付」と、許しが出る。そこで、いよいよ「縁組願」の提出である。

一他所縁組願左ニ

拙者儀女子当拾七歳ニ罷成、御所ニ相応之縁無御座候ニ付、他所縁組　御免被成下度先般願申上候処、如願之被　仰付難有仕合奉存候、依之伊具郡丸森住居御給主組留主幸右衛門嫡子同才伝右衛門妻ニ縁組被　仰付被成下置度乍憚奉願候、右之趣御家老衆中江宜様被仰上可被下候、拙者儀御記録役相勤、御知行高壱貫百文

一、為御合力月々玄米壱斗宛頂戴罷在申候、以上

武藤十郎右衛門

弘毅（花押）

安政三年四月廿日

齊　助左衛門殿

同四月廿五日願済被　仰渡、左之通

武藤十郎右衛門

如願之縁組被　仰付事

「縁組願」には「伊具郡丸森住居御給主組留主幸右衛門嫡子同才伝右衛門妻ニ縁組被　仰付被成下置度乍憚奉願候」と、登代の婚姻相手の住所・役職・姓名・年齢（同才とあり、同じ年）のほか、武藤十郎右衛門の役職・知行高が明記されている。安政三年四月廿五日、「如願之縁組被　仰付事」と正式に縁組が許可されたのである。これが婚姻に到るまでの手続きであった。

おおよそ一年半後、伝右衛門・登代夫婦は離婚することになった。離縁状が書き留められている。

離縁状

貴殿御娘私妻おとよ、生得柔弱且病身ニ而、迚も勤難筋ヲ以、暇申受度段被仰聞、任其意ニ今般致離別候、尤右おとよ事、懐胎ニも無之以、依而暇証如件

安政四年八月十八日　　留主　伝右衛門印

武藤十郎右衛門殿

離婚理由は妻の「生得柔弱且病身」とある。とよは生まれつき虚弱で、その上病身であったという。とても婚姻を続けることはできないものと、妻方から離婚の申し出によって、夫はそれを了承して離別したものという。ただ武士の場合でも一般的には具体的な離婚理由は書かないものであるが、さらに他の離縁状には見られない表現、すなわち、「懐胎ニも無之」と、あえておとよが妊娠していないことを付言している。おとよが陰事（夫婦の交わり）を嫌ったことが原因であったか、あるいはおとよが不義をはたらいた疑いで、かりに子を出生しても夫伝右衛門の子でない事の表明なのか、推測するのみで、真実はわからない。

3　一関藩・下級武士の場合

左の離縁状と返り一札之事は一八三一（天保二）年の文書と思われるが[21]離縁状の差出人・入間川藤太は、一関藩士で「三人扶持切米金二歩」の下級武士であり、一八六五（慶応元）年当時は勘定所頭仮役であった。本文書は離縁状の名宛人である修験の教覚（学）院の所蔵になる。教覚院は奥州磐井郡富沢村にあり、一関藩領であった。離縁状は折り紙の表側、その裏側には「此方ゟ請書控」とある返り一札が控えられた。とはいえ、二つの筆跡は明らかに同一人のものである。表側の離縁状も教覚院で写し置いたものである。

まず離縁状、つぎに離縁状返り一札を原文通り掲げた。

一　　おせへとの
右家内不和合
ニ付、此度りゑん

致候、御届之儀御申合セ
之上、来十八日御
届可仕候間、左様
御承知可被下候、以上
　　　　入間川　藤太
　五月十三日
教覚院様

（折り紙裏）
此方ゟ請書扣

一　　　於誠
右之者於其御家内様
不和合に付、此度離縁
被成候之旨御離別状御添被
相送候之処、承知仕候、來ル
十八日右御届之儀御向々江
御首尾之趣共ニ被仰下
承知仕候、■此方も御同様
御届可仕候、仍而為御請書ト

如斯御座候、以上

教覚院

酉ノ

五月十三日

入間川　藤太様

右之請書右同月同日、於薄衣町寓居所ニ佐藤国平江相渡、

入間川氏江相送候事

その後入間川藤太は戊辰戦争（秋田戦争）に坑兵として出兵し戦死したという。

4　喜連川藩・下級武士の場合

離縁状の差出人の肩書に「喜連川家来」とあるので、大村友吉は喜連川藩の武士である。年次不詳の『喜連川家分限帳』(22)には、大友姓が二名みられる。「歩行　七石　大友藤助」と「歩行　四季施　大友半蔵」である。いずれかの関係者と考えられ、どちらも下士身分である。

（上包）
「離縁状」

離縁状之事

一此度おつまこと事、拙者方致離縁候間

何方江縁組被致し候而も一切御構不申候、

御手前様御存分ニ御取計可被成候、
為後日仍如件

文政十三年庚寅年七月

喜連川家来
大　村　友　吉㊞

上州沢入村
小　倉　清　六殿

喜連川氏は関東足利氏の流れを汲む地位故に、徳川幕府から優遇され、高家、四品・一〇万石の交代寄合の格式を与えられた（実高五〇〇〇石）。「御所号」が許され、参勤交代の義務もなく、諸役も免除された。しかし、格式に似合わず、財政は苦しく、家臣も一三〇名ほどで、下士は微禄に甘んじ、貧窮していた。大村友吉もその一人であったに違いない。

それに対して、妻方は上州勢多郡沢入村（現群馬県みどり市）の名主を務め、蚕種、材木、足尾の銅、その銅街道の流通など手広く商いを営み、屋号を「小松屋」と称した地域の有力者であった。とはいえ、武士というわけではなかった。夫妻両家は地図上直線距離でおよそ六〇キロメートル余の距離があったと思われる。それにもかかわらず喜連川の家来と縁組をなぜ結んだか不明であるが、夫にとっては富裕な妻実家をあてにしたものだったにちがいない。離婚原因もその辺にあったろうか。

離縁ということに関連して、喜連川家と東慶寺についてもふれておきたい(23)。喜連川家が古河公方足利家の末とされ、東慶寺五世住職用堂尼公（後醍醐天皇息女）以後は六世から十九世住職まで、住職は古河公方足利家から迎えられている。その後二十世天秀尼（豊臣秀頼息女）が大坂の陣の後助命され、千姫養女として東慶寺住職となる。その後無住になるが、松ヶ岡東慶寺は代々古河公方家から御息女が住持の寺であるから、この度も喜連川家息女を住持にしたい旨幕府に願った[24]。喜連川家が古河公方足利家の末とされ、喜連川尊信息女が二十一世住職永山尼である。永山尼入寺に伴って、喜連川家の飯島某が付き人として来る。喜連川家は家格一〇万石とはいえ、実質五〇〇〇石で貧しいのに比べて、東慶寺独立寺院で五〇〇石近い寺領もあり、松ヶ岡御所という由緒寺院である。喜連川家としてはこの寺の住持に息女を、さらに付け人付きで送り込めばうまい話である。実際、永山尼没後の無住になってから、付き人は被官と申し立て公儀の御朱印地を喜連川家支配のようにし、天秀尼のとき、結構に普請した方丈、客殿の修復はせず、納物等は皆喜連川家で収納してしまい、これでは不冥加と、円覚寺に訴えるほどであった。喜連川家のやりくり算段が東慶寺にも及んでいたことがわかると同時に喜連川家の権威[25]の裏の貧窮さもうかがい知ることができる。なお、二十二世玉淵尼も喜連川茂氏養女（高辻前中納言息女）である。

5　御家人の場合

さきに御家人の日記のなかに度々登場した離別状の記録の一端にふれた。それによって御家人間での離別状授受の事実が判明した。そこで御家人の離縁状の実例を紹介するが、まず縁組成立からみることとしよう（一件文書は筆者所蔵である）。

服部甲子造（後に貫一郎、さらに信順と改名）は、元長崎奉行家来若菜起太夫を父とし、兄九一郎とともに敷山家の養子となるが、さらに服部家に聟（婿）入りする。一八四五（弘化二）年十月のことで、婿養子縁組取為替証文がある（原文五行）。

為御取替申一札之事

此度拙者弟甲子造儀、貴殿娘江聟養子差進可申段御相談之上、及御熟談、追而御家督相続可為致御取極、則為土産金弐百両之内金百両慥ニ御渡申候、尤聟養子御願済之上跡金百両御渡可申候、為念仍如件

弘化二巳年十月十六日　　畑　為右衛門㊞

敷山　九一郎㊞

服部　半兵衛殿

吉田伊左衛門殿

弘化二年の縁組に際し、土産金（持参金）は二〇〇両、半金一〇〇両を持参、残金は家督相続後と決められた。明細短冊（支配へ提出の略歴）によれば、二年後部屋住から御先手与力之見習、一八六三（文久三）年養父の家督現米八〇石を相続し、御先手与力、一八六六（慶応二）年に当分御鉄砲玉薬奉行手附、同三年に勤を御免となり、御用人組、同四年三月廿四日現米八〇石本高になされ、身分「御譜代」と心得るよう申し渡される。その申渡書を左に引用する（原文四行）。

組

服部甲子造

現米八拾石本高ニ被成、身分御譜代与可相心得候、

右者川勝備後守殿被達候ニ付、申渡之

辰三月

同年九月願って御暇の上、帰農する。一八七〇（明治三）年五月に召し返され、三番勤番組を命ぜられる。明治維新後駿河国（静岡県）に転居を余儀なくされるが、止宿先には苦労したとみえ、寺や百姓家を頼り、明治七年一月ようやく駿河国藤枝宿白子町に借地して落ち着く。禄は大きく減額され、明治三年には六人扶持、間もなく三人扶持となり、明治七年に家禄一〇石八斗となる。江戸からの移転後、明治四年七月上旬ころより、止宿先で、夫貫一郎は組屋敷開発のため大下水掘割にかかり、その普請場取締として夜中に出かけている留守に、妻なかに「夜行等不行跡」（飲食を伴う宴席に連なり、そこで不義の様子がみられたか）があったという。

八月十三日、差出しの妻方親類鈴木周栄あて貫一郎の書簡には、「存分ニ成敗」いたすべきところ、縁組取為替証文にも名のある吉田御老人からの頼みで「押込置」き、助命することにし、妻なかとその母を鈴木方に預けることとなり、早速にも引き取るようにと伝えている。なぜなら、この場所は世間が狭く、妻の悪しき所業が噂になっては困るからとも言い添えている。預け先の生活は難儀であろうと、母娘の持参荷物、衣類のほか、ふとん・かいまきまで持たせるが、残余のものは一切持たせないと申し置くが、余分の品も隠れて持って行ったこと「後ろ暗き致し方」で、罪に当たると断じている。

書簡のなかで繰り返し妻の不行跡に触れているが、そもそも妻なかの母が「倶々無実之譏を吐き、主人（貫一郎のこと―筆者注）江対し麁言を申、不敬無礼之振舞間々有之、我意ニ募り小子を蔑ニし既ニ去月上旬夜より小子義普請場為取締夜中罷出候留守ニ、母同人より差許し小子江隠し、妻儀を夜行等不行跡を為致、終ニ以之外之義を生じ世間を不憚致し方有之、畢竟母たるもの、教訓不相立却而悪事を教候も同様之義、右を宜事与心得候故、おなか義前条之通不束之者ニ相成候次第」と、なかの母の教えがなっていないことが原因と言っている。

つまるところ、離婚で決着する。一八七一（明治四）年十一月、御家人・服部貫一郎（五四歳）が妻なかに交付した離縁状である。貫一郎方に残存したものであるから、控えである。

おなか

其方義、種々存寄ニ不相叶

次第有之、末々難見届候ニ付、

此度離別致し勘当申付候、

就而者諸親類縁者且懇意

之向江一切立寄申間敷候、此段

申渡候

辛未十一月　服部貫一郎

これには妻なかからの離縁状返り一札（離婚承諾書）がある。同時になかとその母を引き取った鈴木周栄からの一札もあり、それにはなか母の達ての頼みであること、引き取った上は「当人行末且人別其外」を世話致し、今後は貫一郎に一切迷惑を掛けないことが確約されている。

私義、種々心得違之義御座候ニ付、此度

御離別御勘当を請候段恐入、一言之

申訳無御座奉畏候、就而者御申越之通、

諸親類縁者、且懇意之向江一切立寄申

間敷候、為後日御請差上申候、以上

――月　なか（爪印）

右の返り一札は離縁状と比較してみると、同一人の筆跡である。おそらく筆まめだった夫がこれを書き、この案文の通りにしたためよと、妻方に示したものに違いない。これまでみた武士の離縁状五通のうち三通に返り一札があった。武士にあっては、離縁状と同時に返り一札を受理するものと考えられていたのである。

離縁状の離婚原因は「種々存寄ニ不相叶」と抽象的、かつ「妻の無責性」の表示となっているが、返り一札では「種々心得違之義」と抽象的ながら、妻の有責性を夫貫一郎から書かされている。妻が自らの有責性を書くのは例外的で、余程妻の不実が許せなかったのであろう。ついては「諸親類縁者、且懇意之向」へは一切立ち寄らないことを約束させている。

また、妻なかを離別し、「勘当」とあるのはなぜか。貫一郎は婿入りし、その後家督を継いで当主になったとはいえ、離別しただけでは家付き娘なかは服部家の者として家に留まる。これをよしとしない夫はなかを服部家から「勘当」して離籍する必要があったのである。

貫一郎は江戸住まいのときから、伊賀屋吉兵衛という変名を使って金貸しを営んでいた。商才にたけた夫を武士らしくないと、なかは嫌ったのかもしれない。とはいえ、貫一郎は明治十年代には東京とかわった小石川に戻り、家作を持ち、相変わらず金を貸して生活したようで、いわゆる「武家の商法」で貧乏に陥ることはなかったようである。

6　幕府御用蒔絵師の場合

古満家は幕府御用蒔絵師三家の一つで、その七代目当主・六右衛門の離縁状がある。古満家当主は武士に準ずる待遇を受け、神田松永町に拝領屋敷を賜っていた。「おその」との婚姻は一七九四（寛政六）年十二月で、持参金一〇〇両を受取った旨の「覚」には、六右衛門のほかに先代勘助の名もみえる。結婚時に五〇両、残金は「追々」とあり、万一不相続のときは「持参金ハ不及申、諸道具取持可相返候」とある。ところで、「おその」の実家は上野国甘楽郡塩沢村であり、その当主は弟の市川新右衛門であった。江戸に出ていた親戚筋の儒者市河寛斎とその子米庵がおり、この婚姻の橋渡し役を担ったものであろう。

六右衛門は父勘助死去後の寛政七年十月二十八日に幕府御用蒔絵師の跡職を勤めることとなる。離縁の原因等は全く不明であるが、翌八年三月にもおその所持の二五両を預かったとの「覚」を市川新右衛門ほか一名あてに差し入れている。このときは妻方入用のときはいつでも返却するとしたためている。その後、結婚期間三年たらずで離縁となり、左の離縁状が渡される(26)。

一札之事

一其方儀、我等妻ニ致置候処、此度離縁之儀申聞候ニ付、則離縁致遣候、然上は何方え御縁付被成候共、申分無御座候、為後日離縁状仍如件

寛政九巳年

十一月十二日　　古満　六右衛門㊞

おそのとの

さきの覚には、万一不相続とあったが、離縁のとき持参金はもちろん諸道具等持参財産を返還することは当然のことであった。しかし、六右衛門には持参金の用意がなく、次の証文を入れてその猶予を願わなければならなかった。

入置申証文之事

一　金五拾両也

右者おその義、離縁ニ付、書付書面之持参金五拾両差添、可相返所出来兼候ニ付、午二月十日迄日延申入候処、万端貴殿御引受之儀ニ付、思召を以御承引被下忝存候、然ル上者右日限通ニ急度相済可申候、万一遅滞候ハヽ、何分ニ茂御掛可被成候、其節一言之儀申入間敷候、為後日証文入置申所仍如件

寛政九年十一月十二日

神田松永町
古満　六右衛門

神田皆川町親類
泉屋

証人　重兵衛

上州塩沢村
市川　新右衛門殿

幕府御用蒔絵師は生活ぶりが派手で、粋を旨としたが、その内実は金銭的に大変だったのかもしれない。あるいはそのあたりが真の離縁原因といえようか。

三　武士の離婚をめぐる若干の問題

1　離婚の作法

武士の離婚にあっては、「礼儀」が重んじられたことである。すなわち、夫婦両家の情誼に傷をつけないよう、文字通り「熟談」の上、離縁状を授受し、双方からそれぞれ離縁届を出し、持参金・持参財産の返還をなして終える。なかでも大名間とりわけ大藩同士の縁組の場合、離縁そのものが、外聞をはばかることから少ないが、もし離縁に際してその礼儀を無視し、妻方への配慮を欠くと重大事にいたる。「元文離婚事件[27]」といわれる大大名間での空前の離縁事例、備前岡山三一万五〇〇〇石の藩主池田継政と陸奥仙台六二万石の藩主伊達吉村の娘和姫との離縁である。

一七三七（元文二）年十月五日夫方使者として二人の旗本が伊達家上屋敷に来て、家老に面談して離縁の趣旨を伝える。その口上控えには、近年和姫に対して継政の心遣いが多く、病気も差重なったので離縁する由であった。そして両家の「通路相止め申候」と絶交をも通告する。伊達家の家老は、和姫が原因で離縁とは納得しがたいとして、その説明を求めたところ、使者はその旨を継政に伝えるが、離縁のことはすでに老中に「御届」を出してあるとのことであった。伊達吉村は、離縁のことは当方に挨拶のないうちは決めてはならないのに、こちらの返事をまたずに勝手に老中に届けを出したのは許せないと立腹するが、届出が済んでいるのでは仕方ないと離縁そのものは承服する。もっとも老中への届出の書面には、たんに「不縁故離縁」としたためられ、当然のことながら具体的原因の記載はない。

両家の絶交の和解が成立するのは事件後四十七年目のことであった。そこまで両家の関係をこじらせたのは、ひとえに池田家が「離縁の礼儀」を無視したからである。その礼儀とは離縁は内々に下相談がなされ、双方の納得・了解のもとに届出がなされること、離縁原因にはふれず、まして妻方の有責性には決してふれなかったのである。

私的日記は他見することを予定していないので、武士のタテマエとは別なより具体的なホンネをのぞかせていた。離婚手続き上の作法と言えば、持参金と持参財産の返還である。「略記」の庄兵衛妻ミキの離縁では、ミキを実家に返す際、当座の油単掛・挟筥・着替等を持たせている。その後、仲人が離縁状を渡すが、妻方からは他の諸道具と土産金（持参金）の返還を迫られる。土産金十両のうち、半金の五両は翌月に戻し、諸道具と残金の五両は三箇月後にようやく差戻し皆済したとある。ミキの諸道具は婚礼のときの目録に引き合わせて戻された。持参道具のうち、土蔵から取り出す際に、小皿二枚を破損したと書き留められている。再婚の妻タミのときは離婚と同時に持参金と諸道具とも「悉ク戻シ相済」ませたとある。また、幕府御用蒔絵師・古満六右衛門のときは、持参金の返済ができず、返済猶予を願った。武士の離婚にあっては持参金と持参諸道具は厳格に返還されたのである。庶民にあっても持参金と持参諸道具は厳格に返還されたのである。武家と同様、目録と照合して返却された。

下野国河内郡三村（栃木県河内郡上三川町）名主兵蔵娘「いく」は夫喜十郎が「乱心者」で、その暴力のほか、不埒があり、離婚を望んで一八五七（安政四）年四月縁切寺満徳寺へ駆込んだ。内済離縁で決着をみるが、「品物取引」の段になって、持参荷物一一三品のうち、「能品計《よきしなばかり》」四七品を返してくれず、こじれて寺社奉行の「御声掛り」に係属する難事件になった。これも持参財産は厳格に返還されるべきことを如実に語るものである。

なお、庶民の離婚においては趣意金・縁切金と称する慰謝料が授受されることがあるが、今日では有責配偶者が慰謝料を支払うが、江戸時代の慰謝料の支払い義務は、夫婦間の有責性を問わず、離婚を請求した者が負ったのである。(28)

武士にあってはタテマエとして相手の有責性を指摘することもなく、どちらか一方が離婚を請求したとしても、結局「双方熟談の上」で離婚するので、武士の離婚では、庶民と異なり、慰謝料の授受はない（例外的には不埒な一方が無心・強要することはあったかもしれない）。

ところで、武士にあっては、離婚を抑制もしくは制約したのではないかと思うが、それでは離婚は何回位までゆるされたのであろうか。佐倉藩の事例を参考にしよう。『佐倉藩古例』(29)の記事をそのまま引用する。

○寛政六寅六月、大野舎人妹花村治部太夫妻差遣、三度目之節、厄介片付御手当初縁ハ法之通被下、再縁ハ御定法半金被下、以下ハ三度目縁組之節茂再縁組之節も再縁之通半金被下、四度目ゟハ不被下旨、尤三度目ニ相成、御家中江相触不申ニ付、御勝手ニ而心得居候様曲(典)膳殿被仰聞

但文化九申年ゟ三度目ハ不被下

佐倉藩では家中の武士の子女に婚姻にあたって、嫁資として縁組金を下賜された。初婚は定法通り全額、再婚はその「半金」、三婚目は再婚と同額の「半金」四度目からは「不被下」となっていた。但し、一八一二（文化九）年からは三度目も嫁資はなかった。要は武士の結婚は三度まではよしとされたが、四度目は支払わないということである。倫理上からそのように観念されたものであろう（藩財政の問題か）。少なくとも武士にあっても、離婚は決して推奨されたわけではないが、三度までは許容された場合があったことが佐倉藩の事例でわかった。

幕府編纂の『寛政重修諸家譜』を素材として、大名百家・幕府直参の旗本百家を対象とした、朝倉有子の数量的研究によれば、全体で離婚率約一一パーセント、再婚率が約五九パーセントに及ぶという。離婚率は旗本に比較して大名で高く、再婚率も旗本に比して約一〇パーセント高い。

タテマエとして離婚はできるだけ避けるものと観念され、決して奨励されたわけではないが、先に御家人の例とし

て挙げた小野庄兵衛はミキ・タミを含めて四回離婚しているにもかかわらず、『寛政重修諸家譜』には「妻は本山七左衛門正栄が女〔死別〕、後妻畑村九左衛門恒隆が女」とあるだけで、離婚したミキ・タミのことは全く触れられていない。このことは、武士の離婚にあっては離婚・多婚を良しとしないこと、さらには『寛政重修諸家譜』の記述より実際の離婚例は多く、武士の離婚率は数字より実質はさらに高いということを証している。

2　離婚後の手続き――義絶と和順――

離婚した両家は離婚の経緯は別にして（こじれた結果でも円満に別れた場合でも）その後も通例は同じ藩内で日常生活を送るわけであるから、多少気まずい思いをともなう。そこで一部の藩では、管見の限り判明しているのは、松本藩と熊本藩だけであるが、離婚した両家は「義絶《ぎぜつ》（絶交）[30]」するが、必ずしも有責性をともなわない。

かつて筆者は熊本藩の『離婚幷義絶帳』を翻刻したが[31]、そのなかで義絶について、次のように述べた[32]。すなわち、「義絶は人間関係を断つことをいうが、法制史上の用語としては、時代によって変化が見られ、古代の律令では一定の事由があるときの夫婦間の強制離婚を意味する。その後、義絶は主命に違背する家来や父母の教令に違反する絶縁追放に用いられたが、徳川時代前・中期では、親が子の不行跡を懲戒追放する勘当を、武士にあって久離および義絶という場合があったとされる見解もあるが、ここでは徳川時代後期における親族関係断絶につき、同等親族間の場合を「義絶」とするという石井良助・鎌田浩の説にしたがっておきたい[33]。」とした。その上で、筆者の注目する「離婚とその後の義絶」について、熊本藩では、離婚した両家は離婚直後に義絶願を差し出して絶交する。しばらくして後に和順願（口頭か書面か判然としないが）を提出して絶交を解除する。なぜ義絶がなされるのかといえば、離婚という事実は必ずしも歓迎される出来事ではなく、かつ両家は多くの場合、その後も同じ藩内で日常生活を送るわけである。

ときには軋轢・紛争を起こして後に離婚成立に至ることもあり、また、かりに円満に離婚成立にいたった場合でも何がしかのしこり（気まずい思い）は残るわけで、さしあたり義絶という形をとって感情の治癒に努めたものだと考えた。しばらく後に「和順《わじゅん》」の手続きをして通常の関係に復したのである。熊本藩には「和順」の記録がなく、松本藩には義絶の記録が見当たらない。松本藩の事例を紹介する。(34)

奉願口上之覚

私妻不縁ニ付、水野伊左衛門方と義絶仕罷在候処、此度双方申合、和順仕度奉願候、此段宜御執成奉頼候、以上

辰十月六日　　千　野　十兵衛㊞

稲　村　平兵衛殿

奉願口上之覚

私妹不縁ニ付、千野十兵衛方と義絶仕罷在候処、此度双方申合、和順仕度奉願候、此段宜御執成奉頼候、以上

辰十月六日　　水野　伊左衛門㊞

友成　覚右衛門殿

離婚した時期が不明なので、和順までの期間は不明である。この辰年は千野十兵衛（一五石三人扶持）の解明の時期から一八〇八（文化五）年と推測される。名宛人稲村平兵衛は五〇〇石で、組頭であった。同日付けで、妻兄・水野伊左衛門（一〇〇石）からも組頭・御用人友成覚右衛門（五〇〇石）にあてて和順願が出されている。(35)離婚届・義絶

願・和順願も夫妻双方から各別に提出されたのである。なお、和順願に「双方申合」と両家で相談がなされて願い出をしたものである。

3　末期離縁

熊本藩の冊子『離婚幷義絶帳』には、一八五七（安政四）年以降になるが、「末期《まつご》離婚」の所為が現れてくる。「末期」といえば武士家族法上の家相続を目的とする養子の一形態である「末期養子」が想起されるが、「末期離婚」について言及したものはない。これは夫が死期の病床にあって、「存生之内存寄御座候間、及末期離縁仕」るものである。冊子のなかの一例を引用する。(36) 夫妻双方から出されている。

覚

佐藤半之助妻、三野四郎左衛門娘ニて御座候処、半之助存生之内存寄御座候間、
及末期離縁仕、郷方え差返申候、尤義絶は仕不申候、此段御達仕候、以上

七月　　丹羽源兵衛

安政五年七月五日

右御中老より添紙面ニて達有之候ニ付、機密之間え達込候事

覚

三野四郎左衛門末女、佐藤半之助妻ニて御座候処、存生之内存寄御座候ニ付、離縁
仕候、尤義絶は仕不申候、此段御達仕候、以上

七月
三野四郎左衛門
右四郎左衛門留守支配　三野　嘉右衛門
七月八日
右書付堀丹右衛門方より添翰を以達有之候ニ付、機密之間え達込候事

妻方の「覚」には「及末期離縁仕」の文言はない。また「機密之間」とは家老事務局というべき機関のことである。末期離婚は、夫の病気が高じて死にいたる末期に離婚を言い渡すもので、夫の病気（結果として病死）を理由とする離婚である。とはいえ、夫の病死だけでは、妻は寡婦として夫家に留まるわけで、実家復籍にはならず、婚姻を明確に解消するには離縁しなければならない。末期離縁の願書のなかには「存命中……申置候」・「昨冬出立之節申置候」と記されたものもあるが、「存生之内存寄御座候」がほとんどである。

末期離婚の対象者は、当主ではなく嫡子が多くみられるということは、夫は若年と思われる。当然のこと残された妻も若いと考えられる。これを夫家に縛りつけておくことをよしとせず、再婚の道を選んで幸せになれとの夫による配慮でなされたものである。この場合は舅《しゅうと》によるなき悴《せがれ》の妻を離縁する「舅去り」によることなく、夫による離婚で完結したわけである。

『離婚幷義絶帳』本来の性格を勘案すれば、義絶がなされるべきなのに「義絶は仕り申さず（義絶しない）」旨の文言を含まないものは、一三パーセントしかない。義絶したと考えるのが至当である。しかし、熊本藩で義絶帳といいながら、一八四五（弘化二）年以降の幕末期に「義絶はしない」ものが八七パーセントに及んでいるということは[37]、この時期には「義絶はしない」ことが通例のことになったのである。それは庶民の離婚がタブー視されず、マイナスイメージを持たなくなったと同様に[38]、武士の間においても離婚が是認される方向に変わったのではないか。離婚の義

絶が和順願によって通常の関係に復すのにどの程度の期間を要したかわからないが、和順までにかなりの日時を要するとなると、再婚の妨げになる。武士にあっても離婚が増加すると、その度に義絶はしなくなったのである。

むすびにかえて

前稿で武士の離縁状としたのは、苗字と複名を称し、花押を加えたものを武士の離縁状と考えたが、実際の離縁状には苗字のあるのは当然として、複名を称するものはなく、夫から妻実家の当主に差し出されている。したがって、苗字と複名を称し、花押を加えた離縁状は武士というより苗字帯刀を許された庶民の有力者がその権威づけに用いたものと考える方が至当であった。結婚する当事者は互いに相手のことをある程度知っているわけで、あえて権威付けする必要がないからである。右に見た武士の離縁状の実例に複名を用いたものはなく、花押を加えたものもないのは当然のことであった。

本稿は武士の離縁状の実例から紹介することを目的とした。わずか六例であるが、そこからみえる武士の離縁状の特徴は、夫から妻父にあてて書かれ、印章は押捺するものと考え、花押はなく、右に見た通り、複名を称するものもない。離婚承諾書である離縁状返り一札が半数にみられ、庶民の場合よりも返り一札の必要性が高いのは、後日の紛争回避の観念がつよかったといえよう。六例の内、四例が三行半にしたためている。離縁状は三くだり半との観念が武士にも浸透していたと思われる。また離婚理由は書かれていないか、きわめて抽象的な事由であり、高柳のいう「一方的意思で離婚するという表現」ではない。礼儀が重んじられたのであろう。喜連川藩と幕府御用蒔絵師の場合、富裕な庶民の娘を妻にしているが、ともに妻の実家をあてにした婚姻であった。離縁状授受の後は届出が必要になるが、米沢藩・安田友弥は仲間に依頼し、一関藩・入間川藤太は離縁状と返り一札に双方申合せて五日後に提出するとある。

ここに取り上げた武士の離縁状は東北と幕臣の実例で、関西では如何であったのか。筆者はやはり関西でも武士は離縁状授受の慣行があったと考える。成瀬高明の膨大な家族法関連史料翻刻のなかに、商家の娘を高槻家中の武士に嫁がせたが、離縁になった旨の返り一札があるからである(39)。

前稿では消極的に武士の離縁状の可能性にふれたものがある。その離縁状こそ背景がわからなくても武士の離縁状といえるのではないか。離縁状に同日付の持参荷物の送り状があるのも筆者が武士のものと確信する所以である。

まず離縁状、ついで送り状を掲げる(40)。

貴様御娘おりわとの事此度不縁
ニ付、暇相出申候、此後何方え縁組
被成候共、指支無御座候、以上
　安政三年十月三日　藤塚　糧介
　志賀　理十郎殿

寒冷相催候得共、御揃御安泰奉賀候、然はおりわとの事、迚も不縁ニ付気之毒千万ニ奉存候得共、返上仕候間、
左様御承知被成下度候、依て諸道具左ニ
一長　持　壱棹
一箪　笥　壱棹

一洗足ばち　　壱ツ
一手水鉢　　壱ツ
右之通送り上候間、
　十月三日
御受取被下度奉存候、扨々気之毒千万ニ奉存候得共、是非ニ不及如此ニ御座候、匆々不備頓首、
　　　　藤塚　式部
　志賀　理十郎様
二白、悴方より離縁状相添指上申候、以上、

離縁状は夫から妻父あてで、荷物は夫父から妻父あてである。夫父・藤塚式部は送り状に悴から離縁状を添えて、荷物も差上げるとあるので、夫が荷物とともに離縁状を持参したものと思われる。なお、持参財産の内容から武士であっても下級武士に相違ないと思うが、藩名などがわかったらご教示をいただきたい。

註

（1）『愛知学院大学論叢法学研究』（第三七巻第一・二号、一九九五年）八七〜一一四頁。
（2）次項「一　武士の離縁状授受」は論述の都合上、前稿「一　はじめに——従来の見解——」・「二　武士の離婚と離縁状の授受」と重複している個所があることをあらかじめお断りしておきたい
（3）引用に際し、できるだけ原文にしたがったが、旧かな・旧漢字は適宜当用漢字等に改めた。なお、断りのない傍点は筆者が施したものである。
（4）「徳川時代の婚姻法」（『法制史論集第一巻』、一九二五年、岩波書店）四八〇頁以下。

(5)『日本法制史概説』(創文社、一九四八年)五八六頁。

(6)『日本法制史』(角川書店、一九五九年)四七六頁。

(7)『日本法制史(二)』(有斐閣、一九四九年)三〇〇頁。

(8)「明治民法以前の離婚法」『家族問題と家族法Ⅲ』(酒井書店、一九五八年)一一八頁。後に『明治前期家族法の新装』(有斐閣、一九八七年)三七四真に所収される。

(9) 武士こそ礼儀を重んじ、離縁状に一方的に離縁する文言は書かなかったこと、高柳が武士の離縁状と思ったものは、前稿で筆者が考えた、複名と花押の離縁状だったと考えるのが至当である(高柳が見た実例は武士のものかどうかは疑わしい)。なお、上包に「離縁状　壱通」としたためられた武士と思われる離縁状が東北大学法学部法政資料調査室に保存されている。その本文には「達而、離別之儀被申越、依之相対之上致離縁候」と、離縁は妻方の請求を受けてなされたもので、一方的意思で離婚するという表現ではない。吉田正志前教授によれば、これは広中俊雄名誉教授が寄贈されたもので、この論文を執筆当時の高柳が見ることは出来なかったであろうから、これをもって高柳が武士の離縁状の根拠としたわけではない。とはいえ、差出人・名宛人とも苗字を称し、差出人は実名と通称を明記し花押を加えていることを付言しておきたい。

(10)『「家」と女性の歴史』(弘文堂、一九七七年)一四八頁。

(11) 拙著『三くだり半――江戸の離婚と女性たち――』(平凡社選書、一九八七年)七五頁以下。本書はその後補注と補論を加えて『増補　三くだり半――江戸の離婚と女性たち――』(平凡社ライブラリー版、一九九九年)となる。後者では一〇二頁。

(12) 前注(11)拙著『増補　三くだり半』三〇四頁以下。なお、この離縁状の目的は妻を離婚することによって、討ち入りの罪科が妻子に及ぶことを回避する目的でなされたものである。事実、この離縁状は幕府に提出され、討ち入りに同行した嫡男・大石主税は別として、咎の累は妻子に及ばなかった。

(13) 名古屋市教育委員会編『鸚鵡龍中記(三)』(一九六八年)三頁。当時林董一愛知学院大学教授のご教示を得た。すでに神坂次郎『元禄御畳奉行の日記――尾張藩士の見た浮世』(中公新書、一九八四年)六七頁にも記述がみられる。

(14)『江戸の親子　父親が子どもを育てた時代』(中公新書、一九九四年)。本書は副題を変え『江戸の親子　近世の親子関係と子育て実態に迫る』(吉川弘文館、二〇一七年、復刊)五三頁以下。なお、太田氏にも該当する箇所の原文についてご教示いただいた。

(15)『小石川御家人物語』(朝日新聞社、一九九三年)。後に加筆・修正の上、錯綜する関係者、つまり「本書に登場するゆかりの人々」たちの系図を加えて『小石川御家人物語』(学陽書房、二〇〇一年、復刊)後者の三六頁以下の「第二夜　優しい離婚」三六頁以下。前稿を成すことができたのは、ひとえに氏家幹人氏のご学恩とご好意による。膨大な日記の中から離婚に関する記述を見いだすのは大変根気を必要とする作業であるが、氏から関連する部分の大部な執筆メモの写しをご恵与いただいた。本稿においても特記して感謝の意を表したい。

(16)前注(15)氏家幹人『小石川御家人物語』四三頁。

(17)山形大学附属博物館所蔵・米沢市大見安田家文書。この文書は安田家に残存したもので、同家には近世・近代に関するものがほとんどを占めているが、中世文書も数点ある。近世文書としては藩主関係、政務や法令関係文書が多く、米沢藩政史研究に貴重なものとなっている。

(18)拙著『泣いて笑って三くだり半——女と男の縁切り作法』(教育出版、二〇〇一年)一二九〜一三三頁に紹介した。

(19)白石市図書館所蔵。故中橋彰吾氏のご教示による。氏に感謝の意を申し上げる。また補充調査の折には白石市図書館櫻井和人氏のお世話になった。この項に関することは櫻井氏のご教示に与ること大であり、深甚なる謝意を表したい。

(20)『白石市史　4　史料編(上)』(一九七一年)七〇二頁。年次は不明であるが、幕末から明治と思われる『白石片倉家拠旗記』(白石市図書館所蔵)によれば、武藤十郎右衛門は一貫弐百九拾八文(約一三石)であった。

(21)東京都在住　石川克己氏所蔵。なお、この離縁一件は大島晃一氏のご教示に与った。深謝申し上げたい。

(22)『喜連川町史　第三巻』(さくら市編さん委員会編、二〇〇七年)。徳田浩淳氏によれば廃藩置県の明治四年と推測されている。

(23)阿部能久「喜連川家と縁切寺東慶寺」(『栃木県立文書館』研究紀要』第12号、二〇〇八年)二二一〜二二九頁。東慶寺と関係した喜連川家中の武家屋敷に他領の百姓の妻女が離縁を求めて駆込み、それを喜連川藩では受容したことをめぐっての論考であり、参考にした。

（24）井上禅定『駆込寺　東慶寺史』（春秋社、一九八〇年）六八頁、八七頁以下。
（25）喜連川家の格式・権威を物語るものに、つぎの著書がある。氏家幹人「喜連川家に気をつけろ」（『幕臣伝説　史実と噂のはざまで』洋泉社、二〇一四年）二二七頁以下。
（26）離縁一件文書四通は群馬県甘楽郡南牧村　市川晴一氏所蔵文書である。引用の二通はすでに上田四郎「離縁状の一研究（四）」（『群馬文化』三八号、一九六〇年）一六頁に引用されている。筆者も、群馬県史の調査で直接文書を拝見したが、これの誤植を訂正して掲げた。当初、差出人古満六右衛門の素性は分からなかった。あるとき、ＭＯＡ美術館で、その所蔵する「近江八景蒔絵提箪笥」を見、その作者が古満六右衛門で、幕府御用蒔絵師だったことが判明した。
（27）前注（11）拙著『増補　三くだり半』一〇〇頁以下。
（28）前注（11）拙著『増補　三くだり半』「補論二　庶民離婚における夫婦財産」四五八頁以下。
（29）塚本学氏を中心に古文書勉強会の方がこれを翻刻され、謄写版印刷で発行された。二〇〇六年のことであった。ここでの記事は二〇〇頁に載ったものである。「古例」のことをご教示いただいたのは氏家幹人氏であり、深謝申し上げる。
（30）松本藩の義絶の対象は「不行跡」・「出奔」・「欠落」などもあるが、このような不行跡などには有責性を伴うことから、義絶はその刑事連帯責任を免れるためであった。
（31）拙稿「《資料》徳川時代後期家族法関係史料（四）〜（七）——永青文庫所蔵『離婚幷義絶帳』（一）〜（四・完）——」（『専修法学論集』第九七号〜九九号、一〇一号、二〇〇六年七月〜二〇〇七年一二月）。この冊子は安政二年以降の事例を綴じたものである。
（32）前注（30）拙稿「《資料》徳川時代後期家族法関係史料（四）一〇〇〜一〇一頁。
（33）石井良助『日本法制史概説』（創文社、昭和三五年六月）五七四頁以下。大竹秀男「勘当」・鎌田浩「義絶」（『事典　家族』弘文堂、平成八年二月）二五一・二、二三九頁。
（34）拙稿「《資料》徳川時代後期家族法関係史料（十）——縁切寺満徳寺資料館および髙木侃所蔵・松本藩「和順願」——」（『専修法学論集』第一〇七号、二〇〇九年十二月）一二頁。

(35) 松本城管理事務所架蔵『諸士出身記』、『松本藩譜　全』、『多湖家系譜』による。
(36) 前注(31)拙稿「《資料》徳川時代後期家族法関係史料(五)」七二頁。
(37) 前注(31)拙稿「《資料》徳川時代後期家族法関係史料(七)四八頁。
(38) 前注(11)拙著『増補　三くだり半』二〇頁。
(39) 成瀬高明「近世・明治初期家族法関連史料(一)——旧京都帝国大学法学部日本法制史々料——」(『椙山女学園大学「研究論集」第二十四号　第二部』一九九三年)八六頁。
(40) 学習院大学史料館『中川善之助寄贈文書1学習院大学史料館所蔵史料目録第三号』(一九七八年)一七三頁。中川善之助は藩史料としては、主に仙台藩や会津藩のものを収集された。しかし、この文書は武家関係ではなく、町方・村方文書に分類されている。

執筆者紹介（掲載順）

神保　文夫（じんぼ　ふみお）1954年生。名古屋大学大学院法学研究科教授。
《主要論著》「江戸幕府出入筋の裁判における本公事・金公事の分化について」（『法制史研究』45号、1996年）、「北町奉行所『敵討帳』の一写本」（『名古屋大学法政論集』223、224号、2008年）など。

林　由紀子（はやし　ゆきこ）1937年生。名古屋学芸大学短期大学部名誉教授。博士（法学）。
《主要論著》『近世服忌令の研究』（清文堂出版、1998年）、『服忌令詳解・監察省秘録』問答集10（創文社、2015年、石井良助・服藤弘司・本間修平編、林由紀子担当）など。

安竹　貴彦（やすたけ　たかひこ）1962年生。大阪市立大学大学院法学研究科教授。
《主要論著》『大阪「断刑録」——明治初年の罪と罰』（牧英正と共著、阿吽社、2017年）、「18世紀半ば～19世紀初めにおける大坂町奉行所の捜査・召捕とその補助者」（寺木伸明・藪田貫編『近世大坂と被差別民社会』所収、清文堂出版、2015年）など。

守屋　浩光（もりや　ひろみつ）1967年生。関西学院大学法学部教授。
《主要論著》「近世後期における畿内集団訴願の法的性質——「政策形成訴訟」としての把握を通じて——」（『法学論叢』144巻6号および同146巻2号、1999年）、「対馬藩の「徒党」処罰について——「罰責」掲載の判決の紹介を中心に——」（『法と政治』70巻1号、2019年）など。

安高　啓明（やすたか　ひろあき）1978年生。熊本大学大学院人文社会科学研究部准教授。博士（史学）、博士（国際文化）。
《主要論著》『近世長崎司法制度の研究』（思文閣出版、2010年）、『踏絵を踏んだキリシタン』（吉川弘文館、2018年）など。

山中　至（やまなか　いたる）1950年生。熊本大学名誉教授。
《主要論著》「わが国『破綻主義』離婚法の系譜」（『熊本法学』68号、1991年）、「芸娼妓契約と判例理論の展開」（『法制史研究』41号、1991年）など。

高塩　博（たかしお　ひろし）1948年生。國學院大學名誉教授。法学博士。
《主要論著》『江戸幕府法の基礎的研究』論考篇・史料篇（汲古書院、2017年)、『江戸幕府の「敲」と人足寄場』（汲古書院、2019年）など。

髙木　侃（たかぎ　ただし）1942～2018年。専修大学元教授。博士（法学)。
《主要論著》『縁切寺満徳寺の研究』（成文堂、1990年)、『縁切寺東慶寺史料』（平凡社、1997年）など。

幕藩法の諸相
——規範・訴訟・家族——

令和元年十一月二十二日　発行

編　者　藩法研究会©
（代表　高塩　博）
発行者　三　井　久　人
製版印刷　㈱　デ　ィ　グ
発行所　汲　古　書　院
〒102-0072東京都千代田区飯田橋二-五-四
電　話　〇三（三二六五）九七六四
ＦＡＸ　〇三（三二二二）一八四五

ISBN978-4-7629-4230-3　C3021
KYUKO-SHOIN, CO., LTD TOKYO. 2019